A CONSCIÊNCIA E SEUS MISTÉRIOS

AUTOR

JOSÉ REYNALDO WALTHER DE ALMEIDA

AGRADECIMENTOS

Durante os setenta e dois anos da minha existência, criei um filme na minha mente. Nele estão meus pais, irmãos, avós, primos e primas, tios e tias. Então os amigos e amigas. Companheiras com quem vivi, a companheira que segura a barra todos os dias, incansável, e que me trouxe até o porto seguro onde fundeio, feliz nesse momento. Filhos e filha, noras, genro, netas. Sobrinhos e sobrinhas. Cunhados e cunhadas. Meu núcleo familiar, rico, onde famílias próximas aglutinam e criam um ambiente de cooperação. Todos têm nomes e significados. Pessoas especiais com profundo significado. São indivíduos únicos, e juntos constituem um emaranhado de lembranças e de experiencias que, em resumo, de repente, chamo de `eu`. Meu eu consciente, cheio de memórias, algumas falsas, outras verdadeiras. Então, lembrar todos que, de alguma forma me trouxeram aqui e declarar seus nomes será impossível. Cada um deles que por acaso ler esse agradecimento saberá que papel teve. Alguns já se foram. Nesse caso, quem sabe da sua importância sou eu. Outros estão fortemente presentes. Fazem parte do meu mais vivo presente. Com a idade aos poucos faço as pazes com meus algozes e reforço minha aliança com os parceiros e parceiras. Aprendi, finalmente, que vivemos num universo fortemente determinístico, onde a vontade e intensão são fortemente determinados pela genética, história pessoal e das nossas relações. Percebo minha consciência e sua relação com a vastidão do universo que se revela aos poucos, pelo menos para mentes abertas e estudiosas. Consciência não é assunto trivial. É difícil. Mas cheguei aqui porque tive, principalmente, professores. Formais ou não, aqueles que, de alguma forma me ensinaram. Conversei com pessoas inteligentes, as vezes sem vê-las, mas lendo seus escritos e dialogando com eles.

Esse livro não tem as páginas numeradas. A consciência é atemporal. Não pode ser ordenada. A consciência não tem idade. Ao ler sem numeração me delicio com os novos desafios e como posso me organizar para achar o que quero reler. Boa sorte

Obrigado a todos
Barretos, 07 de março de 2024

ÍNDICE

1- Apresentação das intensões
2- Uma viagem preliminar inesperada
3- A realidade existe, mas é muito complexa
4- A consciência como uma realidade
5- O problema "fácil" da consciência. Um pouco do mundo pequeno
6- A organização básica do encéfalo. Lições da sala de operações
7- Uma viagem
8- Informação. Muito mais sutil do que parece
9- Juntando pedaços
10- A consciência e o tempo
11- Sobre os ombros de gigantes
12- Uma tentativa de diálogo
13- Compreendendo a delicadeza da consciência. Estados de coma
14- Em direção ao sagrado. Universos paralelos e o mistério da consciência
15- Então a neurodiversidade
16- Algumas questões relevantes

APRESENTACÃO DAS INTENCÕES

Vamos lá. Como compreender o incompreensível? E se o incompreensível for compreensível e ainda não sabemos? A Terra era o centro do universo... Pois é, continua sendo, mas a compreensão dessa frase é muito diferente do que se pensava em 1300 d.C. Hoje, a cosmologia moderna nos diz que qualquer observador, em qualquer ponto do universo, se perceberá como estando no 'centro' do universo. Essa observação se alinha surpreendentemente bem com a natureza subjetiva da consciência, onde cada um de nós é o centro de nossa própria experiência e o mundo orbita ao nosso redor. Cada um tem a mesma sensação de centralidade.

Neste livro, exploraremos tópicos que vão do conhecido ao desconhecido, do compreensível ao ainda incompreensível, sempre na busca de entender melhor o universo e o lugar que ocupamos nele. E não há melhor lugar para começar essa exploração do que com a consciência, esse fenômeno emergente, que só pode nascer da interação de uma enorme quantidade de neurônios, dispostos em centenas, ou quem sabe, muito mais regiões especializadas e segregadas existentes no cérebro, que nos permite ser os observadores únicos que somos.

Usando uma abordagem multidisciplinar, tentaremos discutir os mistérios desse estado de ser que ainda é objeto de tanto debate e especulação. Porque, no final das contas, compreender a consciência pode ser a chave para entendermos não apenas o que significa estar no 'centro do universo', mas também o que significa ser humano. E tal compreensão tem o potencial de redefinir nossa abordagem para questões éticas, sociais e até mesmo tecnológicas, lançando novas luzes sobre o eterno questionamento sobre o que é ser 'humano.

Mas, não pretendo me ater apenas aos aspectos frios das ciências e das filosofias. São muito chatos quanto vistos isoladamente. Precisam de contextos, de imaginação, mesmo que ela nos leve para regiões menos claras, controversas e até erradas eventualmente. Não me importo. Vale a diversão de escrever e espero, a de ler. A rigor, esse livro traduz os meus insights ao longo dos anos. Aos poucos fui catalogando-os, um rabisco aqui outro ali. Certamente conterá impropriedades e interpretações conflitantes. Ótimo. Senão seria estéril. Só crescemos na dúvida e nas incertezas.

Ah, a consciência! Esse campo misterioso onde acontece tudo e nada, onde se cruzam os elétrons e as emoções. Para muitos, a consciência é a nossa realidade fundamental, existe primitivamente na natureza, não pode ser reduzida, como o espaço-tempo, existe por si. É o palco fundamental onde se desenrola o grande drama da existência, como o espaço tempo é o palco para nossa realidade macroscópica. Para outros, é uma ilusão elaborada, uma forma sofisticada de entretenimento gerada por um conjunto de neurônios. Outros a veem como um presente divino e ponto. De um jeito ou de outro, estamos presos nela, observando o universo de um ponto de vista que só nós — cada um em sua peculiar singularidade — podemos entender. Por isso, vale a pena fazer uma pausa na nossa eterna corrida cognitiva e perguntar: afinal, que diabo é a consciência?

O termo é facilmente jogado por aí como se fosse uma moeda velha, mas que de fato compra muito pouco. Você pergunta a um filósofo e ele invoca Platão, Kant e talvez um pouco de Sartre, com uma pitada de sarcasmo pós-moderno. Mas existem filósofos que, como David Chambers, focalizam na consciência com competência, atrelados no conhecimento científico, sem concessões facilmente digeríveis, mas imprecisas. São muitos e suas contribuições são impressionantes. Divergem e as vezes se colocam em campos completamente opostos, mas não desistem e não se deixam vencer, a não ser quando surgem argumentos fatais, inquestionáveis.

Pergunte a um neurocientista, e ele lhe mostrará belos gráficos de atividade cerebral, como se isso explicasse por que você se emociona com uma canção ou tem calafrios ao ver uma obra de arte. São outros batalhadores. Querem entender como um punhado de neurônios da origem ao que entendemos como o nosso sagrado mundo das experiências conscientes, subjetivas, sutis, nossas e apenas nossas.

E quanto aos físicos quânticos? Ah, esses mestres da incerteza! Eles especulam que a consciência pode estar de alguma forma entrelaçada nas mesmas teias quânticas que governam partículas subatômicas. Sim, você ouviu direito: sua capacidade de apreciar um bom café da manhã pode estar ligada às leis que regem o universo em sua escala mais fundamental. Fantástico, não é? Mas, cuidado, ainda estamos nos equilibrando na corda bamba entre o entendimento e o mistério; entre a ciência e a especulação. No final, todos estão certos, e todos estão tremendamente errados.

Sem contar que, as vezes os cientistas se estranham e chegam a fazer comentários no mínimo grosseiros sobre ideias de seus pares. Anos atrás percebi um sarcasmo no comentário de um cientista acerca das ideias de um físico sobre a consciência usando conceitos físicos ainda não comprovados, mas com substrato teórico riquíssimo e muito bem aceito. O cientista era Gerald M. Edelman e tinha recebido um prêmio Nobel por seus trabalhos no campo de imunologia. O físico era conhecido, mas, na época do comentário não havia recebido nenhum prêmio Nobel. Seu nome, Roger Penrose. Hoje o físico tambem recebeu o prêmio Nobel, mas da física, e, certamente, tem contribuído muito para a discussão da consciência naquele aspecto onde a consciência se entrelaça com as noções mais básicas da realidade sub-microscopica.

Agora, antes que você jogue as mãos para o alto e corra para as colinas, permita-me sugerir uma abordagem um tanto irreverente, mas rigorosamente curiosa. Vamos tentar olhar para a consciência como um fenômeno emergente, uma característica complexa que surge da interação de partes mais simples. Isso não é novo, claro. Mas o que talvez seja um pouco mais fresco é a ideia de que podemos usar as regras da física, os padrões da neurociência e a elegância da matemática para descrever, ou pelo menos para "discutir" — para usar um termo mais cauteloso — esse fenômeno evasivo.

Então, arregace as mangas, calibre seus neurônios e prepare-se para uma viagem pelos contornos intricados e frequentemente paradoxais da consciência. Tal jornada não será um passeio no parque, mas, como se diz, se fosse fácil, todo mundo faria. E qual seria a graça disso? Honestamente, não sei. Mas passei a vida tentando encontrar diversão em minha própria ignorância, buscando algum alívio através do estudo incansável e dos questionamentos intermináveis.

A consciência: essa é a palavra do dia, e provavelmente de muitos outros dias de nossas vidas. Para os cientistas, é o Santo Graal da neurociência; para os filósofos, o labirinto sem fim; e para nós, meros mortais, é basicamente o que nos permite apreciar um bom café, chorar em filmes e nos perguntar por que entramos nesta sala. Aparece quando acordamos e subitamente some quando dormimos, ou levamos uma pancada na cabeça, cuja intensidade pode apenas nos fazer ausentes por minutos, ou, nos levar, pelas mãos dos médicos e das unidades de tratamento intensivo, para um mundo obscuro, provavelmente sofrido, onde a consciência pode estar presente, plena ou em fragmentos, porém invisível para quem nos observa naquele sono aparente. Consciência é coisa séria. Assunto muito sério.

De modo geral, consciência é frequentemente definida como a experiência subjetiva de estar vivo e poder perceber, pensar e julgar. Bonito, não é? Mas nós vamos além e ousamos defini-la como o palco infinitamente complexo onde a dança da matéria e da energia se transforma em pensamento, emoção e, quem sabe, até mesmo em sabedoria. Ela é tanto um espetáculo de uma pessoa só quanto um concerto coletivo, onde neurônios, átomos e campos quânticos dão as mãos para formar aquilo que chamamos de ''eu''.

Podemos dizer que ela, a consciência, pode ser óbvia. Eu olho para você e sei que está consciente e você também sabe que estamos. Seus olhos, a maneira como eles refletem e absorvem, são como janelas para esse estado interno misterioso. Em um simples olhar, a complexidade de um ser consciente se revela. Certamente, se estiver dormindo, vou me perguntar: estará consciente em sono REM ou totalmente inconsciente em sono profundo? Mas talvez, assim como as profundezas de um oceano que permanecem inexploradas, o mundo dos sonhos seja apenas mais uma camada da consciência que ainda precisamos decifrar.

Mas ainda é cedo para mergulharmos nesse mar revolto. Se pode ser tão fácil de perceber na maioria das vezes, também não existe nenhum fenômeno mais difícil de ser explicado nesse nosso universo conhecido. Pense em todas as perguntas que surgiram ao longo dos séculos sobre a alma, o ser, o eu. Quantas teorias, quantas especulações, e ainda assim, estamos só arranhando a superfície.

Apenas um assunto rivaliza com a explicação da consciência: o colapso da função de onda na mecânica quântica. Ambos são como faróis na noite escura da ignorância humana, guiando-nos, desafiando-nos, provocando-nos a buscar mais, a entender mais. E enquanto alguns podem argumentar que esses mistérios são distintos, eu me pergunto se, em algum nível fundamental, eles não estão intrinsecamente ligados.

À primeira vista, pode parecer um paralelo inusitado, mas quando mergulhamos nos fundamentos da física quântica, começamos a perceber as sutilezas que ligam esses dois conceitos.

No coração da mecânica quântica está a função de onda, uma descrição matemática da probabilidade de um sistema quântico ser encontrado em um estado particular. No entanto, quando medimos esse sistema, ele "colapsa" para um valor definido, aparentemente influenciado pela simples observação. Esse fenômeno tem intrigado e enervado cientistas e filósofos por quase um século. Como a observação, um ato inerentemente consciente, pode influenciar a realidade subatômica?

Da mesma forma, a consciência, essa sensação de autoconhecimento e percepção, desafia a compreensão. Assim como a mecânica quântica questiona a natureza da realidade no nível mais fundamental, a consciência nos leva a refletir sobre a natureza da percepção e da existência.

Aqui, no cruzamento entre a consciência e a mecânica quântica, encontramos o problema da medição. Algumas teorias sugerem que é a consciência do observador que causa o colapso da função de onda, tornando-a, portanto, intrinsecamente ligada à realidade quântica. Se isso for verdade, a linha que separa o mundo quântico do macroscópico é mais tênue do que imaginamos, sendo a decoerência o processo que "cristaliza" nossa realidade percebida, agindo como uma ponte entre esses dois reinos. Mas, existem muitas outras interpretações. Todas elegantes e bem fundamentadas. As ruins são rapidamente descartadas. As que sobrevivem, mesmo antagônicas, tem méritos.

No entanto, é importante notar que, enquanto a mecânica quântica opera claramente no reino subatômico, suas estranhezas se dissipam em escala macroscópica, tornando-se imperceptíveis graças ao fenômeno da decoerência. A decoerência age quase como um filtro, tornando nosso universo macroscópico estável e previsível, ao mesmo tempo que, no nível subatômico, o mundo é regido por probabilidades e incertezas. Mas, aqui está o detalhe, e o demônio está nos detalhes: qualquer sistema quântico será determinístico se não sofrer uma intervenção. A equação de Schroedinger é determinística. Podemos prever a evolução do sistema se o conhecermos. O diabo aparece justamente quando queremos conhecer, medir. Tudo num mundo subatômico inacessível a nossa consciência objetiva, exceto quando realizamos um experimento bem pensado e bem executado. Mesmo que seja mental.

O cerne da questão se resume: por que, entre todos os fenômenos no universo, a consciência parece ser a mais intrinsecamente ligada à estranha mecânica do mundo quântico? Por que nosso sentido de "eu" parece estar de alguma forma entrelaçado com o próprio tecido da realidade? Por que tantos cérebros brilhantes ousam passar um tempo enorme de suas vidas pensando nesse assunto?

Talvez a resposta esteja em algum lugar entre os neurônios e as estrelas, entre as equações da física e os versos da poesia, entre o conhecido e o desconhecido. Ou talvez, e essa é uma possibilidade que não podemos ignorar, nunca encontraremos uma resposta completa. Pode ser que a consciência, em sua essência, seja um mistério insondável, uma chama eterna que ilumina o universo, mas que nunca pode ser completamente compreendida.

Mas isso não significa que devemos parar de procurar. Pelo contrário, é o próprio mistério que nos impulsiona, que nos chama para mais perto do abismo do desconhecido, sempre na esperança de que, em algum lugar na escuridão, encontraremos um vislumbre da verdade.

E é essa busca que nos torna humanos. É o desejo de compreender, de saber, de transcender nossas limitações que nos define. A consciência é tanto o palco quanto a protagonista dessa busca, o farol que nos guia através das sombras da ignorância.

Sinceramente espero que ao longo dos próximos capítulos eu tenha pelo menos a sorte de refletir sobre o tema com a devida lucidez. Sei que esse trabalho jamais poderá ser completo. Que seja ao menos claro e ofereça uma sequência que nos remeta a novas incursões e novos desafios. E, talvez, ao explorar essas águas desconhecidas, possamos chegar um passo mais perto de entender o indescritível.

RESUMO

O capítulo aborda a consciência humana de uma perspectiva interdisciplinar, explorando sua complexidade e mistério. Aqui está um resumo por tópicos:

1. **Introdução e Intenções**: destaca a importância do tema e a complexidade da discussão sobre a consciência, enfatizando uma abordagem multidisciplinar.

2. **Consciência e Centralidade na Experiência Humana**: Discute a ideia de que cada indivíduo se percebe no centro de sua própria experiência, alinhando isso com conceitos modernos de cosmologia.

3. **Abordagem Multidisciplinar**: Explora a consciência utilizando conhecimentos de várias disciplinas, incluindo neurociência, física quântica e filosofia.

4. **Consciência na Ciência e Filosofia**: O texto analisa como diferentes campos, como filosofia e neurociência, abordam a consciência, destacando as diversas perspectivas e teorias.

5. **Consciência e Mecânica Quântica**: Examina possíveis conexões entre a consciência e a física quântica, discutindo teorias sobre como a observação consciente pode influenciar a realidade.

6. **A Natureza Elusiva da Consciência**: Reflete sobre a dificuldade em definir e entender a consciência, enfatizando sua natureza complexa e misteriosa.

7. **Importância da Consciência**: O autor argumenta que compreender a consciência é fundamental para entender o que significa ser humano e sua relação com o universo.

8. **Desafios e Especulações**: Reconhece as dificuldades e especulações na pesquisa da consciência, incentivando uma abordagem curiosa e aberta a diferentes teorias.

9. **Consciência como Fenômeno Emergente**: Propõe ver a consciência como um fenômeno emergente da complexidade cerebral e cognitiva.

10. **Reflexão Final**: Encoraja a continuação da busca pelo entendimento da consciência, apesar de suas complexidades e mistérios.

11. **Sugestões para Reflexão e Bibliografia**: O capítulo conclui com dicas para reflexão e uma lista de leituras recomendadas em filosofia, neurociência e física quântica.

Dicas para Reflexão:

1. **Integração de Disciplinas**: Pense sobre como diferentes áreas do conhecimento, como filosofia, ciência e matemática, podem se complementar para fornecer uma visão mais holística da consciência. Reflita sobre a interconexão dessas disciplinas e os insights que podem oferecer quando combinadas.

2. **O Papel do Observador**: Contemple o impacto da consciência na percepção da realidade. Como nossa compreensão do universo pode mudar ao considerarmos o papel ativo do observador, especialmente à luz da física quântica?

3. **Consciência e Complexidade**: Considere a consciência como um fenômeno emergente, originado da complexidade dos processos cerebrais e cognitivos. Reflita sobre o que isso nos diz sobre a natureza da experiência humana e nossa compreensão do 'eu'.

4. **Desafios e Mistérios**: A consciência continua sendo um campo cheio de teorias divergentes e especulações. Pense sobre como abordar esses mistérios de forma construtiva e quais são os principais desafios na pesquisa da consciência.
5. **Evolução do Pensamento**: Contemple como nossa compreensão da consciência evoluiu ao longo do tempo. O que isso ensina sobre a natureza do conhecimento e do progresso científico?
6. **Consciência e Experiência Pessoal**: Finalmente, reflita sobre como sua própria consciência influencia sua experiência diária. Como a percepção subjetiva molda sua realidade e interações com o mundo?

Bibliografia Sugerida:

1. **Filosofia**:
    - **"Crítica da Razão Pura"** de Immanuel Kant.
    - **"O Mundo como Vontade e Representação"** de Arthur Schopenhauer.
2. **Neurociência**:
    - **"Principles of Neural Science"** de Eric R. Kandel.
    - **"The Tell-Tale Brain"** de V.S. Ramachandran.
3. **Física Quântica**:
    - **"The Road to Reality"** de Roger Penrose.
    - **"Quantum Mechanics: The Theoretical Minimum"** de Leonard Susskind.

UMA VIAGEM PRELIMINAR INESPERADA

Enquanto eu procedia a releitura do livro, após achar que ele estava pronto, num momento de descontração recebi um vídeo onde se mostrava um axônio buscando se conectar com outro neurônio. Certamente, em laboratórios sofisticados, esses experimentos são possíveis. Então, me deparei com pensamentos que até então haviam passado despercebidos enquanto eu escrevia. Acho que, de alguma forma todos os elementos já estavam presentes, dispersos nos demais atos, porém senti um profundo desejo de explorar alguns campos onde acredito, o terreno é fértil, e em terrenos férteis a natureza floresce.

Ainda não sei onde irei enxertar esse novo ato entre os já escritos. E, isso me entusiasma. A incerteza previsível, o momento efêmero da descoberta, a vontade de entender o universo enquanto escrevo são essências e aromas que se juntam e de alguma forma iluminam o caminho. Volto para a floresta. Ela deve ter alguma coisa reservada. Um detalhe ou outro para me mostrar. Mais que para me mostrar, para eu descobrir, como uma charada. Está lá; olhe e, como eu já disse, veja. O pior que pode acontecer é eu escrever e depois não saber o que fazer. Paciência. Eu guardo e pronto. A vida segue.

Mas, dentro da floresta aos poucos a noite se aproxima. A luz desaparece. Breu. Silencio. Como espero dicas, ela me diz que preciso me deslocar na direção do escuro e do silencio. vejo vagalumes e ouço ruídos. A floresta não dorme. A dica que me dá é para eu imaginar a escuridão e o silencio absoluto. Entendo e de repente estou no momento zero do universo. Quando ocorre o Big Bang.

Ali, naquele instante primordial, todo o potencial do universo estava contido em um ponto infinitesimal. Não havia luz, estrelas, nem mesmo espaço ou tempo como os conhecemos. Tudo o que existe hoje, desde as partículas subatômicas até as vastas galáxias, emergiu desse evento cataclísmico. O Big Bang marca o início de tudo, a expansão do espaço, a criação de matéria e energia, e o estabelecimento das leis fundamentais que regem o universo.

Esta reflexão sobre o Big Bang é mais do que uma contemplação científica; é uma meditação sobre as origens e a natureza do ser. Naquele momento de singularidade, todas as possibilidades do universo estavam presentes, aguardando para se manifestar. Foi a partir dessa singularidade que o universo começou a se expandir e a se esfriar, levando à formação dos elementos básicos da matéria, às primeiras estrelas e, eventualmente, à complexidade da vida.

A noite aos poucos se dissipará dando lugar a diminutas claridades, lentamente se tornando mais fortes, e revelando, muito aos poucos, primeiro apenas vultos, sombras, texturas cinzentas, que ganham cores sutis, progressivas, enfim plenas e maravilhosas. A floresta revela a história do universo.

Em que momento, nessa expansão cósmica, surge a centelha da consciência? Como a consciência, esse fenômeno misterioso e profundamente pessoal, emergiu das leis e forças que moldaram o universo desde aquele momento inicial?

À medida que a vida evoluiu na Terra, passando de formas simples para organismos mais complexos, a capacidade de processar informações, interagir com o ambiente e, eventualmente, refletir sobre a própria existência, se desenvolveu. A consciência, nesse sentido, pode ser entendida como o ápice dessa evolução, o ponto onde a matéria não apenas existe e reage, mas também percebe, reflete e questiona.

Esse detalhe me parece básico, apesar de que possa ser discutido e contestado... "o ponto onde a matéria não apenas existe e reage, mas também percebe, reflete e questiona."

Matéria...matéria...matéria. somos matéria...matéria...matéria. Certamente, no universo conhecido, a espécie humana representa o ser vivo mais evoluído conhecido. A evolução mais extraordinária da matéria. Podem existir outras, mas ainda não conhecemos.

Inquestionavelmente somos formados pelos mesmos átomos que compõe as arvores, trepadeiras, fungos, bactérias, cobras, lagartos, pássaros, leões e todos os seres vivos existentes. E tambem dos mesmos elementos químicos que compõe o mundo inorgânico, rochas, água, sal, enxofre, cobre, e assim por diante.

Quando morremos, nos decompomos e deixamos de ser organismos orgânicos complexos para nos tornarmos compostos orgânicos simples. E quem faz esse serviço, são micro-organismos, bactérias, as mesmas que estão aqui há talvez quatro bilhões de anos

Os fósseis mais antigos que se acredita serem de bactérias foram encontrados em rochas com cerca de 3,5 bilhões de anos de idade. Esses fósseis, conhecidos como estromatólitos, são estruturas rochosas formadas pela atividade de microrganismos, incluindo bactérias. Eles fornecem algumas das primeiras evidências diretas da vida na Terra.

Além disso, estudos sobre a evolução molecular e genética sugerem que a vida, provavelmente na forma de organismos unicelulares semelhantes às bactérias modernas, pode ter surgido ainda mais cedo, talvez há cerca de 4 bilhões de anos, pouco tempo após a formação da Terra há aproximadamente 4,5 bilhões de anos.

Portanto, a vida é apenas uma forma especial de organização da matéria, e pode ter formas extremamente resistentes e outras extremamente frágeis, como a nossa espécie.

Os seres humanos são dependentes de um intervalo relativamente estreito de condições ambientais para sobreviver, como temperaturas moderadas, uma certa composição atmosférica e a disponibilidade de água e alimentos. Além disso, os humanos são suscetíveis a uma ampla gama de doenças e têm um ciclo de vida relativamente longo e complexo, o que pode tornar a adaptação a mudanças ambientais rápidas mais desafiadora.

Essa diversidade na resistência e fragilidade das formas de vida ilustra a incrível variedade de estratégias que a evolução produziu para lidar com os desafios do ambiente na Terra. A vida, em sua essência, parece ser uma interminável experimentação da natureza com diferentes formas de organização da matéria, cada uma adaptada a seu próprio nicho e conjunto de circunstâncias ambientais. Este espectro de vulnerabilidade e resiliência destaca tanto a tenacidade quanto a delicadeza da vida, e ressalta a importância de entender e respeitar as várias formas de vida e os ecossistemas dos quais fazemos parte.

Na floresta percebo regras. São inegáveis. Onde a luz solar não incide o crescimento de plantas é diferente das partes ensolaradas. Musgos e fungos preferem as partes mais úmidas e pouco insoladas. Existem regras e limites. Esses últimos desenham um envelope de possibilidades. E, regras e limites produzem padrões. Geram, criam...

E de onde vem essas regras e limites? Como se desenvolveram a partir do Big Bang? Havia, no momento zero, um plano? Pessoalmente não acredito no plano, mas isso é apenas uma crença. Outros creem e são tão espertos como eu. Simplesmente não se pode saber se existe um plano. É impossível conhecer o momento menos um, o que antecedeu ao Big Bang. Assim somos livres para decidir e ninguém pode apontar o dedo para o nariz do outro.

O fato é que, da expansão do universo, em algum momento, passamos a existir. As leis da física nos antecederam. Delas o universo foi se definindo, lentamente, sempre fidelíssimo às suas leis.

E aqui percebo que meu cérebro está esquentando. Meus neurônios trombam uns nos outros, e lutam entre si. Alguns, os mais ousados, tentam me convencer que todas essas leis, e suas consequências são obviamente uma forma de consciência, pois tem forma e proposito. Tem substância. Sua ação resulta em construções incríveis, e inclusive na produção de seres vivos conscientes.

Ora, se o universo se expande, evolui sempre, se todos os elementos químicos e coisas derivadas trazem consigo uma obvia definição informacional, ou seja, as informações que as caracterizam e as tornam únicas e peculiares estão obrigatoriamente presentes para que elas existam, isso não seria uma forma básica e primordial de consciência?

Vamos fazer um exercício. Começaremos pelos íons de sódio e cloro. Eles se formam a partir de elementos subatômicos.

Temos átomos de sódio e cloro dispersos por aí. Onde existir concentração de matéria os encontraremos. Compreender a união dos elementos sódio e cloro para formar cristais de sal é uma fascinante viagem que começa em uma escala subatômica, onde partículas fundamentais se unem para formar átomos.

O sódio, um elemento com o número atômico 11, é composto por 11 prótons no núcleo, acompanhados por nêutrons. Cada próton e nêutron é, por sua vez, formado por partículas ainda menores chamadas quarks, que são mantidos juntos por partículas conhecidas como glúons, responsáveis pela força forte. Ao redor do núcleo, orbitam 11 elétrons, que são partículas elementares pertencentes ao grupo dos leptons.

O cloro, com número atômico 17, segue um padrão similar. Seu núcleo contém 17 prótons e um número correspondente de nêutrons, cada um formado por quarks unidos por glúons. Rodeando este núcleo, há 17 elétrons. A última camada eletrônica do cloro, com sete elétrons, está quase completa, precisando de apenas mais um elétron para alcançar a estabilidade.

Quando um átomo de sódio encontra um átomo de cloro, o sódio doa seu elétron mais externo, aquele que orbita sozinho na última camada, ao cloro. Este ato transforma o sódio em um íon positivo (Na^+), pois agora tem mais prótons do que elétrons. Simultaneamente, o cloro torna-se um íon negativo (Cl^-), já que agora tem mais elétrons do que prótons. Esta transferência de elétrons e a resultante diferença de cargas elétricas criam uma forte atração eletrostática entre os íons de sódio e cloro, resultando em uma ligação iônica.

Na formação dos cristais de sal, estas ligações iônicas se repetem em uma rede tridimensional extensa, onde cada íon de sódio é circundado por íons de cloro e vice-versa. Este arranjo ordenado e regular confere aos cristais de sal sua forma e estrutura geométrica característica.

Portanto, o simples sal de mesa é o resultado de um processo que começa com partículas subatômicas fundamentais – quarks, glúons e elétrons – e se desdobra em uma dança complexa e ordenada que culmina na formação de uma das substâncias mais comuns e essenciais à vida. Certamente existe uma receita que progride, complexifica. Dos quarks até o sal.

A compreensão da formação de estruturas complexas no universo, desde partículas subatômicas até cristais de sal, desvenda uma narrativa que é tão elegante quanto profunda, revelando uma interação harmoniosa entre leis físicas fundamentais e o conceito abstrato de informação.

No cerne dessa narrativa estão as leis da física, que estabelecem o palco para a dança das partículas elementares. Quarks e glúons, as entidades mais fundamentais conhecidas pela ciência, se unem através da força forte, formando prótons e nêutrons, enquanto os elétrons, em sua solitária liberdade, orbitam o núcleo. Essas interações não são aleatórias; elas seguem regras precisas e previsíveis, ditadas pelas leis da natureza que governam as forças eletromagnética e nuclear.

Entrelaçada com essas leis está a informação, um elemento subestimado, mas essencial no tecido do universo. Cada partícula carrega consigo uma espécie de identidade codificada - sua massa, carga, spin - que determina como ela interage com outras partículas. Essa informação é a linguagem fundamental do universo, permitindo que as partículas "comuniquem" e formem estruturas mais complexas.

À medida que avançamos para átomos e moléculas, testemunhamos a emergência de novas propriedades e comportamentos. A complexidade não é meramente uma soma de partes, mas o resultado de interações ricas e intricadas. O sódio e o cloro, por exemplo, não são apenas coleções de partículas, mas entidades com características únicas que os preparam para a formação de cloreto de sódio. O sódio, ansioso por estabilidade, cede um elétron; o cloro, em sua busca por completude, aceita. Este ato de transferência é uma dança regida pela necessidade de equilíbrio e estabilidade, uma coreografia escrita nas leis da química.

O desfecho dessa dança é a cristalização, onde os íons de sódio e cloro se unem em uma rede geométrica meticulosamente ordenada, formando cristais de sal. Essa estrutura não é apenas uma manifestação de forças eletrostáticas, mas um exemplo da maneira como informação e energia se manifestam em formas tangíveis e funcionais. Numa progressão inevitável, sempre carregada da informação anterior, da sua própria história, da sua identidade.

Essa jornada, do subatômico ao macroscópico, é um reflexo da natureza como um todo: um sistema onde as leis fundamentais e a informação se entrelaçam para criar uma diversidade estonteante de formas e fenômenos. É uma narrativa que fala sobre a ordem inerente ao cosmos, onde cada nível de complexidade é um capítulo em uma história maior, escrita nas estrelas e gravada nas estruturas da matéria. Revela um universo não como uma coleção aleatória de partículas, mas como um mosaico rico e intrincado, construido com precisão e propósito.

No cerne da nossa contemplação do universo e suas complexidades reside uma interrogação fundamental: existe mesmo um propósito inerente ou uma forma de consciência básica que permeia a realidade cósmica? Esta questão desafia as fronteiras entre ciência empírica e filosofia especulativa, levando-nos a uma reflexão profunda sobre a natureza da realidade.

A ciência, em sua busca pelo entendimento do universo, revela um cosmos regido por leis físicas precisas e imutáveis. Fenômenos como a formação de cristais de sal a partir da união de íons de sódio e cloro são explicados como resultados naturais dessas leis. Neste contexto, o "propósito" é compreendido não como uma intenção consciente, mas como o resultado inevitável de interações entre partículas conforme ditado pelas regras da química e da física. Cada átomo, cada molécula, segue um padrão determinado pelas propriedades intrínsecas da matéria e pelas forças que agem sobre ela. Mas, isso não é proposito?

Paralelamente, a filosofia e a espiritualidade oferecem uma perspectiva diferente, uma que considera a possibilidade de uma consciência ou propósito mais fundamental no universo. Conceitos como panpsiquismo sugerem que a consciência pode ser uma característica básica e omnipresente do universo, uma ideia que transforma nossa compreensão da matéria e da existência. Essa visão metafísica propõe que a consciência não está confinada apenas a sistemas biológicos complexos, mas é uma qualidade intrínseca e talvez até fundamental do cosmos. Mas, atenção, consciência em níveis básicos, não significa consciência como a experimentamos. Devagar com o andor.

A intersecção entre essas duas perspectivas - a científica e a filosófica - oferece um terreno fértil para a reflexão. Enquanto a ciência fornece uma compreensão detalhada do "como" e do "o que" do universo, a filosofia especula sobre o "porquê" e o "para quê". Juntas, essas abordagens expandem nossa visão do universo, da matéria e da vida, desafiando-nos a considerar não apenas como o universo opera, mas também qual pode ser o significado mais profundo por trás da sua incrível ordem e complexidade.

Agora, vamos andar um pouco. Respirar o ar puro da floresta. Ouvir o canto do uirapuru, dos canarinhos da terra, sentir a brisa fresca do ar não poluído. E, como sempre ocorre no universo, complicar. A vida começa com as moléculas orgânicas.

A jornada da vida, desde sua gênese nas moléculas orgânicas até a diversidade e complexidade que testemunhamos hoje, é uma odisseia que entrelaça a biologia, a química e a física, e talvez toque sutilmente nas margens da filosofia do panpsiquismo.

No coração desta odisseia está a auto-organização, um princípio fundamental que sugere que a complexidade da vida pode emergir de sistemas físico-químicos relativamente simples. Esta ideia nos leva a considerar a possibilidade de que, sob as condições corretas, as moléculas orgânicas primordiais poderiam ter formado estruturas auto-replicativas, como o RNA. Tal conceito ressoa com a hipótese do mundo do RNA, onde se postula que o RNA foi um elemento crucial nos estágios iniciais da vida, capaz de armazenar informações genéticas e catalisar reações bioquímicas.

Complementando esta perspectiva, a teoria das redes autocatalíticas revela um panorama onde a vida pode ter se iniciado a partir de uma rede de moléculas que catalisam a produção umas das outras. Esta interação recíproca poderia ter estabelecido a base para sistemas biológicos auto-sustentáveis e complexos, marcando os primeiros passos na dança da evolução.

Além disso, a ideia do "espaço do possível" na biologia expande nossos horizontes, sugerindo um universo repleto de potencialidades bioquímicas e evolutivas. Neste espaço, a vida não é apenas um acidente ou uma raridade, mas um resultado exploratório de um universo que incessantemente experimenta e molda as possibilidades bioquímicas.

Intrigantemente, essas reflexões podem ser suavemente temperadas com um toque de panpsiquismo, a ideia filosófica de que a consciência, em alguma forma básica, é uma qualidade fundamental e omnipresente do universo. Se considerarmos a auto-organização e a complexidade emergente não apenas como processos físico-químicos, mas também como manifestações de uma consciência intrínseca ao tecido do cosmos, então a evolução da vida assume uma nova dimensão, uma em que a matéria não é meramente passiva, mas imbuída de um potencial de consciência desde o início.

A jornada da vida, desde seus primórdios com a formação de moléculas orgânicas até o advento das primeiras células, ilustra uma progressão natural da simplicidade para a complexidade, um processo intrínseco à evolução biológica. Inicialmente, em ambientes primitivos da Terra, reações químicas simples deram origem a moléculas orgânicas básicas, estabelecendo os alicerces para a vida.

Neste estágio inicial, a síntese de proteínas, ácidos nucleicos, carboidratos e lipídios ocorre dentro das células, cada uma desempenhando funções vitais. Proteínas, formadas por cadeias de aminoácidos, agem como catalisadores e estruturadores das funções celulares. Os ácidos nucleicos, DNA e RNA, carregam e transmitem informações genéticas essenciais. Carboidratos fornecem energia, e lipídios compõem as membranas celulares e armazenam energia.

Para que a vida complexa evoluísse, era necessário primeiro o estabelecimento de formas de vida mais simples, como as células. Estas estruturas básicas de vida proporcionaram os ambientes necessários para reações químicas mais complexas e para a replicação e transmissão de material genético. A evolução, neste contexto, é um processo gradual e diversificado, onde diferentes formas de vida são constantemente testadas pela seleção natural. Este mecanismo assegura que apenas as adaptações mais eficazes e adequadas ao ambiente persistam e se propaguem.

Assim, a complexificação da vida é um processo obrigatoriamente lento e diversificado, marcado por experimentação e refinamento ao longo de eras geológicas. As formas de vida que conhecemos hoje são o resultado de bilhões de anos de evolução, de seleção natural e de adaptação contínua, começando com as formas mais simples de células e evoluindo para a diversidade extraordinária de organismos que povoam o planeta.

Neste contexto, as proteínas, formadas por cadeias de aminoácidos e sintetizadas nos ribossomos a partir de instruções codificadas no DNA, são os pilares das funções celulares, catalisando reações e replicando material genético. Os ácidos nucleicos, tanto DNA quanto RNA, atuam como os guardiões da informação genética, essenciais na orientação da síntese proteica e na transmissão do código da vida através das gerações. Paralelamente, os carboidratos e lipídios desempenham papéis cruciais no fornecimento de energia, na constituição estrutural das células e na formação das membranas celulares.

Essa cadeia de geração e manutenção da vida, onde cada célula produz os componentes necessários para a sua própria sobrevivência e reprodução, reflete a autossuficiência e a perpetuação da vida. É uma cadeia ininterrupta de vida gerando vida, um processo que se estende desde as primeiras formas de vida na Terra até o presente.

O marco crucial nesta cadeia é a transição para a primeira célula viva, um salto evolutivo de magnitude sem precedentes. Aqui, LUCA (Last Universal Common Ancestor), ou o Último Ancestral Comum Universal, entra em cena como um conceito poderoso. LUCA não representa necessariamente a "primeira célula" no sentido literal, mas sim o ancestral comum mais recente de toda a vida atual na Terra. Este ancestral primordial, provavelmente um organismo unicelular simples, emergiu de um caldo químico rico em compostos orgânicos, em um ambiente onde a combinação de condições ambientais e a disponibilidade de energia permitiram a auto-organização de moléculas em uma estrutura celular complexa e auto-sustentável.

LUCA é a ponte entre a química orgânica e a biologia, um ser que, embora simples, encapsulava as propriedades fundamentais da vida: metabolismo, crescimento e reprodução. Mais do que isso, LUCA é o ponto de convergencia da incrível diversidade da vida, desde bactérias e arqueas até organismos multicelulares complexos. A descoberta de LUCA, como um conceito, oferece uma compreensão profunda da unidade e continuidade da vida na Terra, demonstrando que todos os organismos vivos compartilham um legado comum.

Desse ancestral comum, a vida se diversificou e se complexificou, explorando o vasto "espaço do possível" biológico e dando origem à vasta diversidade que vemos hoje. Cada organismo vivo é um descendente de LUCA, um elo numa cadeia contínua de vida que une todas as formas biológicas, desde as mais simples até as mais complexas. Assim, a história de LUCA não é apenas a história da primeira célula; é a história de cada ser vivo na Terra, um capítulo fundamental na narrativa contínua da vida no universo.

De repente, pulamos do sal para as proteínas e os ácidos nucleicos. De um cristal simples para formas de compostos altamente refinados, moldados por interações moleculares complexas e que esperaram bilhões de anos para serem produzidas dentro do livro de receitas que o universo está lendo aos poucos.

A evolução de simples cristais de sal para as complexas moléculas de proteínas e ácidos nucleicos simboliza uma jornada extraordinária, um caminho que se desdobra através de bilhões de anos, revelando a incrível capacidade do cosmos de cultivar complexidade a partir de simplicidade. Essa transformação não é apenas uma maravilha da química e da biologia, mas também pode ser vista como uma metáfora profunda para o próprio processo de criação e desenvolvimento do universo.

Imagine o universo como um chef de cozinha, com um vasto conjunto de ingredientes (elementos químicos) e um livro de receitas sem fim (as leis da física e da química).

Inicialmente, este chef cósmico começa com receitas simples, como cristais de sal, que são estruturas inorgânicas formadas por processos químicos diretos. Com o passar dos éons, o universo, em sua cozinha cósmica, começa a experimentar combinações mais complexas, levando à criação de moléculas orgânicas como proteínas e ácidos nucleicos. Essas moléculas são como pratos sofisticados, cada um com uma função específica e vital na manutenção e desenvolvimento da vida.

Nessa perspectiva, o processo de evolução química pode ser visto como um experimento culinário em escala cósmica, onde o universo mistura e combina elementos, testando diferentes reações químicas, sob diversas condições, para criar uma variedade de estruturas. Com o tempo, algumas dessas combinações revelam-se extraordinariamente eficazes - como as proteínas e os ácidos nucleicos - e tornam-se peças fundamentais na receita da vida.

Essa abordagem traz uma ideia nova: o universo como um laboratório de inovações químicas e biológicas, onde a complexidade surge como resultado de uma série de experimentações e acidentes felizes. A vida, nesse contexto, é um dos pratos mais requintados, um produto de bilhões de anos de refinamento e inovação.

E então, vejo o filme do axônio procurando obter contacto com um dendrito, e me lembro da embriologia. Como é possível criar um organismo a partir de uma célula. Sabemos muito bem que isso se dá com uma receita incrivelmente complexa escrita em DNA. O código genético. Que é lido passo a passo, minuto a minuto e aos poucos, o organismo em questão vai se desenhando. Isso só é possível porque existem incontáveis moléculas sinalizadoras que mostram para onde a morfogênese tem que ir.

Os neurônios, na medida que vão se formando tambem precisam saber para onde devem se deslocar e com quem devem se conectar. Dá para imaginar os bilhões de passos necessários para que a empreitada resulte em um organismo? Esse movimento do neurônio, "cheirando" as moléculas químicas sinalizadoras, imbuído de proposito, intensão, inteligência (lembre-se que inteligência é a capacidade de resolver problemas...) não lembra um estado consciente? Para mim lembra. E, se pensarmos que, o cérebro humano exibe consciência altamente complexa, nada mais justo que ela representa a evolução temporo- espacial dessa consciência simples, molecular, que serve para encontrar o seu parceiro ideal entre incontáveis possibilidades.

Nesse contexto, a maneira como um neurônio encontra seu caminho pode ser comparada a uma forma de inteligência, uma capacidade de resolver problemas em um nível molecular. Esse processo, imbuído de propósito e direção, ecoa a noção de um estado consciente em sua forma mais primitiva. É como se cada movimento molecular fosse um passo na jornada evolutiva da consciência, desde as formas mais simples de vida até a complexidade da consciência humana.

Essa perspectiva oferece uma visão nova sobre a evolução da consciência. Podemos imaginar que a consciência humana, em toda a sua complexidade, é o ápice de um processo que começou em nível molecular, uma evolução de uma consciência simples e direcionada presente nas primeiras etapas do desenvolvimento embrionário.

A consciência, nesse sentido, não é um fenômeno que surge do nada no cérebro humano maduro, mas o resultado de um processo gradual que começa muito antes, nas interações fundamentais entre moléculas dentro do embrião em desenvolvimento.

Então, vamos seguir na floresta. Aqui, sou predador e presa. Dependo da minha consciência e da minha inteligência. Agora, preciso decidir onde vou colocar esse ato.

RESUMO

1. **Reflexão Sobre a Consciência e o Universo**: inicia com pensamentos sobre a consciência e sua relação com o universo, propondo uma exploração mais profunda desses temas.

2. **Big Bang e Origens do Universo**: Discute o Big Bang como o ponto de origem do universo, meditando sobre as possibilidades contidas nesse momento singular.

3. **A Emergência da Consciência**: Questiona como a consciência, um fenômeno pessoal e misterioso, surgiu no contexto da evolução cósmica.

4. **Evolução da Matéria e da Vida**: Explica a evolução da matéria desde formas simples até a complexidade da vida, considerando a consciência como o ápice dessa evolução.

5. **Conexão entre Vida e Matéria**: Reflete sobre a relação entre a vida e os elementos químicos inorgânicos, destacando a natureza comum de todos os seres vivos.

6. **A Diversidade da Vida**: Discorre sobre a variedade de formas de vida e suas estratégias de adaptação e sobrevivência, ressaltando a fragilidade e resistência dos seres vivos.

7. **Regras e Limites da Natureza**: Observa as regras e limites impostos pela natureza, considerando como eles influenciam a vida e o universo.

8. **Consciência e Leis Físicas**: Explora a ideia de que as leis físicas e a informação intrínseca a elas podem representar uma forma de consciência.

9. **Formação de Estruturas Complexas**: Examina a formação de estruturas complexas, como cristais de sal, e sua relação com as leis físicas e a informação.

10. **Consciência e Propósito no Universo**: Discute se existe um propósito ou consciência inerente ao universo, explorando perspectivas científicas e filosóficas.

11. **A Vida como Criação e Evolução**: Compara a evolução da vida e do universo a um processo de criação culinária, onde a complexidade emerge de combinações experimentais.

12. **A Evolução da Consciência**: Considera a evolução da consciência desde formas simples até a complexidade da consciência humana, explorando a ideia da consciência como um processo contínuo e gradativo.

Dicas para Reflexão:

1. **Interconexão e Complexidade:** Refletir sobre como a complexidade do cérebro e suas conexões neurais refletem a interconexão da vida e do universo.

2. **Origens do Universo e da Vida:** Considerar as implicações filosóficas e científicas do Big Bang e da evolução da vida na Terra.

3. **Natureza e Evolução da Consciência:** Contemplar a evolução da consciência desde formas mais primitivas até a complexidade da consciência humana.

Bibliografia Sugerida:

1. **"The Selfish Gene" por Richard Dawkins:** Explora a evolução da vida e a teoria genética.

2. **"The Universe in a Nutshell" por Stephen Hawking:** Uma exploração do universo, incluindo conceitos como o Big Bang.

3. **"Consilience: The Unity of Knowledge" por Edward O. Wilson:** Discute a unidade entre as diversas disciplinas científicas e a interconexão da vida.

4. **"Sapiens: A Brief History of Humankind" por Yuval Noah Harari:** Uma análise da evolução humana e da sociedade.

5. **"The Hidden Life of Trees" por Peter Wohlleben:** Fornece uma perspectiva sobre a interconexão e comunicação nas florestas.

A REALIDADE EXISTE, MAS É MUITO COMPLEXA

Há muito se pergunta se o que vemos, ouvimos e sentimos é real. Ou se nossa imaginação ou mesmo consciência seria quem, sem percebermos, criaria uma ficção quase perfeita. Um mundo irreal, mas para todos os efeitos pareceria real. Platão criou sua celebre metáfora, onde os habitantes conheciam apenas as sombras da realidade e aquilo lhes bastava.

Antes das sofisticadas abstrações de Platão, os ventos da Grécia Antiga já sussurravam inquietações sobre a verdadeira natureza da realidade. Imaginemos caminhar entre as colunas dos antigos templos, sentindo a poeira sob nossos pés e o eco distante dos pensadores que ousaram questionar o que parecia tão evidentemente real.

Heráclito, por exemplo, com seu olhar penetrante, nos diria que a realidade é como o fluxo constante de um rio. "Olhe para esse rio", ele diria, "você nunca pode tocá-lo da mesma maneira duas vezes". O mundo, em sua visão, é uma dança de mudanças.

Contrastando com ele, Parmênides argumentaria, com uma voz calma e firme, que o que parece mudar é, na verdade, uma mera ilusão. Ele nos convidaria a olhar além das aparências enganosas e ver a verdadeira face imutável da realidade.

Já Empédocles, com a paixão de um poeta, nos falaria dos quatro elementos eternos - terra, ar, fogo e água - que dançam em uma eterna valsa, criando tudo o que vemos e sentimos.

E, na sombra de uma oliveira, encontraríamos Anaxágoras, propondo que, por trás de tudo, está a mente, ordenando e moldando o caos. Ele nos falaria da profunda conexão entre pensamento e matéria.

Finalmente, o riso contagiante de Demócrito nos atrairia. Ele, com olhos brilhantes, descreveria um mundo composto por átomos incontáveis, dançando no vasto vazio. A realidade, para ele, não é nada além desses minúsculos pontos unidos em um eterno balé cósmico.

Cada um desses filósofos, à sua maneira, tocava o pulso do mistério da existência, lançando perguntas que reverberariam através dos corredores do tempo. Eles não eram meros acadêmicos; eram poetas do pensamento, artistas da abstração, e suas questões ainda ressoam em nosso íntimo, lembrando-nos da maravilha que é existir e questionar.

A "Alegoria da Caverna" de Platão é uma das metáforas filosóficas mais icônicas que ilustra a distinção entre aparência e realidade, conhecimento e ignorância. Na alegoria, prisioneiros estão acorrentados em uma caverna desde o nascimento, forçados a olhar apenas para a parede diante deles. Eles veem sombras projetadas nesta parede por objetos que são movidos atrás deles, e tomam essas sombras como a única realidade, aceitando-as sem questionamento.

Um prisioneiro, eventualmente libertado, sai da caverna e é inicialmente cegado pela luz do sol, mas gradualmente se acostuma a ela e percebe o mundo exterior. Aqui, ele reconhece que o que ele via na caverna eram apenas sombras, meras imitações da realidade verdadeira e mais profunda do mundo fora da caverna. Ao retornar para liberar seus companheiros, ele é ridicularizado e rejeitado, pois os prisioneiros restantes não podem compreender ou aceitar sua nova perspectiva iluminada.

Este relato serve como uma representação poderosa das ideias de Platão sobre o mundo das "Formas" ou "Ideias" - uma realidade eterna e imutável que é mais verdadeira do que o mundo sensível que percebemos. A jornada do prisioneiro da escuridão para a luz simboliza o processo filosófico de buscar a verdade e transcender a mera aceitação das aparências. A resistência dos prisioneiros que permanecem na caverna destaca a frequente rejeição da sociedade às novas verdades, especialmente quando desafiam crenças e percepções estabelecidas. Como veremos mais na frente, a teoria da inferência ativa ajuda explicar perfeitamente esse comportamento. Por enquanto, calma, o caminho é longo. Em sua essência, a alegoria desafia os indivíduos a refletir sobre sua própria compreensão da realidade e encoraja uma busca contínua por conhecimento e iluminação.

Mas, podemos ir mais longe. Podemos nos perguntar, visto que já saímos da caverna em muitos aspectos, ou pelo menos a caverna se tornou maior, e a complexidade das sombras e seus significados tambem mudou, se a realidade que vemos, ouvimos, tocamos, cheiramos, e daí por diante, com todos os nossos sentidos e das suas combinações, existe de verdade. Até as sombras nas paredes, seriam reais, mesmo sendo sombras?

Podemos questionar a própria realidade física, e não necessariamente a moral, cultural, como colocou Platão. Ela falava do Ser, das consequências de viver sem expandir os horizontes, sem questionar. Agora, queremos pôr a prova a própria realidade, independente do que faremos com ela, das nossas crenças e dos nossos anseios.

Assim como a realidade percebida dentro da caverna era apenas uma sombra da realidade verdadeira, será que nossa compreensão de nós mesmos, moldada por nossas experiências e percepções, também é apenas uma "sombra" da realidade biológica subjacente?

Vemos, sentimos e a realidade se apresenta, mesmo para quem perdeu ou nasceu sem a capacidade de enxergar com os olhos. Multipla, repleta de nuances, as vezes enganosa. Vemos uma figura, mas depois, subitamente a figura tem outro significado, outra forma. Do mesmo jeito o que chamamos de realidade poderia ser apenas uma ilusão? Vista por um ser diferente o mundo pode ser outro? Pode sim, mas cuidado, isso tem que ser compreendido rigorosamente. Precisamos de ciência, de ciência muito boa. E um pouco de imaginação. E, principalmente, refletir sobre o que se define por ilusão.

Ilusões são mais do que meros enganos da mente; elas oferecem uma visão profunda de como nosso cérebro constrói a realidade. No ato de processar informações, o cérebro frequentemente se vale de atalhos, estratégias rápidas baseadas em padrões reconhecidos e experiências passadas. Mas, às vezes, esses atalhos podem nos levar a ver ou sentir algo que diverge da realidade objetiva, dando origem a ilusões.

Um exemplo comum é a ilusão óptica, onde linhas retas podem parecer curvas, ou objetos imóveis parecerem mover-se, demonstrando assim a capacidade de nossos olhos e cérebro de serem enganados. Mas as ilusões não se limitam à visão. Podemos ser enganados em todos os nossos sentidos, como quando sentimos diferenças de temperatura que, na realidade, não existem. Dizemos que uma parte do corpo está inchada e não está. Pacientes insistem que o rosto está inchado. Examino com cuidado. Não está. Pelo menos não do ponto de vista clínico. Mas, o paciente insiste e se decepciona com o exame que não viu o que ele sente e diz existir.

Do ponto de vista evolutivo, é possível que esses atalhos e as resultantes ilusões tenham tido suas vantagens. Em ambientes ancestrais, processar informações rapidamente, mesmo que imprecisamente, poderia ter sido a diferença entre a vida e a morte. No entanto, no mundo moderno, esses mesmos atalhos às vezes nos levam a equívocos perceptivos.

Além disso, ao explorar a natureza das ilusões, ganhamos uma compreensão mais profunda de nossa própria consciência. Se o cérebro pode criar percepções que se desviam da realidade objetiva, sugere-se que nossa experiência do mundo é uma interpretação contínua, uma mistura de estímulos externos e processos internos.

Em essência, as ilusões mostram que nossa percepção da realidade é construída, moldada por uma combinação de influências externas e internas, e não é sempre uma representação fiel do mundo à nossa volta.

Certamente, as ilusões não são a norma em nossa experiência cotidiana. Elas servem mais como exceções que destacam a sofisticação e, por vezes, as limitações de nosso sistema perceptivo. A realidade objetiva, o mundo como ele é, independentemente de nossa percepção, tem existido muito antes de nossa espécie aparecer e continuará existindo após nossa partida. No entanto, a realidade que cada ser vivente percebe é uma construção única, moldada por suas capacidades sensoriais e necessidades evolutivas.

Tomemos os seres humanos como exemplo. Nós percebemos o mundo das luzes através de uma estreita faixa do espectro eletromagnético, conhecida como espectro visível. Isso nos permite ver uma gama de cores, do violeta ao vermelho, mas somos cegos para frequências ultravioleta ou infravermelha. Essa limitação não é um defeito; é simplesmente um produto de nossa evolução. O espectro visível para os nossos olhos foi otimizado para reconhecer características do mundo que eram essenciais para a sobrevivência e reprodução de nossos ancestrais.

Outras criaturas têm conjuntos de sensores muito diferentes. Morcegos, por exemplo, são notórios por seu uso da ecolocalização. Emitindo sons de alta frequência que ecoam de volta após atingir objetos, eles podem "ver" o mundo ao seu redor em total escuridão, percebendo a localização, forma e até mesmo textura de um objeto com base no eco retornado. Esta é uma realidade muito diferente da nossa, mas é tão válida quanto a percepção visual.

Golfinhos, igualmente, utilizam uma forma sofisticada de sonar para se orientar, caçar e comunicar nas profundezas escuras do oceano. Cobras, por sua vez, possuem "órgãos de fosseta" que lhes permitem detectar radiação infravermelha, essencialmente permitindo que "vejam" o calor. Isso é particularmente útil para rastrear presas de sangue quente.

Esses exemplos demonstram que a "realidade" é relativa ao observador. Cada organismo constrói uma representação do mundo que é mais adaptada às suas necessidades e capacidades evolutivas. O que é invisível ou inaudível para um pode ser o pilar central da realidade de outro. Assim, enquanto a realidade primordial parece ser objetiva, as realidades perceptivas são diversas, variáveis e maravilhosamente adaptadas às necessidades de cada organismo. O fascínio reside na compreensão dessas diferentes realidades e no reconhecimento de que todas são tentativas de interpretar e interagir com o mesmo mundo objetivo que nos cerca.

Além de questões filosóficas e espirituais, existe um debate contínuo sobre "natureza versus criação". Em outras palavras, até que ponto somos produtos de nossa biologia inata e até que ponto somos moldados pelo ambiente em que vivemos? Platão, em sua busca pela verdade, desafiou a noção de realidade aceita sem questionamento. De forma semelhante, a ciência moderna desafia nossa percepção sobre quem somos, apontando para o código genético como o manuscrito fundamental da nossa existência.

Então, os seres vivos são seres genéticos. Movidos pelos seus genes, devidamente ajustados ao longo da evolução. Não somos diferentes, mas, isso é muito incomodo. Pensar que somos o que somos porque nossos genes querem, abala um pouco a nossa empáfia, necessária para a manutenção da nossa ideia de que somo especiais, mas não somos.

No entanto, essa compreensão é recentemente complicada pela descoberta da epigenética, que sugere que, embora os genes possam escrever o script, o ambiente em que vivemos tem a capacidade de editá-lo. Portanto, mesmo em nosso entendimento biológico mais básico, a realidade genética não é tão clara ou definida como poderíamos inicialmente pensar. E, de forma bem clara e crua: a epigenética tanto pode nos melhorar, de acordo com algum modo de pensar ou quadro de referências, ou nos piorar. A questão é qual é o grau de determinismo genético, se as modificações epigenéticas tem finalidade adaptativa.

A epigenética refere-se às modificações que regulam a expressão dos genes sem alterar a sequência de DNA subjacente. Estas modificações são influenciadas por experiências ambientais e, embora possam ser transmitidas de forma hereditaria, nem todas são passadas de geração em geração. A noção de "melhoria" ou "piora" no contexto epigenético é complexa e depende da perspectiva considerada. Por exemplo, uma alteração epigenética vantajosa em um ambiente pode ser desvantajosa em outro. A interação entre genes, ambiente e epigenética é constante, e, portanto, a epigenética não deve ser vista como um fator determinante isolado, mas como uma peça em um complexo quebra-cabeça biológico.

A maioria das modificações epigenéticas ocorre em resposta a sinais ambientais, como por exemplo, dieta, estresse, toxinas, radiações entre outros. No entanto, nem todas têm um propósito claro ou vantajoso, podendo ser consequências de outros processos celulares ou reações a perturbações ambientais. Também é possível que algumas ocorram por acaso; a diferença é que, ao contrário das mutações genéticas que alteram permanentemente o DNA, as modificações epigenéticas não mudam os genes, apenas alteram o seu funcionamento.

Essa área da biologia destaca a intrincada relação entre genes e ambiente, revelando um grau de determinismo na expressão gênica, mas também uma flexibilidade que permite às células responderem a diferentes ambientes e situações. A pesquisa sobre epigenética continua em expansão, com novas descobertas ampliando constantemente nossa compreensão sobre essa fascinante dimensão da biologia.

Somos geneticamente determinados, mas os nossos genes podem ser silenciados, e de certa forma, o ambiente modifica, não nossos genes, mas a maneira como eles atuam. Nossa, que alívio. Pena, isso não muda nada, a meu ver. Dependemos dia noite, minuto a minuto das ordens dos nossos genes, epi geneticamente modificados, ou não.

Richard Dawkins, ao longo de sua carreira, mergulhou profundamente na intersecção da evolução e da genética, defendendo a ideia de que os genes agem como "egoístas", buscando sua própria replicação acima de tudo. Ele retrata organismos como meros veículos temporários para genes, cujo principal objetivo é garantir sua continuidade. Dawkins avança, destacando a complexidade aparente na natureza como resultado de pequenas mudanças cumulativas, não de um design inteligente. Ao explorar o terreno da religião posiciona a ciência como uma explicação mais robusta para a existência do que a fé.

A realidade, em sua essência profunda, sempre foi uma questão de intrincada contemplação. Durante muito tempo, estávamos convencidos de que a realidade era algo que podíamos tocar, ver e sentir diretamente através de nossos sentidos. Mas a evolução do pensamento científico, especialmente no século passado, desafiou e expandiu nossa compreensão dessa realidade aparentemente tangível.

Com a física quântica, fomos apresentados a um mundo subatômico que desafia a intuição. Aqui, partículas podem existir em estados de superposição até serem observadas, e é o ato de observação que colapsa a função de onda, determinando o estado da partícula. A realidade, neste nível, não é fixa até que seja medida, sugerindo um papel ativo do observador na formação do que consideramos "real".

Por outro lado, as ideias revolucionárias de Einstein sobre espaço e tempo adicionaram outra dimensão à nossa compreensão. Em sua Teoria da Relatividade, o tempo não é absoluto; ele pode dilatar ou contrair dependendo do observador e de sua velocidade relativa. Isso nos mostrou que a realidade é moldada não apenas pela observação, mas também pela estrutura entrelaçada do espaço-tempo. Fenômenos como lentes gravitacionais, onde a luz é curvada pela gravidade de um objeto massivo, demonstram como a gravidade pode influenciar e distorcer nossa percepção da realidade.

A realidade, tal como a compreendemos, não é uma entidade fixa ou imutável, mas sim uma construção complexa e multifacetada. Neste mosaico, existem duas dimensões: o vasto e tangível cosmos externo e o universo interno da mente, repleto de emoções, pensamentos e aspirações. Ambas as dimensões são percebidas como igualmente reais, e ambas influenciam e moldam a nossa compreensão do que é verdadeiro e real.

Por um lado, temos o mundo material, regido por leis físicas, que nos fornece uma estrutura objetiva e compartilhável. Este é o domínio do observável, do mensurável e do testável. No entanto, esta realidade objetiva é apenas uma parte da história, pois nossa percepção dela é mediada por nossa experiência subjetiva.

A vastidão do universo é um lembrete constante de que ainda há muito a ser descoberto e compreendido. Em nossa busca por desvendar os mistérios cósmicos, nos deparamos com entidades que desafiam nossa compreensão tradicional da realidade: a matéria escura e a energia escura.

Imagine por um momento um tipo de matéria que não podemos ver, tocar ou detectar diretamente. Ela não emite luz, não reflete ou absorve, mas sabemos que está lá. Esta é a matéria escura. Sua presença é sentida não por sua visibilidade, mas por seu efeito gravitacional. Observamos estrelas e galáxias girando de maneira que só faz sentido se houver uma quantidade significativa de matéria "invisível" exercendo influência gravitacional sobre el universo observável.

A energia escura, por outro lado, é uma força ainda mais enigmática. Ao invés de puxar coisas para si, como a gravidade, ela parece estar empurrando o universo para fora, fazendo com que ele se expanda a uma taxa acelerada. Esta energia que permeia o espaço está tornando o universo mais vasto a cada segundo que passa, mas o que é exatamente e por que existe permanece um dos maiores mistérios da cosmologia.

Para adicionar perspectiva a este mistério, a energia escura compõe aproximadamente 68% do universo. É a dominante em termos de influência na expansão do cosmos. Em contraste, a matéria escura, que também não emite, reflete ou absorve luz, e é por isso difícil de detectar, constitui cerca de 27% do universo. Essa matéria enigmática exerce uma força gravitacional significativa que influencia a estrutura e a formação do universo, mas, ao contrário da energia escura, trabalha para desacelerar a expansão do universo.

O restante, cerca de 5%, é o que chamamos de matéria visível. Esta inclui estrelas, planetas, galáxias e tudo o que podemos ver ou detectar diretamente. Embora pareça ser a parte mais familiar e compreendida do universo, na realidade, é apenas uma pequena fração do cosmos. Uma realidade inacessível aos nossos olhos e até aos nossos mais refinados instrumentos

Estas duas entidades cósmicas evocam um conceito fascinante: a realidade indireta. Há aspectos do universo que não podem ser diretamente observados ou sentidos. Em vez disso, só podemos inferir sua existência com base em seus efeitos sobre o que podemos perceber. Assim, a matéria e a energia escuras se tornam metáforas poderosas para a natureza complexa e, às vezes, intangível da realidade. Elas nos mostram que nem tudo é como parece à primeira vista e que o universo ainda guarda segredos que estão além da nossa compreensão atual, desafiando-nos a expandir constantemente nossas fronteiras do conhecimento e da percepção.

Saio na sacada do apartamento. Olho para o leste. A noite tem nebulosidades, mas assim mesmo posso ver a constelação de Orion. Betelgeuse, vermelha, contrasta com o azul de Sirius que aparece mais ao sudeste. Estrelas enormes, relativamente próximas da terra na Via Lactea. Mas o que vejo não é uma realidade única. A luz de Sirius partiu de lá há oito mil seiscentos e onze anos. A de Betelgeuse há seiscentos e quarenta e dois anos e como ela está na sua sequência final de vida, pronta para explodir em uma supernova espetacular, eu simplesmente não sei se ele está lá ou não. Posso estar vendo um fantasma, uma imagem de uma estrela que já morreu, mas que a informação luminosa do momento final ainda está a caminho. A luz, que viaja a trezentos mil quilômetros por segundo é muito rápida em certas distancias, mas em relação ao universo é uma lesma. Esse momento que chamo de presente ao olhar a gigante vermelha agonizante tem seiscentos e quarenta e dois anos. Simples assim. Não é uma realidade confortável.

O universo interno, por outro lado, é onde residem nossas percepções, emoções e intuições. Ele não é apenas uma resposta passiva ao mundo externo, mas tem sua própria dinâmica e realidade. Neste espaço, a experiência não é apenas formada, mas também interpretada, colorida por nossos sentimentos, memórias e desejos. Por um modelo do mundo que construímos lentamente, dia após dia, desde o nascimento, e quem sabe, antes dele.

Então, apesar de todas essas ideias, de seus pros e contras, a questão da realidade permanece aberta a novas e intrigantes formulações. Certamente, como os seres mais inteligentes do universo conhecido, temos a possibilidade de questionar e talvez entender a realidade mais ampla, mesmo que não acessível diretamente aos nossos sentidos, utilizando argumentos, matemática, física, conhecimento biológico e a imaginação. Certamente não temos como viver a experiencia subjetiva de um boto cor de rosa nadando no rio Amazonas, mas podemos entendê-la pelo menos em parte. A consciência e as experiencias subjetivas, intimamente ligadas, são únicas, indivisíveis e somente podem ser vividas por quem as tem.

A realidade tambem. Podemos percebê-la diretamente, e isso vale para todos os humanos, de forma que podemos concordar quase sempre ao olhar o mar, as montanhas, o sol nascendo, ou quando nos deparamos com realidades ocultas, ou que são apenas deduzidas, como a função de onda na mecânica quântica e espaço- tempo de Einstein, entidades dependentes da condição cultural de quem ousa compreendê-las. Que derivam, obrigatoriamente de complicados processos mentais, muito mais elaborados que a simples percepção de cores, comportamentos automáticos de fuga, ou reconhecimento de padrões.

A evolução nos trouxe até aqui, e passamos a maior dela nas florestas. A civilização, e mais ainda, os tempos modernos do antropocêntrico, exigem muito mais de nós. A evolução continuará sua jornada lenta, determinística, complexa, selecionando os mais aptos a sobreviverem. No entanto, já somos oito bilhões, vivendo e uma incrível comunidade mundial heterogênea, com realidades muito diferentes, e com cognição tambem diversificada. Como a evolução se dará é uma incógnita. Que pressões evolutivas prevalecerão. Ou teremos várias seleções, e uma espécie cada vez mais diversa.

A diversidade cognitiva é uma característica notável do mundo moderno. A globalização intensificou nossa exposição a uma variedade mais ampla de culturas e perspectivas, enriquecendo nosso repertório mental. Alguns estudos sugerem que essa variedade de experiências e modos de pensar pode estar correlacionada com diferenças nas estruturas e funções cerebrais entre pessoas de diferentes origens e culturas. Além disso, é possível que diferentes ambientes e estímulos culturais moldem o cérebro de maneiras distintas, levando a nuances em processamento cognitivo e percepção.

A relação entre diversidade cognitiva e realidade é profunda e complexa. Ao refletir sobre a natureza da realidade, é fundamental considerar como cada indivíduo percebe, interpreta e interage com o mundo ao seu redor. A realidade, em muitos aspectos, é moldada por nossa cognição. Quando falamos de diversidade cognitiva ampliada pela globalização e pelas diferenças culturais, estamos falando de uma multiplicidade de realidades.

Nesse contexto, o que é real para um indivíduo pode não ser o mesmo para outro. As nuances em processamento cognitivo e percepção, moldadas por diferentes estruturas e funções cerebrais e influenciadas por ambientes e estímulos culturais variados, podem levar a diferentes interpretações da mesma situação ou objeto. Essa pluralidade de visões define a rica e multidimensional experiência humana, tanto individual e coletiva.

RESUMO

1. **Reflexões Filosóficas sobre a Realidade**: Introdução com pensamentos de filósofos antigos como Platão, Heráclito, Parmênides, Empédocles, Anaxágoras e Demócrito sobre a natureza da realidade.

2. **A Alegoria da Caverna de Platão**: Discussão detalhada sobre a metáfora de Platão que diferencia aparência e realidade, conhecimento e ignorância.

3. **Ilusões e Percepção da Realidade**: Exploração de como as ilusões revelam a construção da realidade pelo cérebro e questionamentos sobre a autenticidade da percepção sensorial.

4. **Ciência Moderna e Realidade**: Análise de como a física quântica e a teoria da relatividade de Einstein desafiam e expandem nossa compreensão da realidade.
5. **Biologia, Genética e Epigenética**: Discussão sobre a influência dos genes e da epigenética na determinação do comportamento humano e na percepção da realidade.
6. **Diversidade Cognitiva Humana**: Reflexão sobre como diferentes culturas e experiências individuais moldam nossas percepções da realidade, argumentando que a realidade é uma experiência subjetiva.

Dicas para Reflexão:

1. **Influência Cultural na Percepção da Realidade**: Reflita sobre como sua experiência pessoal e contexto cultural podem moldar sua visão de mundo.
2. **Ciência e Compreensão do Mundo**: Pense sobre o papel da ciência na expansão de nosso entendimento da realidade, especialmente no contexto da física quântica e relatividade.
3. **Percepção, Realidade e Biologia**: Considere como a biologia e a epigenética contribuem para a dinâmica entre percepção e realidade.

Bibliografia Sugerida:

1. **Filosofia**:
    - "A República" de Platão, especialmente a "Alegoria da Caverna".
2. **Física Quântica e Relatividade**:
    - "O Universo Elegante" de Brian Greene.
    - "Uma Breve História do Tempo" de Stephen Hawking.
    - "Os Sonhos de Einstein" de Alan Lightman.
3. **Epigenética**:
    - "A Vida Secreta dos Genes" de Nessa Carey.

- "Epigenética: Como o Ambiente Molda Nossos Genes" de Richard C. Francis.

4. **Diversidade Cognitiva e Cultura**:
    - "O Animal Cultural: Como a Cultura Transformou a Experiência Humana" de Michael Tomasello.
    - "A Mente nas Culturas: Psicologia Cultural e Atividades Mentais" de Richard Nisbett.

A CONSCIÊNCIA COMO UMA REALIDADE

Existem momentos em que me sinto como o peregrino que, mesmo sabendo onde deseja chegar não dispõe de todas as informações sobre os caminhos possíveis e tenta descobri-los enquanto caminha, procurando nas trilhas, nas paisagens e na intuição, encontrar o melhor percurso. Tento refletir, mas cada pensamento evoca muitos outros e as vezes não sei qual será o aspecto mais conveniente para escrever e discutir. Mas, então descubro que essa é a verdadeira beleza da jornada. Sem GPS ou cartas precisas, sem certeza da chegada, mas desfrutando de uma paisagem esplendida, cheia de mistérios e de sutilezas. De mensagens escondidas. O que vale é o percurso.

 A caminhada sempre nos leva avante. Esta parece ser uma lei fundamental do universo. Ao mesmo tempo que a segunda lei da termodinâmica nos diz que a entropia, no universo, sempre aumenta, com ela todos os sistemas complexos existentes, com suas características variadas, tambem evoluem. A economia muda, as doenças mudam, o clima muda, as sociedades mudam, sempre no sentido de uma maior complexidade. E simplesmente, não sabemos bem por quê.

 Mas, onde as leis da física definem a existência, reside um paradoxo que desafia a compreensão. A entropia, essa força indomável que conduz o universo à desordem, coexiste com a surpreendente emergência de sistemas de complexidade crescente. Não é um mero acaso que, mesmo em meio ao caos, estruturas intrincadas e complexas se manifestem, desafiando a tendência entrópica.

 Um aparente paradoxo desafia nossa compreensão: a coexistência da entropia e da emergência de sistemas complexos. A entropia, essa força indomável e fundamental na termodinâmica, é frequentemente associada ao aumento da desordem ou ao caos. Ela descreve como, em um sistema isolado, há uma tendência natural para a energia se distribuir de forma mais uniforme, levando a um estado de maior desorganização. Essa ideia é cristalizada na segunda lei da termodinâmica, que nos diz que a entropia de um sistema isolado tende a aumentar com o tempo, caminhando para a chamada "morte térmica" do universo, onde todos os processos atingem um equilíbrio e a troca de energia cessa.

 Em contraste com essa tendência à desordem, há o fenômeno da emergência, que ilustra como sistemas complexos e padrões intrincados podem surgir de interações relativamente simples. Esta emergência é observada em ecossistemas, cérebros, sociedades e outros sistemas complexos, onde as propriedades do todo não podem ser previstas ou explicadas apenas pelas propriedades de seus componentes individuais. Emerge assim um quadro onde o todo é indiscutivelmente maior do que a simples soma de suas partes, revelando comportamentos e características que são únicos ao sistema como um todo.

O aparente paradoxo entre a crescente entropia e a emergência de ordem em sistemas complexos é uma faceta intrigante da realidade. Tomemos, por exemplo, a evolução da vida na Terra. Contra a maré da entropia, a vida evoluiu de formas simples para organismos cada vez mais complexos e diversificados. Isso é possível porque a Terra, ao receber energia do Sol, não é um sistema isolado. Portanto, enquanto a vida e a complexidade florescem localmente na Terra, a entropia total do sistema maior, que inclui a Terra e o Sol, continua a aumentar, em consonância com as leis da termodinâmica.

Essa interação entre a entropia e a emergência em sistemas complexos ilustra que a manifestação de ordem e complexidade no universo não contradiz a segunda lei da termodinâmica. Ao contrário, esses fenômenos ocorrem dentro do contexto maior da transferência de energia e do aumento da entropia no universo como um todo. Portanto, o paradoxo que se apresenta é, na verdade, uma harmonia sutil entre a tendência à desorganização e a incrível capacidade do universo de gerar estruturas complexas e ordenadas.

Nesta dança dinâmica de mudança, tudo, desde os mais fundamentais fenômenos naturais até as mais elaboradas construções sociais, está em um constante estado de evolução. Esta é a verdadeira natureza da existência: uma constante transformação, onde nada permanece estático. A adaptabilidade, então, torna-se não apenas uma virtude, mas uma necessidade fundamental para a sobrevivência.

E nesse cenário de crescente complexidade, surge a pergunta mais provocativa de todas: a consciência é, porventura, uma manifestação inevitável dessa evolução? Estaria a nossa capacidade de perceber, pensar e sentir intrinsecamente ligada à intricada rede de interações que dão forma ao universo?

Talvez, em nossa busca audaciosa por respostas, precisemos reconhecer que ainda estamos à beira do abismo do entendimento. Por mais que tentemos desvendar os mistérios do cosmos, há verdades que ainda nos escapam. Mas é justamente esse desconhecido que alimenta nossa coragem e imaginação. Pois mesmo que não tenhamos todas as respostas agora, a jornada em busca delas é o que verdadeiramente enriquece nossa experiência humana.

Mas, o que será da realidade da consciência em meio a essa paisagem de pensamentos e reflexões? A questão se impõe, já que a natureza da consciência se desdobra no vasto panorama de interações entre o mundo interno e o externo. Nossa busca nos leva à neurociência, que tenta mapear e decifrar os mecanismos neuronais que geram a percepção, emoção e decisão. Entendemos que os processos cerebrais são fundamentais para a consciência, mas o cerne do mistério persiste. Como é que o funcionamento físico do cérebro pode produzir essa experiência rica e profundamente subjetiva que é estar consciente?

Aqui, encontramos um limiar onde a ciência e a filosofia se entrelaçam. Se aceitamos que o cérebro, uma entidade física, é essencial para a consciência, então a consciência deve, de alguma forma, estar ancorada no físico. Mas como? Será que processos quânticos, como sugerido por algumas teorias, poderiam ser a chave? Ou a consciência é uma propriedade emergente de sistemas complexos, como alguns postulam? A busca pela realidade física da consciência nos convida a explorar essas questões e a ousar ir além dos paradigmas estabelecidos.

Essa é uma das maiores aventuras intelectuais de nosso tempo. A consciência, tão intrínseca à nossa experiência de vida, torna-se um enigma a ser desvendado em sua realidade física. A busca por compreender esse mistério é, em si, uma jornada de maravilha, reflexão e descoberta. E talvez, no coração desse enigma, possamos encontrar insights sobre o propósito, o significado e a natureza da existência.

No cerne desse debate estão dois problemas principais, frequentemente chamados de "problema fácil" e "problema difícil" da consciência. Estes termos foram popularizados pelo filósofo David Chalmers, que desempenhou um papel fundamental em esclarecer a natureza dos desafios enfrentados por aqueles que buscam entender a consciência.

O "problema fácil" da consciência refere-se à questão de como o cérebro processa informações, controla o comportamento e integra entradas sensoriais. São perguntas para as quais podemos imaginar uma solução baseada em nossa compreensão atual da neurociência e da fisiologia cerebral. Por exemplo, como os estímulos visuais são processados pelo cérebro? Ou como o cérebro coordena o movimento dos membros em resposta a um estímulo? Estas são questões complexas sem dúvida, mas em teoria, são solucionáveis através de estudos empíricos e experimentação. Quase todos os artigos que leio para me manter atualizado enquanto médico abordam aspectos complicadíssimos, usando metodologias difíceis, com estatísticas igualmente complexas, porém estudam o problema fácil. Imaginem o problema difícil.

Entretanto, o "problema difícil" é de outra natureza. Trata-se da questão de porque e como a atividade física do cérebro produz experiências subjetivas. Por que, por exemplo, o processamento de fótons que atingem nossos olhos resulta na experiência de "vermelhidão" quando olhamos para uma maçã? Como um conjunto de neurônios disparando pode dar origem à sensação interna e subjetiva de dor, prazer ou qualquer outra sensação? Esse é o cerne do "problema difícil" – entender a ligação entre o mundo físico do cérebro e o mundo fenomenológico da experiência consciente.

Diversos pensadores contribuíram com suas perspectivas sobre esse dilema. Por exemplo, Thomas Nagel, em seu influente ensaio "O que é como ser um morcego?", argumentou que há aspectos da experiência subjetiva que podem ser inerentemente inacessíveis a uma compreensão objetiva.

Em seu ensaio filosófico seminal, aborda profundamente a questão da consciência e da experiência subjetiva. Nagel argumenta que, independentemente de quanto possamos saber sobre a biologia ou a neurologia de um ser, há aspectos de sua experiência subjetiva que permanecem fundamentalmente inacessíveis para nós. Sua tese central é que a experiência subjetiva - a sensação de como é ser algo, neste caso, um morcego - é algo que transcende a compreensão objetiva.

O argumento de Nagel enfatiza a ideia de que cada ser tem uma perspectiva única, uma maneira particular de experimentar o mundo que é intrinsecamente ligada à sua natureza biológica e sensorial. Por exemplo, os morcegos, sendo mamíferos que navegam pelo mundo usando a ecolocalização, vivenciam a realidade de uma maneira que é inimaginavelmente diferente da experiência humana. Nagel sugere que, por mais que estudemos e entendamos os mecanismos físicos do voo dos morcegos ou de sua ecolocalização, ainda não conseguimos realmente saber como é ser um morcego.

Esse argumento aponta para a limitação fundamental das abordagens estritamente objetivas na compreensão da consciência. Nagel defende que a experiência subjetiva possui uma qualidade que é essencialmente diferente das propriedades físicas e, como tal, requer um tipo diferente de abordagem para ser compreendida. Ele desafia a noção reducionista de que todas as facetas da mente e da consciência podem ser completamente explicadas em termos de processos físicos ou biológicos.

Portanto, ele nos leva a refletir sobre a riqueza e a complexidade da consciência, sugerindo que a experiência subjetiva de cada ser é um aspecto da realidade tão fundamental quanto as propriedades físicas do mundo. Seu trabalho influenciou o debate contemporâneo na filosofia da mente, neurociência e ciências cognitivas, destacando a importância de reconhecer e respeitar a profundidade e o mistério da consciência, tanto na investigação científica quanto na reflexão filosófica.

Por outro lado, Daniel Dennett defende uma perspectiva mais materialista, sugerindo que a consciência pode ser plenamente explicada através dos processos físicos do cérebro, e que o "problema difícil" é um tipo de ilusão conceitual.

Filósofo e cientista cognitivo proeminente, aborda a questão da consciência de uma perspectiva materialista e é conhecido por suas críticas ao que ele considera ser mal-entendidos conceituais em torno da consciência. Em contraste com pensadores como Thomas Nagel, Dennett argumenta que a consciência não é um mistério insondável, mas algo que pode ser plenamente explicado pelos processos físicos e biológicos do cérebro.

Dennett sugere que o "problema difícil" da consciência – a questão de como e por que temos experiências subjetivas – é, na verdade, uma espécie de ilusão criada por uma compreensão inadequada da natureza da consciência. Segundo ele, a consciência é um fenômeno que emerge de interações complexas de processos neurais e cognitivos, e não algo que exista além ou acima desses processos.

Uma das contribuições mais significativas de Dennett para a discussão sobre a consciência é a sua teoria do "materialismo intencional". Esta teoria propõe que a consciência e os estados mentais podem ser explicados em termos de suas funções e interações no sistema biológico, sem a necessidade de atribuir a eles uma qualidade ou substância "mental" separada. Para Dennett, a consciência é um estado funcional, um conjunto de processos e interações que podem ser observados, analisados e, em última instância, compreendidos dentro do paradigma da ciência natural.

Além disso, Dennett critica a ideia de qualia – os aspectos subjetivos da experiência – como algo misterioso e inexplicável. Ele sugere que essa noção é fruto de uma compreensão equivocada sobre o que é a experiência subjetiva e defende que a introspecção não é uma fonte confiável de conhecimento sobre a consciência. Em vez disso, ele promove uma abordagem mais objetiva e científica para estudar a mente, uma que considera a consciência como um fenômeno emergente de processos físicos e não como algo além do alcance da ciência.

Portanto, oferece uma visão radicalmente diferente da de pensadores como Nagel. Enquanto Nagel vê a consciência como um mistério fundamentalmente inacessível, Dennett vê-a como um problema científico solúvel, um desafio para a pesquisa e a compreensão, mas não um enigma intransponível.

Já Roger Penrose levou a discussão para o domínio da física quântica, propondo que aspectos da mecânica quântica poderiam desempenhar um papel crucial na geração da consciência. Sua colaboração com o anestesiologista Stuart Hameroff levou à hipótese dos microtúbulos, que sugere que processos quânticos dentro dessas estruturas celulares podem ser fundamentais para a emergência da consciência.

Ambos propuseram uma teoria inovadora que conecta a consciência à física quântica. A hipótese dos microtúbulos, desenvolvida por eles, sugere que processos quânticos dentro dos microtúbulos - estruturas celulares encontradas nos neurônios - desempenham um papel crucial na geração da consciência. Essa teoria postula que as propriedades quânticas destas estruturas biológicas podem contribuir para a emergência de experiências subjetivas, propondo um mecanismo potencialmente revolucionário para explicar o fenômeno da consciência.

Apesar da originalidade e da ousadia desta abordagem, a hipótese de Penrose e Hameroff recebeu diversas críticas da comunidade científica. Uma das críticas mais destacadas foi feita por Gerald Edelman, neurocientista e coautor do livro "O Universo da Consciência", juntamente com Giulio Tononi. Edelman classificou as teorias de Penrose como esotéricas, implicando que elas estavam mais enraizadas em especulações filosóficas do que em evidências científicas empíricas. Essa crítica reflete uma preocupação mais ampla na comunidade científica de que a aplicação da física quântica ao estudo da consciência, embora intrigante, pode não ser fundamentada em bases experimentais sólidas.

Outros críticos argumentam que a complexidade e o calor do cérebro humano tornariam improváveis os efeitos quânticos sustentados, que são geralmente observados em sistemas muito menores e em temperaturas extremamente baixas. Além disso, há uma preocupação de que a teoria não forneça um mecanismo claro e testável que explique como esses processos quânticos nos microtúbulos poderiam contribuir para a experiência subjetiva.

Apesar dessas críticas, a abordagem de Penrose e Hameroff impulsionou um debate valioso sobre a natureza da consciência. Ela nos convoca a pensar além das fronteiras tradicionais da neurociência e considerar possibilidades teóricas inovadoras. Embora a hipótese dos microtúbulos possa ainda não ser amplamente aceita, ela destaca a importância de explorar novas ideias e abordagens no estudo da consciência, incentivando uma investigação contínua e aberta a possibilidades que transcendem as explicações convencionais.

Ao abordar a realidade física da consciência, enfrentamos o desafio de conectar dois mundos – o mundo material, mensurável e observável do cérebro e o mundo imaterial e subjetivo da experiência consciente.

Mas, vamos tentar entender, discutindo calmamente todos os aspectos que a paisagem e a natureza nos mostrarem durante a jornada. Mesmo correndo o risco de nunca chegar, mas quem sabe, mesmo não chegando, sabermos que vimos as orquídeas e as violetas exóticas. Os pássaros vermelhos, azuis, com seus cânticos e suas danças. Que, enfim, sentimos a natureza plena durante o caminho. Sempre para a frente, com há de ser no universo.

Ao tentarmos compreender a consciência, encontramo-nos em uma estrada que oscila entre o conhecido e o desconhecido. O "problema fácil" nos apresenta um terreno relativamente familiar: é o mapa das funções cerebrais, das conexões neurais e dos processos que dão origem aos nossos comportamentos, pensamentos e emoções. A ciência tem feito avanços impressionantes nessa área, mapeando as áreas do cérebro responsáveis por diferentes funções e desvendando os mistérios de como o cérebro processa informações. Como um viajante observando a paisagem, podemos identificar muitos marcos e fenômenos nesse terreno, ainda que não compreendamos completamente o panorama total.

Mas, assim como na jornada, o verdadeiro desafio está nas sutilezas, nos detalhes que escapam à nossa percepção inicial. A consciência é mais do que apenas a soma de suas partes funcionais, aquelas que podemos medir com ressonâncias e eletroencefalogramas.

Ao pensar no cérebro, muitas vezes imaginamos um mecanismo biológico rígido, onde cada parte tem uma função específica e tudo opera de forma linear e previsível. No entanto, o cérebro é um exemplo quintessencial de um sistema complexo e adaptativo. Em vez de ser um simples processador de informação, ele é uma rede dinâmica, onde pequenas perturbações podem levar a efeitos cascata e onde a adaptabilidade é chave. Essa natureza não linear significa que, frequentemente, o comportamento emergente do sistema como um todo não pode ser facilmente deduzido apenas estudando suas partes isoladamente.

Por exemplo, considere como o cérebro processa a informação sensorial. Uma simples visão ou som não é processado por uma única área do cérebro, mas envolve uma série de redes interconectadas que trabalham em harmonia, interpretando, comparando com memórias passadas e decidindo uma ação apropriada. Esta colaboração e interação constante de diferentes partes do cérebro exemplificam sua natureza complexa e adaptativa.

Também vale a pena notar que o cérebro é incrivelmente plástico, adaptando-se continuamente com base nas experiências e aprendizado. Essa plasticidade, mais uma vez, é uma manifestação de sua natureza adaptativa, permitindo que ele se reconfigure e se otimize em resposta a novos estímulos e desafios.

Então, me deparo com uma paisagem diferente. A trilha parece segura. As cores da natureza, em incontáveis matizes de tons de verde, me confundem um pouco. Vejo animais ao longe, alguns temerários e não desejo me aproximar. Por um segundo, me pergunto se eles me viram e se têm consciência da minha presença. E se têm, o que eu posso significar além do banquete do dia.

À medida que continuo a caminhar, uma leve brisa traz o som suave de folhas sussurrando segredos entre si, criando uma melodia quase imperceptível. Nesse instante, sou surpreendido por um pequeno esquilo, que, com uma destreza quase cômica, trava uma luta épica com uma noz teimosamente resistente. Ele me lança um olhar que parece dizer, "Você vê o que tenho que aturar por aqui?". Não posso deixar de sorrir ante a sua determinação, lembrando-me de que, na natureza, mesmo as menores criaturas têm suas próprias odisseias. E a sua própria consciência. E, por um breve momento, questiono-me se, no grande esquema das coisas, eu sou o intruso curioso ou apenas outro personagem na saga diária do esquilo.

Essa reflexão me leva a ponderar sobre as vastas diferenças entre as mentes dos seres que habitam nosso planeta. Não apenas em termos de capacidades cognitivas, mas nas estruturas fundamentais que as sustentam. O quociente de encefalização, que se refere à relação entre o tamanho do cérebro de um animal e o tamanho esperado para um animal de sua massa corporal, é frequentemente usado para medir e comparar as capacidades cerebrais entre espécies. Humanos, por exemplo, têm um quociente de encefalização particularmente alto, sugerindo um grau de complexidade cerebral que se destaca no reino animal.

No entanto, um alto quociente de encefalização não é o único indicador de uma mente complexa ou de uma consciência rica. Golfinhos, elefantes e certas espécies de aves demonstram capacidades cognitivas que desafiam nossas noções prévias de inteligência animal. E mesmo entre espécies com quocientes de encefalização menores, vemos exemplos surpreendentes de comportamento inteligente, aprendizado e até mesmo, em alguns casos, de autoconsciência.

Por exemplo, os golfinhos têm sido observados utilizando ferramentas, como esponjas do mar, para proteger seus focinhos enquanto forrageiam. Eles também exibem comportamentos sociais complexos e têm a capacidade de se reconhecerem em espelhos, um sinal de autoconsciência.

Os elefantes, por sua vez, são conhecidos por sua memória excepcional e habilidades de comunicação sofisticadas, incluindo o uso de vibrações no solo para se comunicar a longas distâncias. Eles também demonstram empatia, confortando membros aflitos do grupo e até mesmo mostrando comportamentos que sugerem luto pelos mortos.

Entre as aves, os corvos são particularmente notáveis. Eles não apenas usam ferramentas - como modificar galhos para extrair insetos de troncos de árvores - mas também podem planejar para o futuro, uma habilidade que se pensava ser exclusiva de humanos e grandes primatas.

E mesmo entre espécies com quocientes de encefalização menores, vemos exemplos surpreendentes de comportamento inteligente. Formigas, por exemplo, têm sociedades complexas com divisão de trabalho e capacidade de resolver problemas, como encontrar o caminho mais curto para a comida. Polvos, com seus cérebros relativamente pequenos, demonstram muita curiosidade, habilidade para resolver quebra-cabeças e até a capacidade de usar ferramentas, como se abrigar dentro de cascas de coco descartadas.

Todas essas diferenças e semelhanças nos levam a questionar: o que realmente significa ter consciência? E como as distintas anatomias e capacidades cerebrais influenciam na maneira como diferentes espécies percebem, interagem e compreendem o mundo ao seu redor?

Ao estudar comparativamente os encéfalos de diversas espécies, estamos engajados em uma busca para compreender tanto os elementos comuns quanto as diferenças singulares que podem ser observadas, estudadas e catalogadas. É importante notar que o termo "encéfalo" se refere a toda a estrutura neural contida dentro da caixa craniana. O cérebro, por sua vez, é uma parte específica do encéfalo, constituída pelos hemisférios cerebrais e suas regiões mais profundas.

Essa distinção é crucial para uma compreensão precisa da anatomia neural e de suas funções variadas entre as diferentes espécies. Ao investigar essas estruturas, buscamos insights sobre os mecanismos subjacentes que governam as capacidades cognitivas e comportamentais de cada espécie, abrindo caminhos para um entendimento mais profundo da evolução e da função cerebral.

Animais, em sua vasta e fascinante diversidade, possuem uma coordenação refinada, e a maioria desenvolveu a visão em diferentes níveis. Além disso, eles têm sentidos aguçados como olfato e audição, essenciais para a sua sobrevivência e interação com o ambiente.

Entre as percepções menos óbvias, mas igualmente cruciais, estão as sensações proprioceptivas e interoceptivas. As proprioceptivas originam-se nos músculos, tendões e articulações, permitindo que os animais, inclusive nós, seres humanos, sintam e determinem sua posição e movimento no espaço. As sensações interoceptivas, por outro lado, são aquelas sentidas internamente nos órgãos vitais, como pulmões, coração e intestinos. Embora muitas dessas sensações ocorram sem a nossa consciência direta, elas são fundamentais para a manutenção do equilíbrio e bem-estar do organismo.

A natureza, com sua magnífica e complexa realidade, dotou cada espécie com uma matriz neural adaptada às suas necessidades específicas. Mas, ao observarmos mais de perto, começamos a perceber tanto divergências quanto convergências nas arquiteturas encefálicas das diferentes espécies.

Em meio à complexa rede de neurônios e conexões que compõem o cérebro, o tronco encefálico se destaca como uma estrutura fundamental e ancestral, estendendo-se desde as formas de vida mais primitivas, como os peixes, até os seres humanos. Esta parte robusta do sistema nervoso central, situada na base do cérebro e conectando-se à medula espinhal, é um operador das funções vitais.

O tronco encefálico é composto por três regiões distintas: o mesencéfalo na parte superior, a ponte no meio e a medula oblonga na base. O mesencéfalo, é uma região multifuncional do cérebro que desempenha um papel crucial no processamento sensorial, controle motor, regulação do ciclo sono-vigília e em vários reflexos essenciais. Sua complexidade e importância refletem a sofisticação do sistema nervoso humano e sua capacidade de integrar uma variedade de funções vitais.

Abaixo dele, a ponte atua como um elo vital de comunicação entre as diversas partes do cérebro e a medula espinhal. A ponte é uma estrutura vital que desempenha funções essenciais na coordenação de movimentos, na regulação da respiração, no controle de aspectos do sono e na modulação da dor, refletindo sua importância na manutenção das atividades fundamentais do organismo humano.

Na parte mais baixa, a medula oblonga é a guardiã das funções mais cruciais para a vida. Ela regula a frequência cardíaca, a pressão arterial e os processos respiratórios. Sem o tronco encefálico, a continuidade da vida, como a conhecemos, seria impossível. Além de suas funções autônomas, ele é fundamental na coordenação de reflexos básicos, como tossir, protegendo o corpo contra ameaças imediatas.

O tronco encefálico representa a resiliência e a eficiência do design evolutivo. Ele não apenas controla as atividades autônomas vitais do corpo, mas também facilita uma comunicação eficaz entre o cérebro e a medula espinhal, garantindo que as mensagens sejam transmitidas de forma eficiente por todo o corpo.

Próximo ao tronco encefálico, o cerebelo se revela. Com sua forma característica, semelhante a uma pequena árvore, ele é um maestro silencioso da nossa coordenação motora. Graças ao cerebelo, podemos dançar, saltar e realizar movimentos precisos, sem nos desequilibrar a cada passo. E, pasmem, o cerebelo abriga a grande maioria dos neurônios do encéfalo. Muito mais do que encontramos no cortex cerebral, onde certamente encontraremos o berço das nossas funções mais especiais.

Em nossa rápida viagem pelo encéfalo, encontramos o tálamo, uma espécie de central telefônica do sistema nervoso. É ele quem decide quais estímulos merecem a atenção do córtex cerebral, redirecionando-os como um maestro direciona os músicos de uma orquestra.

Situado profundamente no centro do cérebro, o ele desempenha um papel crucial na mediação e no processamento das informações sensoriais que são transmitidas ao córtex cerebral.

O tálamo é uma estação de relevo para quase todos os estímulos sensoriais - visuais, auditivos, táteis e gustativos - que recebemos. Antes de chegar ao córtex cerebral, onde essas informações são interpretadas e transformadas em percepções conscientes, elas passam pelo crivo do tálamo. Neste ponto crucial, o tálamo avalia e prioriza esses estímulos, decidindo quais deles são importantes o suficiente para merecer a atenção do córtex.

Essa função se assemelha ao trabalho de um maestro habilidoso que dirige uma orquestra, garantindo que cada seção - seja de cordas, sopros ou percussão - contribua harmoniosamente para a sinfonia como um todo. Da mesma forma, o tálamo garante que o fluxo de informações sensoriais seja orquestrado de forma eficiente e ordenada, evitando a sobrecarga sensorial e permitindo que o cérebro se concentre nas informações mais relevantes para a situação em questão.

Além de sua função primária no processamento sensorial, o tálamo também está envolvido na regulação da consciência, do sono e do estado de alerta. Ele age como um regulador do fluxo de informações entre diferentes áreas do cérebro, influenciando a nossa capacidade de estar atento e reagir ao mundo ao nosso redor.

Embora seja frequentemente associado ao processamento de informações sensoriais, seu envolvimento nas atividades motoras é igualmente crucial para a coordenação e execução de movimentos.

Uma das principais funções motoras do tálamo é a integração sensório-motora. Ele age como um elo, recebendo e integrando informações dos núcleos cerebelares e dos gânglios da base, que são centros vitais para o controle e regulação dos movimentos. Essa integração permite que o tálamo harmonize as informações sensoriais recebidas com os comandos motores, facilitando assim uma resposta motora suave e coordenada.

Além disso, o tálamo desempenha um papel fundamental na transmissão de sinais para o córtex motor. Ele é responsável por encaminhar as informações recebidas dos gânglios da base e do cerebelo até o córtex motor, permitindo uma regulação precisa dos movimentos voluntários. Essa transmissão de informações é essencial para a realização de movimentos finos e detalhados.

O tálamo também contribui para a iniciação e o planejamento dos movimentos. Embora não seja o iniciador primário da ação, ele participa das fases preliminares de planejamento e preparação para o movimento, trabalhando em conjunto com outras estruturas cerebrais para preparar o corpo para ações motoras complexas.

Um aspecto adicional da função motora do tálamo é o seu envolvimento no processo de feedback motor. Ele recebe constantemente informações sobre a execução de movimentos do córtex motor e outras áreas, ajudando a ajustar e refinar esses movimentos com base no desempenho e nas condições externas.

Por fim, o tálamo tem um papel na regulação do tônus muscular, que é fundamental para a manutenção da postura e a realização eficiente do movimento. Através da regulação do tônus muscular, ele ajuda a garantir que os músculos estejam prontos para a ação, seja em movimentos dinâmicos ou na manutenção da postura.

O hipotálamo, apesar de seu tamanho modesto, é uma estrutura de imensa importância no encéfalo. Localizado logo abaixo do tálamo, este pequeno segmento desempenha um papel central em uma gama surpreendentemente ampla de funções fisiológicas e comportamentais vitais.

Como um termostato biológico, o hipotálamo é essencial na regulação da temperatura corporal. Ele monitora continuamente a temperatura do corpo e inicia respostas para mantê-la dentro de um intervalo saudável. Seja através do suor para esfriar o corpo ou do tremor para gerar calor, o hipotálamo garante que as condições internas permaneçam estáveis, um fenômeno conhecido como homeostase.

Além de regular a temperatura, o hipotálamo desempenha um papel crucial no controle da fome e da sede. Ele processa sinais relacionados aos níveis de nutrientes e água no corpo, desencadeando a sensação de fome quando é necessário consumir alimentos e a sensação de sede quando é necessário aumentar a ingestão de líquidos. Essas funções são vitais não apenas para a sobrevivência, mas também para a manutenção do equilíbrio interno do corpo.

O impacto do hipotálamo estende-se ainda mais, influenciando nossas emoções e comportamentos. Ele está intricadamente conectado a várias áreas do cérebro que processam emoções, contribuindo para respostas emocionais e comportamentais. Essas conexões tornam o hipotálamo uma peça-chave no complexo quebra-cabeça das emoções humanas e da motivação.

Outra função vital do hipotálamo é a regulação dos ciclos de sono e vigília. Ele interage com o sistema circadiano do corpo para regular os padrões de sono, desempenhando um papel na determinação de quando nos sentimos acordados e alertas e quando nos sentimos cansados e prontos para dormir.

Além disso, o ele está a apenas um passo da hipófise, uma glândula pequena, mas extraordinariamente poderosa, localizada na base do cérebro. A hipófise, frequentemente descrita como a "glândula mestra", é crucial para a coordenação do sistema endócrino do corpo. O hipotálamo controla a liberação de hormônios pela hipófise, que por sua vez regula uma série de outras glândulas endócrinas. Essa relação íntima entre hipotálamo e hipófise é fundamental para a regulação de processos como crescimento, metabolismo, reprodução e resposta ao estresse.

Claro, não podemos nos esquecer dos sistemas sensoriais, essas janelas para o mundo que nos rodeia. A maioria dos animais, incluindo nós, desenvolveu mecanismos para captar a luz, os sons, os odores e as sensações táteis do ambiente. Essas informações são processadas em áreas específicas do encéfalo, permitindo-nos perceber e interpretar o mundo ao nosso redor.

À medida que avançamos em nossa compreensão do cérebro, torna-se evidente a diversidade evolutiva marcante entre diferentes espécies. Uma das características mais distintas é o córtex cerebral, essa extensa camada de tecido neural que reveste o exterior do cérebro. Em humanos, o córtex se apresenta de forma ricamente dobrada, com sulcos e giros profundos que ampliam significativamente sua superfície. Essa expansão permite um aumento extraordinário na capacidade de processamento cerebral, conferindo-nos habilidades para realizar tarefas complexas que vão desde resolver equações matemáticas até compor obras musicais magistrais.

Um marco notável na neurociência foi o mapeamento das áreas de Brodmann no início do século XX. Korbinian Brodmann, um neurologista alemão, identificou inicialmente 47 áreas no córtex cerebral, com base em diferenças anatômicas e funcionais observadas através de suas pesquisas em neuroanatomia tanto em humanos quanto em macacos. Essas áreas, conhecidas como áreas de Brodmann, foram mapeadas para correlacionar as estruturas do córtex cerebral com suas respectivas funções. Contudo, é importante notar que algumas fontes mencionam um total de até 52 áreas de Brodmann. Esse aumento no número de áreas se deve à subdivisão de algumas das áreas originais identificadas por Brodmann em partes menores por outros autores ao longo do tempo. Este mapeamento foi fundamental para estabelecer um entendimento mais profundo da especialização funcional do córtex cerebral. As áreas de Brodmann são frequentemente citadas até hoje em estudos neurocientíficos e continuam a servir como uma base para a pesquisa cerebral, ilustrando a complexidade e a especialização das várias regiões do córtex.

Avançando no tempo, chegamos ao monumental Human Connectome Project, uma iniciativa científica que expandiu significativamente nosso conhecimento sobre a conectividade e a organização do cérebro humano. Este projeto é uma iniciativa de pesquisa monumental que visa mapear a conectividade do cérebro humano em detalhes sem precedentes. Utilizando técnicas avançadas de imagem por ressonância magnética funcional (fMRI), os pesquisadores conseguiram identificar e mapear as áreas do córtex cerebral humano com uma precisão notável.

Descobriu-se que o córtex cerebral, ou manto externo do cérebro, é composto por 180 áreas distintas em cada hemisfério. Essa descoberta mais do que dobrou o número de regiões conhecidas do córtex humano. De forma mais específica, a pesquisa identificou 97 novas áreas corticais por hemisfério, além de confirmar 83 áreas que já eram conhecidas. Esses achados representam um avanço significativo na neurociência, ampliando dramaticamente nossa compreensão da complexidade e da organização do cérebro humano.

A evolução esculpiu encéfalos de maneira maravilhosa e única, adaptando-os às necessidades de cada espécie. Mas, em meio a toda essa diversidade, as semelhanças que encontramos refletem uma herança evolutiva compartilhada, revelando os fundamentos universais da consciência.

Nosso cérebro enorme e desproporcional foi desenvolvido seguindo as mesmas regras que a natureza usou para desenvolver todos os outros. Não somos nem um pouco especiais nesse sentido. Seguimos o mesmo modelo, as mesmas regras. Apenas seguimos um caminho diferente. Somos animais como todos os outros, mas certamente muito mais evoluídos em relação ao desenvolvimento encefálico. E únicos.

Suzana Herculano-Houzel, uma renomada neurocientista, trouxe contribuições significativas para nossa compreensão do cérebro humano. Uma de suas descobertas mais notáveis foi a revisão da estimativa do número de neurônios no cérebro humano. Contrariando a crença popular de que possuímos cerca de 100 bilhões de neurônios, suas pesquisas revelaram que o número real é mais próximo de 86 bilhões. Essa descoberta foi alcançada através de uma técnica pioneira desenvolvida por ela, conhecida como "sopa de cérebro", que permitiu a contagem mais precisa de neurônios em cérebros humanos e de outros animais.

Além disso, o trabalho de Herculano-Houzel desafiou a ideia de que o cérebro humano é "especial" em termos de sua composição. Embora seja verdade que o cérebro humano é notavelmente grande e complexo, especialmente em relação ao tamanho do corpo, ela demonstrou que ele segue as mesmas regras de desenvolvimento neuronal observadas em outros mamíferos. Sua pesquisa mostrou que a densidade de neurônios no córtex cerebral humano é comparável à de outros primatas e que o que diferencia o cérebro humano é a escala, e não a natureza básica de sua composição.

Esta descoberta desafia a noção tradicional da singularidade humana, sugerindo que nossa inteligência e capacidades cognitivas são o resultado de um processo evolutivo quantitativo, e não qualitativo.

Um dos aspectos mais relevantes e talvez menos óbvios das pesquisas de Herculano-Houzel é a implicação de que o cérebro humano, com seu grande número de neurônios, requer uma quantidade significativa de energia para funcionar. Isso levanta questões intrigantes sobre como nossos ancestrais conseguiram sustentar tal demanda energética, levando a teorias que conectam o desenvolvimento do cérebro humano com mudanças na dieta, como a introdução de alimentos ricos em energia e o desenvolvimento de técnicas de cozimento.

Essas descobertas têm implicações significativas para a nossa compreensão da evolução humana e da neurociência. Elas sugerem que a extraordinária capacidade cognitiva dos humanos não deriva de um tipo exclusivo de "hardware" cerebral, mas sim de uma escala maior de um sistema que é, fundamentalmente, semelhante ao de outros mamíferos. Isso coloca a humanidade em um contexto mais humilde dentro do reino animal, como uma espécie entre muitas, que seguiu um caminho evolutivo único, mas não isolado ou excepcional em termos das leis da natureza.

Outro ponto interessante de sua pesquisa é a ideia de que a complexidade cognitiva pode ser mais uma questão de reorganização neuronal do que simplesmente de tamanho ou quantidade de neurônios. Isso sugere que a maneira como os neurônios estão conectados e interagem pode ser tão importante quanto o número total de neurônios. Tal perspectiva abre novos caminhos para entender não apenas a evolução humana, mas também diversas condições neurológicas e psiquiátricas.

O trabalho de Herculano-Houzel oferece uma perspectiva valiosa para repensar a nossa posição no mundo natural, nos convidando a ver a humanidade como parte de um contínuo biológico, interligado e maravilhosamente complexo. Ao mesmo tempo, ressalta a incrível capacidade de adaptação e inovação do cérebro humano, uma ferramenta evolutiva que nos permitiu criar culturas, artes, ciências e religiões - aspectos únicos da experiência humana que, paradoxalmente, nos conectam com a vida em todas as suas formas.

Ademais, reforça a noção de que os seres humanos são parte de um contínuo biológico, desafiando visões antropocêntricas da evolução. Ao demonstrar que compartilhamos mecanismos fundamentais de desenvolvimento cerebral com outros mamíferos, ela realça nossa conexão com o restante do mundo animal. Isso tem implicações profundas para como vemos a nós mesmos e outras formas de vida, promovendo uma compreensão mais integrada e respeitosa da biodiversidade.

A questão, então, nesse ponto da nossa busca pela melhor trilha, é se, todos os animais têm algum tipo de sistema nervoso, mesmo que rudimentar, mas que evoluíram segundo as mesmas regras, com um complexificação crescente que culmina no nosso magnifico sistema nervoso, quando é que surgiu a consciência e se ela é real, pertence ao universo, com suas leis mesmo estranhas, ou se vem de outro lugar e não pertence ao mundo físico.

A história da filosofia e da neurociência tem sido marcada por mentes brilhantes que tentaram desvendar o que nos torna conscientes e se a consciência é uma característica inerente à complexidade do sistema nervoso ou algo mais misterioso e intangível. Desde Descartes, com sua famosa declaração "Penso, logo existo", até os filósofos contemporâneos e neurocientistas, a questão da consciência tem sido abordada de inúmeras maneiras.

A busca pelo entendimento da consciência, que se estende desde as reflexões de Descartes até as pesquisas contemporâneas em neurociência, revela a persistência de um problema filosófico profundo e complexo: a dualidade entre corpo e mente. Descartes, com sua célebre frase, estabeleceu uma distinção clara entre a mente, vista como uma entidade pensante e não material, e o corpo, um mecanismo físico. Esta divisão cartesianamente clara entre a res cogitans (a coisa pensante) e a res extensa (a coisa extensa, ou o corpo) estabeleceu um paradigma que influenciou séculos de pensamento filosófico e científico.

A dualidade proposta por ele colocou a consciência como algo separado e distinto do mundo físico, um reino próprio que transcende a matéria. Essa visão tem sido um ponto de partida para muitas teorias sobre a consciência, levando a debates intensos e divisões teóricas. Por um lado, alguns filósofos e cientistas continuam a defender uma forma de dualismo, insistindo que a consciência não pode ser totalmente explicada pelos processos físicos do cérebro. Por outro lado, materialistas e monistas argumentam que a consciência é um fenômeno emergente, resultado da complexidade do cérebro e de suas interações neurais.

Até os dias de hoje, a questão da dualidade corpo-mente proposta por Descartes permanece como um tópico de debate intenso na filosofia da mente e na neurociência. As tentativas de compreender a consciência e sua relação com o cérebro físico trouxeram avanços significativos, mas o mistério fundamental continua sem uma solução clara. As descobertas em neurociência, embora tenham oferecido insights valiosos sobre como o cérebro processa informações e gera experiências conscientes, ainda não conseguiram resolver completamente o enigma de como e por que a consciência surge de processos materiais. Essa persistente questão ressalta a complexidade da consciência e a dificuldade de integrar o mundo da experiência subjetiva com o da realidade objetiva.

David Chalmers realmente traz uma abordagem renovada ao debate sobre a consciência, propondo uma forma de dualismo que se distingue significativamente do dualismo de substâncias de Descartes. Chalmers defende o dualismo de propriedades, uma teoria que reconhece a existência de propriedades mentais e físicas como distintas, mas inerentemente interligadas. Esta perspectiva oferece uma abordagem mais matizada para entender a relação entre a mente e o corpo, especialmente em relação à consciência.

O dualismo de propriedades sugere que, embora a consciência surja de processos físicos no cérebro, as experiências subjetivas — ou qualia, como ele frequentemente se refere — têm propriedades que são fundamentalmente diferentes das propriedades físicas. Isso significa que, enquanto os processos cerebrais podem ser descritos objetivamente em termos de neurociência, a experiência da consciência possui uma qualidade subjetiva que não pode ser totalmente explicada pelos mesmos termos.

Chalmers argumenta que essa lacuna explicativa, é um desafio central para a compreensão científica e filosófica. Ele sugere que ainda não descobrimos a explicação física para a consciência, uma explicação que consiga abranger tanto os aspectos objetivos quanto os subjetivos da experiência. A existência dessa lacuna não significa que a consciência está fora do domínio da ciência, mas sim que nossa compreensão atual ainda é incompleta.

A posição de Chalmers é importante porque ela mantém a porta aberta para futuras descobertas e teorias que possam explicar como as propriedades mentais emergem de sistemas físicos, sem reduzir a riqueza da experiência subjetiva a meros processos materiais. Ao mesmo tempo, ela reconhece a complexidade da consciência e respeita a singularidade da experiência humana, sem cair no reducionismo ou no misticismo. Se não temos ainda o conhecimento necessário para desvendar a dualidade, nem por isso devemos enveredar pelo caminho fácil das crenças magicas.

No entanto, em meio a esse coro de opiniões e teorias, uma coisa é certa: a consciência, de alguma forma, é o que nos permite ponderar sobre nossa própria existência, sobre o universo ao nosso redor e, mais fundamentalmente, sobre o próprio conceito de consciência. E enquanto buscamos respostas, seguimos essa trilha, apreciando cada revelação e, acima de tudo, o próprio ato de questionar.

Tentar entender a consciência é como tentar entender o próprio ato de entender. É um reflexo sobre si mesmo, uma introspecção profunda que nos leva a questionar não apenas o que sabemos, mas como sabemos. A consciência é tão intrínseca à nossa experiência que separá-la para examiná-la é um desafio por si só.

Imagine tentando capturar a essência da água enquanto você está submerso nela. Como descrever algo que é tão fundamental para a sua existência que, sem ele, você não estaria aqui para contemplar tal questão em primeiro lugar? É aí que reside a complexidade de abordar o tema da consciência. Ela não é apenas um tópico de estudo; é o meio pelo qual estudamos, sentimos, percebemos e vivenciamos o mundo ao nosso redor.

E, no entanto, a tentativa de entender a consciência nos levou a algumas das maiores realizações e descobertas na ciência, filosofia e arte. A necessidade de compreender o eu, a mente e a realidade, nos levaram a explorar os recônditos mais profundos do universo, desde as menores partículas subatômicas até as vastidões do cosmos.

Mas, talvez, o mais intrigante de tudo seja a possibilidade de que nunca chegaremos a uma compreensão completa da consciência. Pode ser que ela seja uma característica fundamental do universo, algo que simplesmente é, sem necessidade de explicação. Ou, talvez, a chave para entender a consciência esteja além do alcance da nossa atual compreensão, esperando para ser descoberta em algum domínio desconhecido da realidade.

Entender a consciência é um desafio monumental, em parte porque ela é tão fundamental para a nossa existência que, muitas vezes, a damos como certa. É tão onipresente e essencial que pode ser difícil distanciar-se o suficiente para estudá-la objetivamente.

A consciência é o que permite que nos reconheçamos no espelho pela manhã, que recordemos o passado e planejemos o futuro, que experimentemos emoções, que contemplemos a arte, a beleza, o amor e a dor. É a tela sobre a qual todas as nossas experiências são projetadas, e, ainda assim, é notoriamente difícil de definir e entender.

Além disso, embora a consciência seja algo que todos nós experimentamos, ela também é incrivelmente subjetiva. O que é vivido por um indivíduo nunca pode ser totalmente acessado ou compreendido por outro. Esse caráter subjetivo intrínseco coloca desafios metodológicos consideráveis para aqueles que tentam estudar a consciência de uma perspectiva científica.

Também há a questão da linguagem. Nossas palavras, por mais precisas que tentem ser, muitas vezes falham em capturar a essência da experiência consciente. Tente descrever uma emoção como o amor ou o vermelho para alguém que nunca os experimentou. Rapidamente nos damos conta da inadequação de nossos termos e conceitos diante da rica tapeçaria da experiência consciente.

Mas essa busca pelo entendimento não é em vão. Ao longo da história, a humanidade tem se esforçado para entender a natureza da consciência e seu lugar no cosmos. Filósofos, teólogos, artistas e, mais recentemente, neurocientistas e psicólogos têm explorado esse território misterioso, cada um trazendo suas próprias perspectivas e ferramentas.

E mesmo que a jornada para entender a consciência seja complexa e repleta de desafios, também é uma das mais gratificantes. Afinal, é uma exploração não apenas de um fenômeno, mas do próprio núcleo do que significa ser humano. Ao nos aprofundarmos nesse enigma, também nos aprofundamos em nós mesmos, expandindo nossa compreensão do que somos e do que é possível.

Historicamente, os seres humanos sempre se voltaram para o mundo exterior em busca de respostas para suas questões mais prementes. Olhando para os céus, mapeando estrelas e planetas, tentamos entender nosso lugar no cosmos. Da mesma forma, através do estudo da natureza ao nosso redor - animais, plantas, rios e montanhas - buscamos compreender as leis que governam nossa existência.

No entanto, a questão da consciência apresenta um desafio diferente. Ao invés de buscar respostas fora de nós, somos compelidos a olhar para dentro, para os confins da mente humana. E, curiosamente, essa introspecção profunda tem provocado descobertas impressionantes em áreas aparentemente desconexas.

Tomemos, por exemplo, a física quântica. A mecânica quântica, com suas partículas subatômicas e superposições, tem desafiado nossa compreensão da realidade. E, embora ainda seja controverso, alguns cientistas e filósofos têm se perguntado se os princípios quânticos podem oferecer insights sobre a natureza da consciência. Será que a mente, em sua busca por autocompreensão, deu um salto quântico, descobrindo uma realidade que, de outra forma, teria permanecido oculta?

Da mesma forma, a exploração do espaço tem levantado questões profundas sobre a existência e a natureza da consciência. Ao contemplarmos a vastidão do cosmos, nos perguntamos: estamos sozinhos? Existem outras formas de consciência lá fora? E, se existem, elas percebem a realidade da mesma forma que nós?

A arte, por sua vez, muitas vezes serve como uma janela para o interior da mente humana, capturando nuances e emoções que palavras e teorias científicas podem falhar em descrever. Muitos artistas, através de suas obras, exploraram os limites da consciência e da percepção, levando-nos a questionar a natureza da realidade e nosso lugar nela.

Embora a busca pela compreensão da consciência possa parecer um exercício introspectivo, ela reverbera em todas as disciplinas e em todas as áreas do conhecimento. Em nossa tentativa de entender a nós mesmos, acabamos descobrindo mais sobre o universo que nos rodeia. E, talvez, seja esse o verdadeiro poder e mistério da consciência: a capacidade de ligar o íntimo ao infinito, o pessoal ao universal.

Na trilha, faço anotações. Quero que tudo que vejo e sinto possa ser anotado. Não posso confiar na memória. Não quero me distrair, mas tambem não vou me ater apenas aos aspectos técnicos da viagem e perder a beleza das paisagens. Quero tudo. Será que estou escrevendo corretamente e trazendo as emoções, mesmo que disfarçadas entre as frases?

Há um tema central que se entrelaça através da ciência, filosofia e arte: a busca incessante pela compreensão de nós mesmos e do universo que nos rodeia. Esse impulso é frequentemente referido como "introspecção cósmica". Ao longo da história, nossa curiosidade intrínseca nos levou a explorar tanto o microcosmo de nosso ser interior quanto o vasto macrocosmo do universo externo.

Tomemos a ciência, por exemplo. O estudo do cosmos – da formação de estrelas a buracos negros e galáxias distantes – não é apenas uma tentativa de entender o universo em si, mas também nosso lugar dentro dele. Astrônomos e físicos frequentemente se perguntam sobre a natureza da realidade e, por extensão, sobre a natureza da consciência que percebe essa realidade. A física quântica, em particular, desafia noções convencionais de realidade, com suas partículas que podem existir em estados superpostos e que parecem responder à observação. Isso levou alguns a questionar se a consciência tem um papel na "criação" da realidade observável.

Da mesma forma, ao estudar as intricadas redes de neurônios no cérebro e as minúsculas moléculas que transmitem sinais entre eles, neurocientistas estão buscando as bases físicas da consciência. Eles tentam desvendar o mistério de como um órgão físico, composto de células e substâncias químicas, pode produzir uma experiência subjetiva e vivida.

Já na filosofia, desde os tempos de Platão e Aristóteles, os pensadores têm se aprofundado em questões sobre a natureza do eu, da realidade e do conhecimento. Descartes, com seu famoso "Cogito, ergo sum" (Penso, logo existo), trouxe a questão da consciência para o centro do debate filosófico sobre a natureza da existência.

Assim, em todas essas buscas, vemos uma interconexão: a exploração do exterior (o universo) está irrevogavelmente ligada à compreensão do interior (a mente, a consciência). A verdadeira beleza dessa jornada é que, ao buscarmos entender o universo, estamos, de certa forma, tentando entender a nós mesmos. E ao nos aprofundar em nossa própria consciência, podemos começar a compreender as maravilhas do cosmos. Ambos são espelhos, refletindo os mistérios um do outro.

A ideia de que a consciência e o universo estão interligados é profundamente intuitiva e é refletida em muitas tradições filosóficas e espirituais ao longo da história. A questão central que levanto - como a consciência pode compreender o universo se não fizer parte física dele - sugere que a consciência deve, de alguma forma, ser incorporada na estrutura do universo. As teorias atuais variam em como e em que medida isso é verdadeiro, mas a maioria concorda que a relação entre a mente e o cosmos é um dos maiores mistérios ainda a ser desvendado.

Até cerca de trinta anos atrás, a consciência era predominantemente abordada através de lentes filosóficas. Embora os cientistas já tivessem mostrado interesse no tema, era amplamente percebido como um domínio resistente à investigação empírica. No entanto, com os avanços tecnológicos e a crescente colaboração interdisciplinar, a ciência começou a desempenhar um papel cada vez mais central no estudo da consciência.

Então, vamos seguir nossas trilhas, nossas intuições. Quem sabe é hora de começar a seguir a trilha do Problema Fácil. Vamos lá.

RESUMO

1. **Exploração da Consciência**: Reflexões sobre a natureza e a realidade da consciência.

2. **Paradoxo da Entropia e Emergência**: Discussão sobre a coexistência da crescente entropia no universo com a emergência de sistemas complexos.

3. **Evolução da Vida e Complexidade**: Exploração da evolução da vida na Terra em contraste com a tendência à desordem.

4. **Natureza da Existência**: Considerações sobre a constante transformação e evolução da existência.

5. **Neurociência e Consciência**: Discussão sobre como a neurociência aborda a compreensão dos mecanismos da consciência.

6. **Problema Fácil vs. Problema Difícil da Consciência**: Distinção entre os aspectos mais acessíveis da consciência (Problema Fácil) e os desafios mais profundos (Problema Difícil).

7. **Contribuições de Pensadores**: Perspectivas de filósofos e cientistas sobre a consciência, incluindo David Chalmers, Thomas Nagel e Daniel Dennett.

8. **Consciência e Física Quântica**: Discussão sobre a hipótese dos microtúbulos de Penrose e Hameroff.

9. **Diversidade Cognitiva e Encéfalos**: Reflexões sobre as capacidades cognitivas e estruturas encefálicas em diferentes espécies.

10. **Desafios na Compreensão da Consciência**: Discussão sobre as dificuldades de definir e entender a consciência devido à sua natureza subjetiva e complexa.

Dicas para Reflexão:

1. **Natureza da Consciência**: Ponderar como a consciência emerge da complexidade do cérebro e qual é seu papel na evolução biológica.

2. **Interligação com o Universo**: Refletir sobre a relação da consciência com as leis fundamentais do universo e como isso afeta nossa compreensão da realidade.

3. **Problema Fácil vs. Problema Difícil**: Considerar como as abordagens para o "Problema Fácil" da consciência diferem das necessárias para abordar o "Problema Difícil".

Bibliografia Sugerida:

1. "Conscious: A Brief Guide to the Fundamental Mystery of the Mind" por Annaka Harris.

2. "The Conscious Mind: In Search of a Fundamental Theory" por David J. Chalmers.

3. "The Emperor's New Mind: Concerning Computers, Minds, and the Laws of Physics" por Roger Penrose.

4. "Other Minds: The Octopus, the Sea, and the Deep Origins of Consciousness" por Peter Godfrey-Smith.
5. "Mind and Cosmos: Why the Materialist Neo-Darwinian Conception of Nature Is Almost Certainly False" por Thomas Nagel.
6. "The Human Advantage: A New Understanding of How Our Brain Became Remarkable" por Suzana Herculano-Houzel.

O PROBLEMA "FÁCIL" DA CONSCIÊNCIA. UM POUCO DO MUNDO PEQUENO

Na trilha, caminho para o futuro. A flexa do tempo no leva inexoravelmente para o futuro, embora, passado presente e futuro coexistam no universo. É uma questão relativa. Depende sempre do observador.

O conceito de tempo é uma das questões mais intrigantes e debatidas tanto na física quanto na filosofia. A afirmação de que "passado, presente e futuro coexistem no universo" ecoa as teorias da relatividade de Einstein. Segundo a teoria da relatividade, o tempo pode passar de maneira diferente para duas pessoas que estejam se movendo a velocidades diferentes ou que estejam em campos gravitacionais diferentes. Nesse sentido, o que é "presente" para uma pessoa pode ser "futuro" ou "passado" para outra, dependendo de suas respectivas velocidades e posições no espaço.

Dito de outra forma, o tempo não é absoluto; ele é relativo. A famosa experiência mental dos "gêmeos paradoxais" demonstra isso: se um gêmeo viaja pelo espaço em uma nave a uma fração significativa da velocidade da luz e depois retorna à Terra, ele terá envelhecido muito menos do que seu irmão gêmeo que permaneceu na Terra.

Isso nos leva à ideia de que o "agora" não é um conceito universalmente aceito. Em diferentes pontos do universo, devido à relatividade do tempo, diferentes "agoras" podem estar ocorrendo. Assim, de uma perspectiva cósmica mais ampla, pode-se argumentar que passado, presente e futuro coexistem.

Quando falamos sobre o presente como a única realidade que vivenciamos em nossa experiência cotidiana, a relatividade não altera esse fato fundamental. Mesmo em situações de relatividade, onde o tempo pode passar de forma diferente para observadores em diferentes contextos, o presente continua sendo a experiência imediata de cada observador e está sempre ligado ao passado e ao futuro imediato.

A relatividade, em particular a relatividade restrita e a relatividade geral de Einstein, fornece um quadro matemático e físico poderoso para entender como o tempo, o espaço e a gravidade estão interligados em escalas cósmicas. No entanto, para observadores locais em suas referências individuais, o presente é uma parte inerente de sua experiência, independente da relatividade.

Uma consequência desse modo de pensar é que a experiência do presente é uma constante em nossa vida cotidiana, e é a partir dela que tomamos decisões, planejamos o futuro e aprendemos com o passado. A relatividade nos lembra da complexidade da natureza do tempo e como ele pode se comportar em diferentes condições, mas não altera a importância fundamental do presente em nossa experiência pessoal e percepção da realidade.

O famoso físico Brian Greene discutiu essa ideia em seu livro "O Tecido do Cosmos", onde ele apresenta uma visão do universo em que todas as coordenadas de espaço e tempo estão colocadas lado a lado, e todas as "fatias" de tempo existem em conjunto.

A menção de que "depende sempre do observador" é precisamente o núcleo da relatividade. Na física clássica, as leis eram as mesmas para todos os observadores. No entanto, na relatividade, as observações podem variar dependendo do ponto de vista (ou quadro de referência) do observador. Isso não significa que qualquer observador pode ver qualquer coisa; significa que, dadas certas condições iniciais, as observações podem diferir entre observadores em movimento relativo.

Então, escolho por um momento uma trilha imaginaria e me transporto para o começo do século vinte, na Espanha. La encontro Santiago Ramon y Cajal.

Ao refletir sobre os pioneiros da neurociência, Santiago Ramon y Cajal se destaca com uma presença imponente. Nascido na Espanha do século XIX, Cajal empreendeu uma jornada de descoberta que moldaria nossa compreensão do cérebro por gerações a seguir.

Embora Cajal não tenha sido o primeiro a "descobrir" os neurônios, ele foi certamente o artista que os trouxe à luz de uma maneira nunca vista. Utilizando técnicas de coloração aprimoradas, originalmente desenvolvidas pelo notável Camillo Golgi, italiano, Cajal revelou a incrível complexidade e individualidade dos neurônios. Em vez de uma rede contínua, como muitos antes dele acreditavam, Cajal mostrou que o sistema nervoso é composto por células discretas. Essa visão foi tão revolucionária quanto a teoria celular que reformulou a biologia.

Mas Cajal não parou por aí. Ele mergulhou mais profundamente na intricada rede neural, observando a natureza polarizada dos neurônios. Em seus meticulosos desenhos, ele ilustrava setas direcionais que indicavam a direcionalidade da transmissão sináptica - do axônio de um neurônio para o dendrito do próximo. Esta foi uma intuição fenomenal, especialmente na ausência de um conhecimento claro sobre os potenciais de ação disparados pelos neuronios e os mecanismos de transmissão elétrica que só seriam elucidados muito tempo depois.

As ferramentas de Cajal eram, sem dúvida, menos sofisticadas do que as maravilhas tecnológicas que temos hoje. No entanto, em suas mãos, um microscópio "rudimentar" se tornou a janela para um mundo até então invisível. Ele não apenas visualizou os neurônios, mas os interpretou, revelando sua dança complexa e interconexa.

Santiago Ramon y Cajal é o "pai da neurociência moderna". Não apenas por suas descobertas científicas, mas pela paixão, curiosidade e visão que ele trouxe a um campo que estava apenas começando a desvendar os mistérios da mente. Um observador atento, sistemático, ousado. Viu o que outros já haviam visto, mas enxergou muito mais. E aqui, podemos perceber a diferença entre ver e enxergar.

O mesmo princípio se aplica quando olhamos para as complexidades do sistema visual humano. O processo de ver começa na retina, mas enxergar acontece no cérebro. Há uma série de áreas especializadas que processam a informação visual: as áreas primárias, secundárias e terciárias da visão.

A área primária da visão, o córtex visual primário ou V1, situa-se no lobo occipital e é o primeiro ponto de parada para a informação que vem dos olhos. Aqui, características básicas como bordas, orientação e cor são detectadas. No entanto, ver não é apenas reconhecer bordas e cores. Para construir uma imagem coerente e significativa do mundo, o cérebro precisa enxergar.

A informação então flui para as áreas visuais secundárias, onde características mais complexas são identificadas e começam a ser interpretadas. Estas áreas, nomeadamente V2, V3, V4, entre outras, trabalham em conjunto para criar reconhecimentos de formas, profundidade e movimentos.

Daí, a informação segue para as áreas terciárias da visão, onde o reconhecimento visual mais complexo ocorre. É aqui que identificamos objetos, rostos e até interpretamos expressões faciais, ou, pelo menos, alimentamos a ilusão que podemos interpretar expressões faciais.

Mas a história não termina aqui. Estas áreas visuais estão conectadas com muitas outras partes do cérebro, integrando a visão com a memória, emoção e outras formas de percepção. Por exemplo, quando vemos um rosto familiar, não é apenas o sistema visual que está ativo. Áreas do cérebro responsáveis por memória e emoção se iluminam, trazendo à mente lembranças associadas a esse rosto e sentimentos relacionados.

Voltando a Cajal, ele enxergava o cérebro de forma semelhante à forma como o cérebro enxerga o mundo. Ele não apenas observava as células e suas conexões; ele entendia o significado por trás delas, o complexo jogo de funções e interações. Cajal nos ensinou muito sobre o poder e a profundidade de verdadeiramente enxergar, muito além de simplesmente ver.

O neurônio, tão magistralmente elucidado por Santiago Ramón y Cajal, é frequentemente descrito como a "unidade fundamental" do sistema nervoso. Embora Cajal tenha sido a figura central para desvendar sua estrutura e função, ele não encontrou apenas "um" tipo de neurônio, mas revelou uma diversidade de células nervosas, cada uma com sua forma e função únicas.

Em sua essência, um neurônio é composto por três partes principais: o corpo celular (ou soma), os dendritos e o axônio. O corpo celular contém o núcleo e organelas essenciais para a vida da célula. Os dendritos são extensões ramificadas que recebem informações de outros neurônios. O axônio, uma extensão longa e única, conduz o impulso elétrico (ou potencial de ação) do corpo celular para outras células, sejam elas neurônios, músculos ou glândulas.

Porém, não há apenas um tipo de neurônio. Há uma vasta diversidade deles, adaptados para funções específicas. Por exemplo, temos neurônios sensoriais que captam informações do ambiente, neurônios motores que controlam os movimentos dos músculos e neurônios interneurais que comunicam informações entre outros neurônios.

Certamente, a diversidade neuronal é um dos aspectos mais fascinantes do sistema nervoso. Além dos neurônios que possuem funções bem definidas, como sensoriais, motores e interneurais, há uma enorme variedade morfológica e funcional entre eles. Esta diversidade permite ao sistema nervoso processar, integrar e responder de forma eficaz a uma ampla gama de informações.

Entre os mais notáveis estão os Neurônios de Purkinje, que são alguns dos maiores neurônios do cérebro humano e se encontram no cerebelo. Eles têm um dendrito principal altamente ramificado, o que lhes dá uma aparência única e intricada. Desempenham um papel fundamental na coordenação motora, recebendo entradas de fibras trepadeiras e fibras musgosas, processando essas informações e enviando suas saídas para as células do núcleo cerebelar profundo.

Também no cerebelo, encontramos os Neurônios Estrelados e de Cesto. Estes neurônios são inibitórios e ajudam a refinar e moderar as saídas excitatórias dos Neurônios de Purkinje. No córtex cerebral, temos os Neurônios Piramidais, caracterizados por sua forma piramidal. Estes neurônios são cruciais para funções cognitivas e motoras e possuem um longo axônio e múltiplos dendritos, permitindo-lhes transmitir informações ao longo de distâncias consideráveis e formar conexões com muitos outros neurônios.

Tambem notórios na diversidade neuronal são os Neurônios Espinhosos Estrelados, os Neurônios Espinhosos Estrelados são excitatórios. Eles são caracterizados por suas dendrites espinhosas e estreladas, daí o nome. Estes neurônios estão envolvidos principalmente na recepção e processamento de informações sensoriais. Existem outros certamente igualmente importantes, mas, vamos seguir na trilha, sem detalhamentos que podem ficar para outra viagem.

Esta maravilhosa variedade de neurônios, cada um com suas características e funções específicas, desde os neurônios envolvidos na percepção da dor até aqueles que desempenham funções em circuitos de memória e aprendizado, é o que permite ao sistema nervoso realizar suas operações complexas e multifacetadas.

O "problema fácil" da consciência, conforme definido pelo filósofo David Chalmers, refere-se à capacidade de cientistas e teóricos identificarem e explicarem os processos cognitivos e neurais que ocorrem no cérebro quando uma pessoa tem uma experiência consciente. Basicamente, envolve responder questões como: Como o cérebro processa informações sensoriais? Como ele integra dados de diferentes fontes? Como armazena memórias? E como coordena ações motoras em resposta a estímulos?

Os neurônios, como blocos fundamentais do sistema nervoso, estão diretamente envolvidos em todos esses processos. A forma como se conectam e interagem em redes complexas constitui a base das operações cerebrais que dão origem às nossas experiências conscientes.

Ao nos concentrarmos nos neurônios e em suas atividades, podemos começar a entender o funcionamento básico do cérebro. Por exemplo, a atividade elétrica de um neurônio pode ser mapeada e correlacionada com certos estímulos ou ações. Em níveis mais complexos, podemos observar como conjuntos de neurônios - ou colunas neuronais - trabalham juntos em regiões específicas do cérebro para processar informações de maneira especializada.

Entretanto, o estudo isolado dos neurônios não nos informa absolutamente nada a respeito dos fenômenos emergentes que podem ocorrer pela sua ação conjunta, assim com o estudo isolado das formigas não permite entender o fenômeno emergente chamado de formigueiro. Os fenômenos emergentes simplesmente não podem ser compreendidos pelo estudo isolado dos elementos que lhe deram origem. Estudar as moléculas de H2O não nos permite saber o que é molhar, pois isso só ocorre com a H2O líquida e não no seu estado gasoso ou congelado. Mas, assim mesmo, precisamos compreender como as moléculas de água se organizam, com quem interagem e assim por diante. O reducionismo ainda é indispensável, embora muito mais do que ele será preciso para entender os fenômenos complexos.

Para um avanço no "problema fácil", é fundamental entender a organização hierárquica do cérebro. Isso começa com neurônios individuais, avança para colunas e circuitos neuronais e, eventualmente, para regiões cerebrais que têm funções especializadas. À medida que desenvolvemos um entendimento mais profundo desses níveis de organização e função, nos aproximamos de uma compreensão mais completa dos mecanismos que subjazem à consciência.

As colunas corticais, ou colunas neuronais, representam uma organização funcional e anatômica essencial do córtex cerebral. Esta organização emergiu dos estudos pioneiros do século XX, que observaram padrões específicos de atividade e conexão entre neurônios em regiões perpendiculares à superfície cortical.

A existência dessas colunas tem múltiplas razões. Primeiramente, há uma clara organização funcional nas colunas corticais. Neurônios dentro de uma mesma coluna tendem a apresentar propriedades funcionais semelhantes. Por exemplo, em determinadas regiões do córtex visual, neurônios de uma coluna particular poderiam responder mais ativamente a estímulos visuais de uma certa orientação. Esta organização proporciona ao cérebro um processamento de informações altamente especializado e eficiente.

Além da especialização, a organização em colunas permite uma economia de espaço no cérebro e otimiza a eficiência da transmissão de informações. Ao agrupar neurônios com funções semelhantes em colunas verticais, o cérebro pode minimizar o comprimento dos axônios, tornando a comunicação entre neurônios mais ágil.

Essas colunas também têm um papel fundamental na plasticidade e aprendizado cerebral. Elas não são estruturas rígidas, mas sim dinâmicas, podendo ser reconfiguradas com base em experiências e aprendizados. Isso garante que o cérebro possa adaptar-se constantemente a novos estímulos e contextos.

Em termos de composição, uma coluna cortical não tem uma definição estrita relacionada ao número de neurônios. A quantidade pode variar conforme a região cerebral e a espécie em questão. Porém, uma estimativa sugere que uma coluna cortical no cérebro humano poderia conter algo entre 50.000 a 100.000 neurônios.

A conectividade dessas colunas também é impressionante. Além das conexões dentro da própria coluna, existem conexões que facilitam a comunicação entre colunas diferentes, tanto dentro de uma mesma região cortical quanto entre regiões distintas.

Relacionando ao estudo da consciência, especialmente ao "problema fácil", é vital entender o funcionamento destas colunas. Elas oferecem um entendimento intermediário entre os neurônios individuais e as amplas regiões cerebrais, atuando crucialmente na forma como informações são processadas e experiências conscientes emergem.

A consciência, em sua essência, é o produto de processos cerebrais. Pelo menos , não temos mais dúvidas que o cérebro é necessário para o surgimento da consciência. Se é suficiente isso é outro assunto. Assim, entender como o cérebro opera, desde suas funções mais simples até as mais complexas, é um pré-requisito para desvendar o fenômeno da consciência. A estrutura do cérebro e a maneira como ele funciona estão profundamente interligadas. Se, no futuro conseguirmos compreender o 'problema fácil' teremos dado um enorme passo no sentido de melhorarmos a compreensão de como pensamos e como nos relacionamos com o universo.

A organização em colunas corticais, por exemplo, vai além de ser uma simples característica anatômica; ela representa uma forma eficiente e especializada de processar informações. Esta eficiência e especialização refletem na forma como experimentamos e nos relacionamos com o mundo ao nosso redor, moldando nossa consciência.

Do funcionamento de neurônios individuais e de colunas neuronais, propriedades complexas, como a consciência, surgem. É como se a consciência emergisse de interações que, embora simples em seu núcleo, tornam-se complexas quando vistas em conjunto. Além disso, nossa capacidade de aprender e nos adaptar, características essenciais da experiência consciente, são sustentadas pela organização e função do cérebro, especialmente pela plasticidade de suas conexões.

Entender essas funções cerebrais também nos permite definir os limites da consciência. Há funções cerebrais que ocorrem abaixo do limiar da nossa consciência e outras diretamente ligadas às nossas experiências conscientes. Estabelecer essa distinção é vital para compreender o que verdadeiramente constitui a consciência. Adicionalmente, quando estudamos as funções normais do cérebro, conseguimos interpretar melhor anomalias e variações, desde distúrbios neurológicos até estados alterados de consciência.

Tentar resolver o mistério da consciência sem um entendimento profundo das funções cerebrais é como querer compreender a água sem considerar a química do H2O. O cérebro e a consciência são entidades interdependentes, e a compreensão de um necessariamente implica no entendimento do outro, pelo menos em algum grau.

Cajal descobriu as sinapses. Estabeleceu uma direcionalidade para a rede neural. Ousou. Mas, se as sinapses são como um espaço vazio entre um axônio e um dendrito, como a informação pode fluir?

Com suas investigações meticulosas e detalhadas, não apenas visualizou as células neurais de forma isolada, mas também postulou a existência de espaços entre elas, os quais hoje conhecemos como sinapses. A ideia de que havia espaços entre os neurônios era revolucionária e desafiadora para a época, e suscitava um questionamento pertinente: Como é que a informação viaja através desse "espaço vazio"?

A resposta a essa questão envolve uma combinação de processos elétricos e químicos, e é nesse cenário que os mediadores químicos, ou neurotransmissores, entram em cena.

Quando um impulso elétrico, ou potencial de ação, alcança o final de um axônio (a extremidade do neurônio que emite sinais), ele estimula a liberação de pequenas vesículas contendo neurotransmissores. Essas vesículas fundem-se com a membrana do axônio e despejam seu conteúdo no espaço sináptico, a diminuta fenda entre os neurônios.

Os neurotransmissores, uma vez liberados, viajam pelo espaço sináptico e se ligam a receptores específicos na membrana do dendrito do neurônio adjacente. A ligação desses neurotransmissores a seus receptores desencadeia uma série de eventos que podem resultar na geração de um novo potencial elétrico neste segundo neurônio. Assim, a informação é transmitida do neurônio "emissor" para o neurônio "receptor".

Diferentes neurotransmissores podem ter efeitos excitatórios ou inibitórios sobre o neurônio receptor. A natureza e a quantidade de neurotransmissores liberados, bem como o tipo e a densidade dos receptores presentes no neurônio receptor, determinam se um impulso elétrico será iniciado ou inibido no neurônio seguinte.

Portanto, a sinapse não é simplesmente um espaço vazio, mas um local dinâmico e complexo onde a comunicação entre os neurônios é mediada por substâncias químicas. Esses eventos sinápticos são fundamentais para todos os aspectos do funcionamento cerebral, desde sensações básicas e movimentos até pensamentos, emoções e memórias. E é justamente essa capacidade de comunicação química sofisticada que permite que nossa rede neural opere com a complexidade e a flexibilidade que caracterizam a experiência humana.

Os neurotransmissores não se distribuem igualmente no tecido nervoso. Em determinadas regiões podem predominar alguns deles. Mas, não se iluda, apesar dos mitos modernos sobre alguns deles e de suas propriedades magicas, eles seguem obedientes como meros coadjuvantes de processos biológicos complicadíssimos que não podem ser reduzidos sem que se perca a essência do conjunto. Estes compostos, longe de terem funções unidimensionais, são peças de um intrincado quebra-cabeça que regula nossa cognição, emoções e comportamento.

A compreensão popular dos neurotransmissores frequentemente nos traz imagens de "moléculas da felicidade" ou "químicos do prazer", mas a realidade do cérebro é muito mais intrincada e menos suscetível a rótulos simplistas.

A dopamina, frequentemente aclamada na mídia popular como a "molécula do prazer", é, na verdade, uma maestra em diversas funções cerebrais. Embora esteja realmente envolvida no sistema de recompensa do cérebro, a dopamina também é crucial para a regulação do movimento, a modulação da motivação, a atenção, o aprendizado e a tomada de decisões. Uma deficiência dela, por exemplo, é uma característica marcante da doença de Parkinson.

Da mesma forma, a serotonina, rotulada por muitos como a "molécula da felicidade", desempenha um papel significativo na regulação do humor. No entanto, não termina aí. A serotonina está igualmente envolvida em processos tão variados quanto a regulação do apetite, do sono, da imunidade, da memória e até da coagulação sanguínea.

E enquanto esses dois neurotransmissores podem dominar as manchetes, eles são apenas uma pequena parte de um sistema muito mais vasto. O GABA, por exemplo, é o principal neurotransmissor inibitório no cérebro, desempenhando um papel crítico na regulação da excitabilidade neuronal. Por outro lado, o glutamato é o principal neurotransmissor excitatório e é essencial para quase todos os aspectos do funcionamento cerebral, incluindo a aprendizagem e a memória.

Cada um desses neurotransmissores não opera isoladamente. Eles atuam em conjunto, em uma dança harmoniosa, influenciando e sendo influenciados por outros, num equilíbrio delicado que sustenta nossa capacidade de pensar, sentir, aprender e interagir com o mundo ao nosso redor.

Portanto, antes que você saia por aí culpando a dopamina por aquela decisão impulsiva de comprar um carro esportivo, ou a serotonina por aquela onda súbita de emoção durante um filme triste, lembre-se: é todo um coquetel de fatores que compõem a sua experiencia subjetiva. E assim como qualquer chef dirá, acertar na receita é um ato de equilíbrio delicado e habilidoso.

Então, me vejo entre neurotransmissores, neurônios variados e desconfio que eles, por algum motivo, não podem ser muito rígidos, afinal, as coisas mudam. O ambiente muda.

A adaptabilidade inerente do cérebro, conhecida como plasticidade neural, é uma maravilha no universo neural. Esse fenômeno central na neurociência refere-se à capacidade do sistema nervoso de alterar sua estrutura e função em resposta à experiência. Ao longo de nossa evolução como espécie, a plasticidade neural nos permitiu prosperar em diferentes ambientes e enfrentar variados desafios. Nos deu a habilidade de nos adaptarmos às mudanças ambientais, aprender com novas situações e desenvolver capacidades complexas. Enquanto algumas espécies possuem circuitos neurais mais rígidos, adaptados a ambientes específicos, o ser humano possui uma rede cerebral flexível, permitindo-nos criar ferramentas, desenvolver linguagens e edificar civilizações.

Além de sua relevância evolutiva, a plasticidade neural tem um profundo impacto no desenvolvimento individual. Desde a infância, quando o cérebro é altamente moldável, até a idade adulta, com nossa persistente capacidade de aprender e adaptar, a plasticidade está sempre presente. Por exemplo, o cérebro de uma criança que aprende a tocar um instrumento musical sofre adaptações nas regiões ligadas ao movimento dos dedos e à audição.

Em adultos, após uma lesão cerebral, outras partes do cérebro podem assumir funções anteriormente perdidas, demonstrando sua resiliência. Essa capacidade adaptativa também é fundamental na reabilitação neurológica e sustenta muitas terapias neuropsicológicas. E não se limita a situações extremas; é a razão pela qual continuamos a aprender novas habilidades ou idiomas ao longo da vida. A plasticidade neural destaca a adaptabilidade e evolução contínua de nossos cérebros, sendo uma das nossas maiores forças em um mundo em constante transformação.

Estou pasmo. A trilha, de repente me lembra a floresta amazônica. De fato, no universo relativístico me transporto, porque as mentes podem se transportar, mesmo imaginariamente e vejo uma enorme angelin-vermelho que tem 400 anos estimados. Seu tronco tem quase dez metros de circunferência e oitenta e oito metros de altura. Meu coração dispara. Ele não pode viver sozinho. Precisa de seu ecossistema, de outras arvores que o circundam e estabilizam o solo. Suas raízes se entrelaçam e trocam informações químicas numa escala temporal muito mais lenta e imperceptível.

Diante de tal maravilha, é impossível não sentir o coração bater mais rápido, a respiração ficar ofegante, e a mente ser tomada por uma reverência profunda.

No entanto, por mais imponente que o angelim-vermelho se mostre, ele não está sozinho em sua jornada centenária. Ele é parte de um sistema intrincado, onde cada elemento da floresta tem seu papel. Ao seu redor, outras árvores se estendem, seus galhos entrelaçados em uma dança etérea, enquanto suas raízes, profundamente enterradas, tecem uma rede subterrânea de conexões e comunicações. Através desta "internet das florestas", elas compartilham nutrientes, água e segredos que apenas elas conhecem.

Cada sussurro do vento, cada canto de pássaro, cada gota de chuva que se desprende das folhas nos lembra da beleza e da fragilidade deste ecossistema. A presença do angelim-vermelho, em sua majestade, é um testemunho silencioso da importância de cada elemento, de cada ser, de cada momento nesta floresta. Ele nos fala, sem palavras, sobre a interconexão da vida, sobre como estamos todos ligados, sobre como cada ação, cada escolha, reverbera em ondas que tocam tudo ao nosso redor.

Na sombra deste gigante, sentimos a pulsação da Terra, o chamado da natureza, e a responsabilidade que temos de proteger e honrar este santuário de vida. Porque, na verdade, não somos meros espectadores: somos parte desta dança, desta canção, deste conto de amor e conexão que a Amazônia canta para o mundo.

Mas, por que raios eu pensei nisso? Que associações os neurônios, colunas e regiões do meu cérebro fizeram entre si para que eu olhasse para o angelim-vermelho maravilhoso? O ponto em questão está na sustentação das arvores e do seu ecossistema. Algo semelhante ocorre no cérebro. Afinal, as leis básicas da física se manifestam sobre todas as coisas, animadas e inanimadas. Os padrões são semelhantes, basta olhar com olhos aguçados.

A analogia é fascinante e muito pertinente! Como uma floresta pode nos ensinar! Ao traçar paralelos entre o ecossistema florestal e o funcionamento complexo do cérebro, vislumbramos a interconexão e interdependência que são fundamentais em ambos os sistemas. Assim como o angelim-vermelho precisa do seu ecossistema para prosperar, os neurônios confiam em uma complexa rede de células de apoio para funcionar eficazmente. Entre essas células de apoio, a glia desempenha um papel central.

Ambos os sistemas, o da floresta e o do cérebro, são extremamente complexos e contêm elementos que, à primeira vista, podem parecer menos importantes do que outros mais "proeminentes". No entanto, a verdadeira beleza e funcionalidade desses sistemas estão em sua interconexão e nas sutilezas que garantem seu equilíbrio e eficiência.

No cérebro, a glia (do grego "cola") sempre foi vista como as células "colantes" que mantêm tudo junto. No entanto, as pesquisas mais recentes revelaram que elas fazem muito mais do que apenas fornecer suporte estrutural aos neurônios. Assim como as árvores na floresta trocam informações e recursos através de suas raízes interconectadas, os neurônios e as células da glia se comunicam entre si, influenciando o funcionamento e a saúde um do outro.

Existem diferentes tipos de células gliais, cada uma com sua própria função especializada. As células de Schwann e as oligodendrócitos, por exemplo, fornecem isolamento elétrico aos neurônios ao formar a mielina ao redor de seus axônios. As células astrogliais, por sua vez, ajudam a regular o ambiente extracelular dos neurônios, fornecendo nutrientes e modulando a atividade sináptica. A micróglia, os "macrófagos" do sistema nervoso, atuam na defesa e limpeza, removendo detritos e patógenos.

Essas células não só mantêm a saúde e o funcionamento dos neurônios, como também desempenham um papel crucial na plasticidade sináptica, na formação de memórias e no aprendizado. Assim como o angelim-vermelho e seu entorno são mutuamente dependentes e evoluem juntos, a relação entre neurônios e glia é de cooperação e coevolução.

A analogia entre o intrincado equilíbrio da floresta e a complexidade do cérebro é uma maneira sutil de destacar a beleza e o mistério da interdependência na natureza e no próprio ser humano. O cérebro não é apenas um aglomerado de neurônios disparando impulsos elétricos, mas um ecossistema rico e dinâmico de células interagindo e colaborando para criar a experiência da consciência.

Hoje sabemos que as células gliais, especialmente os astrócitos, são mais do que apenas suporte físico: elas são ativamente envolvidas na comunicação neuronal. Ao contrário da crença anterior de que os neurônios eram os únicos responsáveis pela transmissão de informações, descobriu-se que os astrócitos podem liberar transmissores químicos que têm um impacto significativo na atividade sináptica. Isso introduz uma nova dimensão no entendimento da comunicação no cérebro, sugerindo uma "transmissão tripartite", onde os astrócitos desempenham um papel intermediário entre os neurônios.

Além disso, a glia tem um papel crucial na plasticidade sináptica. Este processo, fundamental para a aprendizagem e memória, refere-se à capacidade das conexões entre neurônios de se fortalecerem ou enfraquecerem em resposta à atividade. Os astrócitos contribuem para esta plasticidade, ajudando a regular a quantidade de neurotransmissores no espaço sináptico, influenciando assim a força da sinalização entre neurônios.

Mas a importância da glia não para por aí. Estas células desempenham funções vitais na manutenção do equilíbrio químico no cérebro. Elas são fundamentais para garantir que os neurônios tenham o ambiente ideal para funcionar, auxiliando no controle dos níveis de íons e fornecendo nutrientes essenciais.

No domínio da resposta imunológica, a micróglia, uma forma específica de glia, destaca-se como a principal defensora do cérebro contra agentes patogênicos e inflamações. Recentemente, uma conexão entre inflamação cerebral e condições neuropsiquiátricas, como depressão e demência, foi proposta, lançando um novo foco sobre o papel potencialmente protetor ou prejudicial da micróglia nessas condições.

A plasticidade do cérebro e sua capacidade de aprender e se adaptar também têm sido vinculadas à interação entre neurônios e glia. Em certas situações, a glia pode até mesmo tomar a dianteira e realizar funções que anteriormente acreditávamos ser exclusividade dos neurônios.

A evidência da importância da glia em doenças neurológicas e psiquiátricas está se acumulando. Seja na esquizofrenia, depressão ou doença de Alzheimer, alterações na função glial estão se mostrando cada vez mais relevantes para entendermos a etiologia e potenciais tratamentos dessas condições.

A relação entre a glia e a consciência é um caminho intrigante, mas ainda pouco explorado no vasto universo da neurociência. A tradição científica colocou os neurônios no centro do palco quando se trata de entender a natureza da experiência consciente. Mas, como acontece em muitos campos do conhecimento, o que é familiar e bem estabelecido pode, às vezes, ofuscar atores coadjuvantes que desempenham papéis igualmente fundamentais, mas menos óbvios.

Começamos a perceber que as células gliais, durante muito tempo consideradas meras células de suporte, têm uma complexidade e uma importância funcional que ultrapassa essa visão simplista. Os astrócitos, por exemplo, mostram-se mestres na modulação da atividade sináptica. Se aceitarmos que a consciência emerge da orquestrada e intrincada atividade neural, torna-se plausível considerar que qualquer influência sobre essa atividade poderia impactar a natureza e a qualidade da experiência consciente.

Além disso, há evidências sugerindo que as células gliais respondem a estímulos de maneira que pode ser interpretada como uma forma de "processamento" da informação. Esta capacidade, embora ocorra em uma escala de tempo diferente da dos neurônios, sugere um tipo de interação dinâmica que pode contribuir para a paisagem global da atividade cerebral.

Outro ponto a considerar é a influência da glia na plasticidade e aprendizado. As memórias, que são elementos centrais na construção de nossa consciência e identidade, dependem de processos adaptativos no cérebro. Se as células gliais são fundamentais para a plasticidade, não seria descabido pensar que elas também tenham algum papel, mesmo que indireto, na maneira como percebemos e interagimos com o mundo.

Por último, a consciência, como qualquer função cerebral, não pode ser separada de seu substrato físico e químico. A atividade neural que dá origem à experiência consciente requer um ambiente metabólico e iônico adequado, e nesse cenário, a glia se destaca como guardiã da homeostase cerebral.

Apesar dessas considerações, é vital enfatizar que tais ligações entre a glia e a consciência ainda são teóricas e altamente especulativas. A consciência é um dos grandes enigmas da ciência, e desvendá-la provavelmente exigirá uma abordagem multidisciplinar. Mas, em meio a esse mistério, a glia emerge como um elemento fascinante que merece atenção e investigação adicional. Aguardemos.

RESUMO

1. **Natureza do Tempo e Percepção**: Reflexão sobre a relatividade do tempo e como nossa percepção do tempo - passado, presente e futuro - é influenciada pela perspectiva do observador.

2. **Contribuição de Santiago Ramón y Cajal**: Destaque para as contribuições de Cajal à neurociência, particularmente no entendimento da estrutura e função dos neurônios.

3. **Complexidade dos Neurônios e Colunas Neuronais**: Discussão sobre a complexidade dos neurônios, suas diversas funções, a importância das colunas neuronais e a plasticidade neural.

4. **Papel dos Neurotransmissores na Comunicação Neuronal**: Desafio às percepções simplistas sobre neurotransmissores, destacando sua complexidade e importância na função cerebral.

5. **Plasticidade Neural e Aprendizagem**: Enfoque na plasticidade neural como fundamental para a aprendizagem e a memória.

6. **Metáforas Naturais e Complexidade Biológica**: Uso de metáforas naturais, como a comparação do cérebro com um ecossistema florestal, para ilustrar a interconexão e complexidade dos sistemas biológicos.

Dicas para Reflexão:

1. **Relatividade do Tempo e Percepção**: Como nossa percepção do tempo afeta nossa experiência da realidade e da consciência?

2. **Contribuição de Cajal**: Quais lições podemos aprender com as descobertas e a abordagem de Cajal para a neurociência?

3. **Complexidade Neural**: Como a complexidade e diversidade dos neurônios e suas interações moldam nossa experiência consciente?

4. **Equívocos Sobre Neurotransmissores**: Como os equívocos comuns sobre neurotransmissores afetam nossa visão da saúde mental e da função cerebral?

5. **Plasticidade e Adaptação**: De que maneira a plasticidade neural influencia nossa capacidade de aprender, adaptar-se e superar desafios?

Bibliografia Sugerida:

1. "O Tecido do Cosmos" por Brian Greene.
2. "The Brain That Changes Itself" por Norman Doidge.
3. "Phantoms in the Brain" por V.S. Ramachandran.
4. "The Man Who Mistook His Wife for a Hat" por Oliver Sacks.
5. "Gödel, Escher, Bach: An Eternal Golden Braid" por Douglas Hofstadter.
6. "The Order of Time" por Carlo Rovelli.
7. "Mind Time: How Ten Mindful Minutes Can Enhance Your Work, Health, and Happiness" por Michael Chaskalson.
8. "Behave: The Biology of Humans at Our Best and Worst" por Robert M. Sapolsky.
9. "Hallucinations" por Oliver Sacks.
10. "The Tell-Tale Brain: A Neuroscientist's Quest for What Makes Us Human" por V.S. Ramachandran.
11. "How to Create a Mind: The Secret of Human Thought Revealed" por Ray Kurzweil.
12. "Thinking, Fast and Slow" por Daniel Kahneman.

A ORGANIZACÃO BÁSICA DO ENCÉFALO. LICÕES DA SALA DE OPERACÕES

Enquanto caminho, às vezes as sombras predominam sobre a luz. Mas isso ocorre de uma forma quase que imprevisível. A floresta interage com o ar que a circunda, com as nuvens que a cobrem, com a chuva, com o sol feroz. Tudo ao seu tempo. Numa dança lenta, com eventos intensos e depois calmos, belos aos olhos da natureza, mas que para nós podem ser terrivelmente perigosos. Na natureza não existe bem ou mal. Ela simplesmente existe e interage sem propósito evidente, sem ética ou moral. Sua complexidade nasce da existência de suas peças, que aos poucos se entrelaçam criando estruturas, novas funções, novas paisagens. As regras morais são construções humanas, dependentes de contextos, de histórias, de lugares, do clima, e daí por diante. Nascem do conteúdo informacional coletivo, em algum momento, e podem se dissipar em outro.

Esta floresta de interações, livre de julgamentos e regras impostas, contrasta fortemente com o mundo humano, onde cada ação e pensamento é frequentemente filtrado através de lentes éticas e morais. Em nossa sociedade, normas e valores evoluem como um organismo vivo, moldados por eventos históricos, mudanças culturais e avanços tecnológicos. Assim como a floresta responde ao ambiente, nossos sistemas morais respondem às mudanças em nossa compreensão e em nosso ambiente.

Por exemplo, conceitos de justiça e igualdade sofreram grandes transformações ao longo da história. O que era considerado aceitável em uma era pode ser visto como profundamente injusto em outra. Da mesma forma, a nossa relação com o ambiente, uma vez marcada pela dominância e exploração, está se transformando, lentamente, em uma de respeito e sustentabilidade, refletindo uma mudança na nossa ética coletiva.

Este diálogo constante entre a natureza e a humanidade, enquanto a natureza opera sem a necessidade de significados ou propósitos morais, nós, seres humanos, buscamos constantemente criar ordem e significado.

Da mesma forma que a floresta se revela em sua intrincada teia de relações, o encéfalo humano também se destaca como uma paisagem vasta e misteriosa de conexões. Cada neurônio, como uma árvore na floresta, se conecta a outros, formando uma rede intrincada de comunicação e interação. Assim como as nuvens, a chuva e o sol moldam a floresta, os estímulos externos e internos influenciam o funcionamento do encéfalo, modulando nossos pensamentos, emoções e comportamentos.

A imprevisibilidade das sombras e da luz na floresta encontra paralelo na forma como nosso encéfalo opera: nem sempre entendemos por que pensamos ou sentimos de uma certa maneira. Assim como a natureza, o encéfalo não possui um sentido intrínseco de bem ou mal; ele processa, interpreta e responde de acordo com os padrões aprendidos e as influências externas.

Em sua majestosa complexidade, o encéfalo, assim como a floresta, é resultado de uma evolução constante, de um entrelaçamento de funções e estruturas que nos permite perceber, entender e interagir com o mundo ao nosso redor. E embora muitas de suas funções permaneçam um enigma, assim como os segredos da floresta, nossa busca por compreendê-lo é o que nos move adiante, iluminando as sombras da ignorância com o brilho do conhecimento.

Será que a floresta, com sua vastidão e riqueza, possui uma forma de consciência? Se assim for, de quais cantos e recantos dessa biodiversidade a consciência brota? Milhões de árvores, arbustos e seres vivos se entrelaçam em uma teia de interdependência. Cada elemento contribui, de alguma forma, para a totalidade do sistema, mas quais seriam os pilares essenciais dessa suposta consciência florestal? E quais elementos adicionam nuances, tonalidades e singularidades a ela?

Assim como no encéfalo humano, onde certas regiões são cruciais para a emergência da consciência e outras conferem a ela sua riqueza e diversidade, poderíamos imaginar que, na floresta, algumas entidades desempenham papéis centrais enquanto outras complementam e enriquecem o todo. Talvez árvores centenárias, com suas raízes profundamente entrelaçadas no solo, sejam as colunas que sustentam essa consciência, enquanto os sons dos pássaros, o murmúrio dos riachos e o sussurro das folhas adicionem texturas e matizes a esse cenário.

Contudo, o que poderíamos extrair da floresta sem despojá-la dessa consciência hipotética que imaginamos? Assim como não podemos remover uma parte vital do cérebro sem afetar sua função, talvez não possamos retirar um elemento chave da floresta sem alterar sua essência. E mesmo que a floresta não tenha consciência no sentido que entendemos, sua complexidade e beleza me encantam.

Há cerca de 40 anos, encontrei-me face a face com um paradoxo que derrubou muitas das minhas suposições sobre a natureza da consciência e o papel do cérebro em nossa experiência de estar vivo. Um jovem sofreu um acidente de caça; um disparo preciso de uma cartucheira atingiu a região da nuca. A precisão do impacto foi tão surpreendente que me fez ponderar sobre a série incrivelmente específica de eventos que deveriam se alinhar para que aquela tragédia ocorresse. Não havia tomografia computadorizada na época, então só pude avaliar o verdadeiro alcance do dano durante a cirurgia.

Ah, as frações de segundo e as sutilezas da existência humana, onde a física, a probabilidade e o destino entrelaçam-se em um balé intricado. No relato encontramos uma alegoria da complexidade e fragilidade da consciência, esse caleidoscópio inconstante que tentamos tão desesperadamente decifrar.

Primeiramente, pensemos no determinismo imprevisível, esse oximoro paradoxal que, de certa forma, encapsula a experiência humana. Não poderíamos estar mais longe da ideia newtoniana de um universo previsível e mecanicista. Aqui, na sala de cirurgia, entramos no reino da teoria do caos e da mecânica quântica, onde o mero bater de asas de uma borboleta pode desencadear um tufão, e onde partículas subatômicas parecem dançar ao som de uma melodia estatística. O disparo acidental, que em uma outra rotação de milésimos de segundo poderia ter errado o alvo, aqui encontra seu caminho até o epicentro da consciência: o cérebro.

E então temos o cérebro, essa massa cinzenta de paradoxos e mistérios, operando nas margens do entendimento humano. A cartucheira do caçador, em sua terrível precisão, faz-nos questionar: quão frágil é a teia da consciência? A resposta é um estudo de contradições. O cérebro é resiliente, capaz de reorganização e adaptação em face de traumas, como os princípios da neuroplasticidade nos mostram. Mas também é frágil, onde um único evento pode desmantelar a complexa rede de neurônios e sinapses que dão origem ao eu consciente.

Se voltarmos nosso olhar para os mistérios da fé, encontramos uma arena onde o divino e o profano se encontram, onde o que é inexplicável torna-se objeto de adoração ou de escrutínio científico. Talvez o jovem, cujo destino foi selado em um momento de tragédia, seja um lembrete da vulnerabilidade da vida e da incerteza que permeia nossa existência. Ele nos lembra de um ensinamento presente tanto nos versos do poeta Rainer Maria Rilke quanto nas equações dos físicos teóricos: que a vida é um equilíbrio instável entre ordem e caos, significado e absurdo.

Nesta complexa rede, o determinismo imprevisível reina, e o território onde a neurociência, a filosofia e a metafísica se encontram é tanto um campo minado quanto um playground. Mas é aí que a verdadeira exploração começa. Afinal, o que é a consciência, senão o resultado das interações mais estranhas e maravilhosas que a natureza tem a oferecer? E o que é a vida, senão uma série de momentos imprevisíveis que, quer gostemos ou não, tecem a malha da nossa existência? Ah, as perguntas são deliciosas, mesmo quando as respostas são escassas ou amargas.

O que descobri na mesa de operações foi desolador. O cerebelo, esse órgão elegante que se aloja na parte inferior e posterior do crânio, estava quase totalmente destruído. De todo o conjunto compacto de neurônios e conexões que compõem esse centro de coordenação, restavam apenas fragmentos irreconhecíveis. O tronco cerebral, por outro lado, estava notavelmente intocado, apesar de sua proximidade com a área de impacto. Alguns poderiam chamar isso de "milagre", mas eu prefiro ver como uma intersecção rara de probabilidades e física. Um lembrete de que, em meio à vastidão do desconhecido, ainda há leis e padrões que governam até os acontecimentos mais improváveis.

O maior choque veio no dia seguinte, quando entrei no quarto do paciente. Ele estava lá, consciente e capaz de se comunicar. Embora suas habilidades motoras estivessem severamente comprometidas — sua fala era arrastada e seus movimentos desordenados —, a essência do que o tornava um ser consciente estava intacta.

Isso me forçou a repensar tudo o que pensava que sabia sobre o encéfalo e a consciência. O cerebelo, afinal, contém a vasta maioria dos neurônios do encéfalo, e apenas para elucidar melhor, encéfalo é o nome que damos ao todo o conteúdo da caixa craniana. Os maiores são o cérebro, que é representado principalmente pelos hemisférios cerebrais e suas profundezas, e o cerebelo localizado mais atras. Se a consciência pudesse ser atribuída ao mero número de neurônios, então perder o cerebelo deveria ter efeitos muito mais profundos do que aqueles que eu estava observando. Afinal, em torno de dois terços dos neurônios estão lá, cerca de setenta milhões dos oitenta e seis milhões que temos. Incrível.

O incidente serviu como um lembrete humilde, mas penetrante, da complexidade intrincada do cérebro humano e da experiência consciente. A consciência, como veio a ser claro para mim, não pode ser reduzida facilmente a uma parte ou a um conjunto específico de conexões neurais. Talvez possa em termos de um nível básico, de uma consciência que possa servir de início para que, depois, de forma muito mais complexa se desenvolvam as qualidades, os refinamentos. É uma orquestra, com várias regiões cerebrais contribuindo para o sinfônico "banquete" da experiência consciente. E tal como numa orquestra, a ausência de um instrumento, embora perceptível, não silencia toda a música. É orquestrada não apenas pelo número ou pela localização dos neurônios, mas também por fatores ainda misteriosos que aguardam nossa descoberta. Este episódio foi uma janela para o entendimento de que a consciência é uma entidade não-linear, uma sinfonia complexa que aos poucos vamos compreendendo.

A vida ensina a ter coragem. Uma vez atendi um garoto de 16 anos. Chamá-lo-ei de Jaime para manter sua identidade preservada. Ele sofria de crises epilépticas severas e sem controle com os medicamentos. Andava com um capacete e caia com tal frequência que já não comparecia as aulas, nem saia de casa. Sua vida estava parada. Tinha o que se chama "drop attack", quando a pessoa subitamente cai atônica, sem defesa, sem consciência. Simplesmente desmorona. Bate a cabeça, se machuca.

Sua mãe, que trabalhava no mesmo hospital que eu, sofria impotente assistindo ao sofrimento do filho amado. Então, ela me perguntou se existia alguma operação que poderia ser feita. Eu respondi que sim, embora jamais a tivesse realizado. Durante meses tentamos, sem sucesso, encaminhá-lo para centros de tratamento de epilepsia. Há quarenta anos eles eram quase inacessíveis e raros.

Enfim ele sofreu um trauma cranioencefálico grave e quase morreu. A mãe, na uti, enquanto eu o avaliava, me disse: "se ele não morrer agora, e acordar, eu espero que o senhor tenha piedade dele e faça a operação. Antes que seja tarde. Se não der certo, se ele morrer na operação ou não sarar eu saberei que fomos corajosos e tentamos. Faça isso, por favor." Meu coração quase parou. Naquele momento percebi a real dimensão de ser médico, falível, incompleto, mas médico.

A operação consistiria numa calosotomia, a secção do corpo caloso, aquela estrutura maravilhosa, composta por bilhões de fibras que conectam os dois hemisférios cerebrais. Então, os dois se tornam um só. Trabalham em conjunto, compartilhando informações. Cada hemisfério operando em conjunto com o irmão do outro lado.

Eu já havia realizado muitas calosotomias anteriores, onde só uma parte do corpo caloso é seccionada como via de acesso para abordagem de tumores ventriculares. Portanto, a técnica em si era do meu conhecimento. Então, decidi que tentaria. Obviamente estudei, conversei por telefone com colegas que já haviam tratado casos semelhantes e marcamos a cirurgia para um sábado pela manhã, sem mais nada para fazer, e com uma equipe decidida a dar o melhor de si.

Na véspera levei para o centro cirúrgico o meu equipamento de eletroencefalografia e testei para ver se não ocorreriam interferências indesejadas. Funcionou muito bem. A intensão era seccionar o corpo caloso aos poucos e parar no momento que o eletroencefalograma mostrasse sinais de atividade independente nos dois hemisférios. Foi como entendi que deveria ser feito.

A atmosfera no centro cirúrgico estava densa naquela manhã. A equipe sentia a singularidade daquele momento. Era uma cirurgia diferente de todas as outras que já haviam participado, e a responsabilidade era imensa.

Ao posicionar Jaime na mesa, respirei profundamente, buscando a calma e a concentração necessárias para o que estava por vir. Ao meu lado, o eletroencefalógrafo antigo traçava a atividade cerebral do garoto em papel, com penas metálicas registrando com tinta azul cada movimento elétrico do cérebro. O ritmo quase hipnótico e o barulho característico das penas deslizando sobre o papel eram os únicos sons que se sobrepunham ao silêncio tenso da sala.

Comecei a cirurgia expondo cuidadosamente o corpo caloso. A cada avanço, cada incisão, meu olhar se desviava para o papel que se desenrolava, buscando qualquer alteração nos traçados. O zumbido das penas se tornou o compasso do procedimento, uma dança sutil entre as mãos do cirurgião e a resposta do cérebro de Jaime.

À medida que seccionava as fibras, pequenas mudanças começaram a aparecer nos traçados. Era como se estivesse testemunhando uma conversa entre os dois hemisférios, que pouco a pouco pareciam falar línguas distintas. Os traçados, antes tão sincronizados, agora mostravam padrões cada vez mais divergentes.

Houve um ponto, um corte específico, onde a diferença se tornou inegável. As linhas no papel, antes tão harmônicas, agora descreviam dois caminhos diferentes, dois ritmos distintos. As penas continuaram seu balé sobre o papel, mas agora, contavam uma história diferente. Era o sinal de que os hemisférios estavam, de fato, operando de maneira independente.

Finalizei a secção naquele ponto, e enquanto suturava, não pude deixar de sentir uma mistura de alívio, satisfação e curiosidade. Como Jaime reagiria a essa nova configuração cerebral? Como isso influenciaria sua condição epiléptica? Essas eram perguntas para o futuro. Naquele momento, só podíamos esperar.

Após a cirurgia, Jaime despertou lúcido e aparentemente bem. Foi uma experiencia fascinante. Nos dias que se seguiram, a rotina do garoto começou a retomar seu curso normal. As crises desapareceram como por encanto. Um maravilhoso encanto, sublime, transcendental. Os professores na escola comentaram sobre seu progresso e o quão engajado ele parecia estar nas aulas. Os colegas, por sua vez, ficaram felizes por tê-lo de volta.

No entanto, depois de algumas semanas, a mãe de Jaime percebeu pequenas peculiaridades em seu comportamento. Houve momentos em que ele parecia olhar fixamente para um objeto, como um livro ou um brinquedo, mas tinha uma expressão distante, como se não estivesse realmente vendo. Em outras ocasiões, ao tentar pegar algo com a mão esquerda, parecia hesitar ou mesmo falhar na tentativa. Era como se uma parte de seu corpo não estivesse totalmente sincronizada com sua intenção.

O que Jaime estava experimentando era uma forma leve da síndrome de desconexão inter-hemisférica. A cirurgia, embora eficaz em cessar as crises epilépticas, havia interrompido a comunicação entre os dois hemisférios cerebrais. Cada hemisfério controla e percebe metade oposta do corpo e do campo visual. Sem a ponte do corpo caloso para relatar informações, ocasionalmente, um hemisfério não estava ciente do que o outro estava percebendo ou fazendo.

Em casos mais severos da síndrome, os pacientes podem demonstrar o fenômeno da "mão alienígena", onde uma mão parece ter vontade própria, agindo independentemente da vontade do indivíduo. Felizmente, Jaime não apresentava tais extremos. Sua manifestação era sutil e, com o tempo, ele aprendeu a se adaptar. Através da reabilitação e da paciência, Jaime e sua família encontraram maneiras de lidar com essas desconexões momentâneas, focando na grande vitória que foi a cessação das crises epilépticas e na retomada de uma vida mais normal.

Um dia, nos encontramos numa festa de fim de ano no hospital. Foi então que ele me disse que as vezes parecia que era duas pessoas. Dependendo da situação, podia gostar e ter algum conceito claro sobre um assunto, e depois, era completamente diferente, e então me perguntou se poderia ter dupla personalidade. Foi como se expressou.

Naquele encontro inesperado, a sinceridade e o tom questionador de Jaime me tocaram profundamente. Era evidente que ele estava buscando compreensão para as nuances e contradições que sentia internamente.

"Às vezes sinto que sou duas pessoas em uma só. Como se houvesse duas vozes dentro de mim, cada uma com sua própria opinião e visão sobre as coisas. Pode ser que eu tenha desenvolvido dupla personalidade após a cirurgia?" Ele indagou, seus olhos buscando respostas.

Ponderei por um momento antes de responder. "Jaime, o que você está descrevendo não é exatamente uma 'dupla personalidade' no sentido clássico da terminologia psiquiátrica. O que acontece é que cada hemisfério do nosso cérebro tem suas próprias especialidades e formas de processar informações. Com a comunicação entre seus hemisférios interrompida pela cirurgia, às vezes você pode estar mais ciente das opiniões e percepções de um hemisfério em detrimento do outro. Isso pode criar a sensação de dualidade que você descreveu."

Ele pareceu refletir sobre o que eu disse por um momento. "Então, não estou 'louco' ou algo assim?"

Eu sorri, tentando tranquilizá-lo. "De forma alguma, Jaime. O que você está experimentando é uma consequência única da sua cirurgia e da maneira como seu cérebro está se adaptando a ela. Pode ser desafiador, mas é também uma janela fascinante para a natureza dual de nossa cognição."

Jaime assentiu, parecendo um pouco mais aliviado. "É estranho, mas de certa forma, me sinto privilegiado. Tenho uma perspectiva que a maioria das pessoas nunca terá."

E de fato, ele tinha. Enquanto a maioria de nós passa pela vida com os dois hemisférios do cérebro operando em harmonia silenciosa, Jaime tinha uma visão única das dualidades e contradições que existem dentro de todos nós. E, através dessa experiência, ele se tornou um testemunho vivo da maravilhosa complexidade do cérebro humano. Sua consciência era dupla e isso era realmente fascinante, e eu, naquela época, não percebi as imensas implicações futuras de tal fenômeno, quando finalmente o estudo da consciência se tornou um objeto científico valido.

O caso de Jaime é uma representação da profundidade e enigma que a consciência humana abriga. Aquilo que ele vivenciou não era apenas uma anomalia médica, mas uma janela para o entendimento de como a consciência se manifesta e se modula em nós. As experiências de Jaime, embora oriundas de uma intervenção cirúrgica, trouxeram à tona questões que filósofos e cientistas têm debatido por séculos: O que realmente significa ser consciente? Como a estrutura do nosso cérebro molda nossa percepção de realidade?

No entanto, foi apenas quando a ciência da consciência começou a ganhar terreno e ser reconhecida como uma área de pesquisa legítima que a relevância do caso de Jaime se tornou ainda mais evidente. A possibilidade de um indivíduo ter uma consciência dual, resultante da desconexão dos hemisférios cerebrais, propôs uma oportunidade inigualável de estudar a natureza fragmentada e integrativa da consciência.

Na busca para entender as nuances da consciência, o caso de Jaime poderia servir como uma pedra fundamental. Estudiosos e neurocientistas poderiam examinar como os hemisférios individuais contribuem para a formação da consciência, como eles interagem quando desconectados e, mais importante, o que isso pode revelar sobre o verdadeiro epicentro da nossa percepção consciente.

O campo das neurociências avançou significativamente durante o século XX, e os Estados Unidos foram um epicentro de pesquisa neste domínio. Diversos pacientes que se submeteram à calosotomia, com o intuito de aliviar suas crises epilépticas, tornaram-se objetos de estudo para pesquisadores interessados no funcionamento dos hemisférios cerebrais quando operando de maneira isolada.

Um dos mais notáveis cientistas desse período foi Roger Sperry, que, junto com sua equipe, conduziu uma série de experimentos em pacientes com os hemisférios cerebrais desconectados. O foco estava em entender como cada hemisfério contribui para funções cognitivas, percepções e a própria consciência.

    Sperry e sua equipe conduziram uma série de testes engenhosos, utilizando estímulos visuais e táteis para testar a capacidade de cada hemisfério de processar informações isoladamente. Descobriram que o hemisfério esquerdo, geralmente responsável pela linguagem, podia nomear objetos apresentados no campo visual direito. Em contraste, o hemisfério direito podia reconhecer, mas não nomear, objetos apresentados no campo visual esquerdo. Isso revelou uma espécie de "dupla consciência", onde cada hemisfério tinha sua própria percepção e entendimento do mundo, mas de maneiras diferentes.

    As descobertas foram revolucionárias e lançaram luz sobre a especialização hemisférica do cérebro humano, demonstrando que os dois lados do cérebro não são meros espelhos um do outro, mas possuem funções distintas. Estas revelações contribuíram significativamente para o entendimento da lateralização cerebral e da natureza da consciência.

    Roger Sperry foi reconhecido por suas contribuições significativas para a neurociência e, em 1981, foi laureado com o Prêmio Nobel de Fisiologia ou Medicina por suas descobertas sobre a especialização funcional dos hemisférios cerebrais.

    Outra cirurgia que nos ensinou sobre o substrato anatômico necessário para a ocorrência de estados conscientes foi a denominada hemisferectomia, onde um hemisfério cerebral é totalmente ou parcialmente removido devido geralmente a doenças que promovem, epilepsias muito severas, acompanhadas de lesões estruturais de um dos hemisférios, poupando o outro. Nessa cirurgia a remoção do hemisfério pode ser mais ou menos completa, mas o corpo caloso é sempre seccionado. E a consciência se mantem intacta. Isso tem um enorme significado.

    Um hemisfério basta para a emergência da consciência e, dois hemisférios desconectados produzirão duas consciências, as vezes conflitantes entre si. Incrível. Temos pistas fortes. A consciência não depende do cerebelo nem se sua enorme quantidade de neurônio, e não depende dos dois hemisférios. Basta um.

    Como já sabemos há muito tempo que o córtex cerebral representa a região mais desenvolvida no cérebro humano, onde se alojam as chamadas funções nervosas superiores, obviamente ele foi o primeiro suspeito de produzir e quem sabe, alojar a consciência. Mas, a natureza não entrega seus segredos com facilidade. Ela resiste. Desafia nossa inteligência e não se dá por vencida.

A ideia de que o córtex cerebral é a região mais desenvolvida do cérebro humano e a sede de funções superiores é amplamente aceita na neurociência. De fato, é nesse manto de tecido enrugado que reside grande parte da nossa capacidade de raciocínio, tomada de decisão, percepção, linguagem e, possivelmente, consciência. No entanto, como bem colocado, a natureza não revela seus mistérios facilmente, e a consciência continua sendo uma das questões mais desafiadoras e intrigantes da ciência.

Uma história particularmente notável que ilustra a intricada relação entre o cérebro e a consciência. Em 13 de setembro de 1848, Phineas Gage, um capataz de construção de ferrovias, sofreu um acidente bizarro e horrível em Cavendish, Vermont. Uma explosão acidental lançou uma barra de ferro de mais de um metro de comprimento e 6 kg diretamente através de seu crânio, entrando pela parte inferior de seu rosto e saindo pelo topo de sua cabeça, destruindo grande parte de seu lobo frontal no processo. Incrivelmente, Gage sobreviveu ao acidente e foi capaz de caminhar e falar imediatamente depois.

No entanto, as consequências do acidente foram profundas. Apesar de suas habilidades cognitivas básicas e memória permanecerem intactas, sua personalidade sofreu uma transformação drástica. O outrora responsável e bem-humorado Gage tornou-se impulsivo, irreverente e inapto socialmente. Essas mudanças de comportamento foram tão marcantes que ele foi frequentemente descrito como "não sendo mais Gage".

Os estudos subsequentes sobre Phineas Gage, realizados por médicos e pesquisadores como Dr. John Harlow, que tratou Gage imediatamente após o acidente, proporcionaram valiosas informações sobre o papel dos lobos frontais na regulação da personalidade, tomada de decisão e comportamento social. Através de Gage, os cientistas começaram a entender melhor as funções localizadas do cérebro e como diferentes áreas do córtex contribuem para a formação de nossa personalidade e identidade.

O caso de Gage reforçou a ideia de que o córtex cerebral, e mais especificamente o lobo frontal, desempenha um papel crucial em aspectos de nossa personalidade. Mas, sua lesão ou mesmo destruição não elimina a consciência, embora mude as suas características.

E, assim, sucessivamente, as lesões cerebrais documentadas ao longo dos anos mostraram que o córtex lesado modifica funções, mas não elimina a consciência a não ser que seja maciçamente destruído ou impedido de funcionar temporariamente.

Portanto, como o nosso objetivo é tentar entender a consciência e não as funções cerebrais especificas, não vamos nos ater às lesões e suas consequências, desde que não tragam consigo a perda da consciência. Porque uma coisa é termos consciência, outra é a qualidade dela, suas nuances e possibilidades, a inteligência, as formas como interpretamos a nossa vida, a dos outros, o lugar onde vivemos e assim por diante. Tudo isso chamamos indiscriminadamente de consciência. A consciência ecológica, social, moral. A palavra consciência é um enorme transatlântico que abriga possibilidades sem fim. Tudo pode ser definido nessa palavra. Mas, precisamos de cautela.

Por enquanto vamos tentando entender os substratos anatômicos que, de alguma forma, têm relação com a consciência na sua forma mais básica. Aqueles que como um alicerce, apoiam os edifícios maravilhosos. Como as consciências de Einstein, Martin Luther King, Santos Dumont, Shakespeare e assim por diante.

Abaixo do córtex existe um mar de fibras, constituído por feixes de axônios que conectam todas as partes do encéfalo. Constitui a substância branca em oposição a substância cinzenta que é o córtex. Essas fibras brancas conectam todo o sistema nervoso central, incluindo a medula. Imaginem uma internet totalmente conectada por cabos de fibra ótica, milhões de fibras ligando tudo, de modo que ninguém estará isolado. Tudo pode ser conversado, entendido, rediscutido, apagado, deletado, reinicializado. Essas conexões constituem o conectoma, no caso, o humano.

Recentemente, um projeto ambicioso denominado '' Human Connectome Project'' mapeou todas essas conexões e, embora ainda incompleto, temos certamente a melhor descrição já realizada. E a cada dia surgem novidades. Novas conexões insuspeitadas até então, e que abrem portas para novos entendimentos de velhas funções ou de velhas dúvidas.

O Human Connectome Project, iniciado em julho de 2009, é um empreendimento colaborativo liderado pela Universidade de Washington em St. Louis, Universidade de Minnesota e várias outras instituições, incluindo a Universidade de Oxford, Harvard e UCLA. Financiado pelos Institutos Nacionais de Saúde dos EUA, o projeto visa mapear as conexões neurais do cérebro humano. Com um investimento significativo, o projeto reúne especialistas de muitas instituições para avançar no campo da neuroimagem, focando especialmente em medidas de conectividade cerebral. O objetivo é entender melhor como as diversas partes do cérebro interagem, estudando um amplo grupo de adultos jovens saudáveis e disponibilizando os dados e ferramentas coletados para a comunidade científica global. Este esforço representa um passo significativo no entendimento da complexa rede de conexões cerebrais e suas implicações para diversas funções cognitivas e comportamentais.

Como já vimos, uma enorme quantidade dessas fibras liga um hemisfério ao seu irmão, para que possam conversar entre si.

O conectoma representa o que chamamos de conectividade estrutural. É como a malha viária, ou ferroviária de um país. São estradas e trilhos, caminhos abertos por onde circulam pessoas em diferentes tipos de veículos. Ou mesmo a pé, ou seja, com diferentes velocidades e propósitos. Mas, existem as conectividades funcionais. Elas se estabelecem sobre a estrutural, mas representam algo mais sutil. O tráfego entre bairros, cidades, estados, segue regras que não dependem apenas da existência de vias, mas de necessidades, facilidades, gasto de combustível, no caso do cérebro, de energia.

No sistema nervoso, fluem informações devidamente codificadas por impulsos elétricos denominados potenciais de ação. Cada neurônio uma vez excitado produz um potencial de ação, caracterizado por um pico elétrico que se propaga por todo axônio, aquele prolongamento que pode ser curtinho ou enorme, com mais de um metro, sem perda de qualidade do sinal graças a mecanismos incrivelmente eficientes. Assim, os axônios se conectam com dendritos de outros neurônios ou, quando terminais, com músculos ou glândulas.

O conectoma, nesse cenário, refere-se ao mapa detalhado das conexões neurais no cérebro. Este mapeamento busca traçar a "fiação" completa, dando-nos uma perspectiva abrangente de como cada neurônio está interligado com os demais. Como um esquema de um sistema elétrico complexo, o conectoma promete uma visão da estrutura física que sustenta nossos pensamentos, emoções e memórias.

No entanto, além da estrutura, há a questão da dinâmica. Assim como o esquema de um circuito não nos diz, por si só, que tipo de programa um computador pode executar, o conectoma não revela completamente os estados mentais ou padrões de atividade que emergem dessa rede. É aqui que entra a ideia dos eigenmodes, padrões estáveis e característicos de atividade que refletem como essa "fiação" é usada em diferentes contextos ou estados mentais. São como as notas musicais, que se juntam para formar acordes, harmonias, músicas, operas. São padrões únicos e complexos que podem ser visualizados. Aos poucos nos aproximamos da possibilidade de vermos o cérebro funcionando, mas entendendo a sua linguagem.

Mesmo sem um mapeamento detalhado do conectoma, os eigenmodes podem ser estudados e analisados. Eles emergem da estrutura subjacente e são moldados por ela, mas têm sua própria existência independente. Ao examinar os eigenmodes, os pesquisadores estão essencialmente olhando para os "programas em execução", sem necessariamente se aprofundar no hardware específico que os sustenta.

Dessa forma, o estudo dos eigenmodes, embora informado pela organização do conectoma, não exige necessariamente uma análise explícita desse mapeamento. Assim, como um compositor pode apreciar a música sem se concentrar em cada instrumento da orquestra, os neurocientistas podem se maravilhar com os padrões emergentes da atividade cerebral, mesmo sem dissecar cada conexão individual que compõe a grande sinfonia do nosso cérebro.

O estudo do conectoma e dos eigenmodes oferece uma visão profunda das intrincadas redes e padrões de atividade que constituem o cérebro humano. O conectoma, como menciononado, é o diagrama complexo das conexões neurais, uma representação estática da estrutura cerebral. Por outro lado, os eigenmodes refletem a atividade dinâmica que se manifesta dentro dessa estrutura, representando as "melodias" distintas que emergem de diferentes estados mentais.

Essa abordagem dual oferece uma perspectiva fascinante para a compreensão da consciência. Se a consciência pode ser pensada como a experiência subjetiva emergente da informação processada pelo cérebro, então os eigenmodes podem ser as "assinaturas" distintas de diferentes estados conscientes.

Mas como os eigenmodes se relacionam com a consciência? Alguns pesquisadores postulam que a consciência emerge da interação complexa entre diferentes áreas do cérebro. Assim, os eigenmodes, como padrões característicos de atividade, podem representar diferentes "níveis" ou "estados" de consciência. Observar e entender esses padrões pode ser fundamental para desvendar como a consciência é formada e quais áreas do cérebro são mais cruciais para a experiência subjetiva.

Em termos clínicos, o estudo dos eigenmodes tem potencial para transformar o tratamento de distúrbios neurológicos e psiquiátricos. Por exemplo, se determinados eigenmodes puderem ser associados a estados específicos, como depressão ou ansiedade, isso pode abrir caminho para terapias direcionadas que visam modular ou alterar esses padrões de atividade. Essas terapias podem variar desde estimulação cerebral não invasiva até abordagens farmacológicas que visam específicos padrões neuronais.

Além disso, uma melhor compreensão dos eigenmodes pode ajudar na recuperação de pacientes com lesões cerebrais traumáticas. Se soubermos como os padrões normais de atividade se parecem, podemos desenvolver terapias que visam "reconfigurar" ou "reprogramar" o cérebro lesionado de volta a um estado mais típico.

Se descermos mais um pouco nessa viajem do córtex para a substância branca, encontraremos nas profundezas desse mar algumas ilhas de substância cinzenta que agem como estacoes de conexão e modulação da informação.

Entre essas estruturas, os núcleos da base se destacam como um conjunto intrincado de núcleos interconectados, envolvidos em funções que variam desde o controle motor até o aprendizado, a memória e as emoções. Eles recebem entradas do córtex cerebral, com o núcleo caudado e o putâmen, coletivamente conhecidos como estriado, desempenhando um papel fundamental no planejamento e execução de movimentos. O globo pálido, com seus segmentos internos e externos, modula as saídas dos núcleos da base, ajustando o controle motor. O núcleo subtalâmico e a substância negra também contribuem de maneira essencial para a regulação do movimento e da recompensa.

Mais centralizado, o tálamo se apresenta como uma estação de retransmissão vital, processando e canalizando quase todas as informações sensoriais, com a exceção notável do olfato, para o córtex cerebral. Este núcleo em forma de ovo não apenas envia informações para o córtex, mas também recebe feedback constante, formando uma rede de comunicação bidirecional.

E é na interação entre o tálamo e o córtex que reside uma das chaves para o entendimento da consciência. O sistema tálamo-cortical é uma rede de conexões bidirecionais que não só transmite informações, mas também as modula, filtrando e priorizando o fluxo neural. Este sistema é fundamental para a produção do estado de consciência. A consciência, como a experimentamos, é o resultado da interação incessante e dinâmica entre estas regiões, onde o tálamo serve como um maestro que coordena a orquestra neural do córtex, culminando na melodia intrincada e harmoniosa que reconhecemos como nossa experiência consciente.

A compreensão da consciência como um fenômeno intrincado cérebro-dependente avança aos poucos, mas sempre avança. Nas últimas décadas, à medida que a neurociência avançou, o foco se estreitou na interação entre o tálamo e o córtex como um possível epicentro da experiência subjetiva consciente.

No final do século XX, pesquisadores como Francis Crick, co-descobridor da estrutura do DNA, e o neurocientista Christof Koch começaram a colaborar e a postular teorias sobre o papel do sistema tálamo-cortical na consciência. Crick e Koch (1998) argumentaram que para entender a consciência, é essencial descobrir os princípios pelos quais a atenção seletiva modula a atividade neural no tálamo e no córtex. Eles sugeriram que a consciência emerge da coordenação de neurônios amplamente distribuídos que se tornam ativos por um período prolongado, em resposta a um estímulo.

Paralelamente, Giulio Tononi e Gerald Edelman, na virada do milênio, propuseram a Teoria da Informação Integrada (IIT), argumentando que a consciência é determinada pelo grau e a forma como a informação é integrada em uma rede neural. O sistema tálamo-cortical, com suas inúmeras conexões recíprocas e sua capacidade de integrar informações de diversas regiões do cérebro, se encaixa perfeitamente nesta teoria.

Outro avanço veio com as pesquisas de Rodolfo Llinás nos anos 2000, que postulou que o oscilatório tálamo-cortical, um ritmo de oscilação entre o tálamo e o córtex, é fundamental para a geração da experiência consciente. Ele acreditava que essas oscilações são a base para a percepção e o pensamento.

Rodolfo Llinás é, de fato, uma figura central quando se trata de entender as oscilações tálamo-corticais e seu papel na consciência. Ele e seus colegas realizaram uma série de estudos ao longo dos anos para investigar as oscilações cerebrais e como elas se relacionam com funções cognitivas e sensoriais.

Para Llinás, o tálamo e o córtex estão continuamente em um loop de feedback, onde os sinais são enviados do tálamo para o córtex e vice-versa. Este ritmo de oscilação, identificado em seus estudos, é uma característica central da comunicação neurônica e, para ele, representa a base fisiológica da consciência. Ou seja, as oscilações tálamo-corticais não são apenas subprodutos da atividade cerebral, mas são intrinsecamente ligadas à forma como percebemos o mundo ao nosso redor e pensamos sobre ele.

Além disso, sugeriu que quando estas oscilações são interrompidas ou desordenadas, podem surgir anormalidades neurológicas ou psiquiátricas. Em seus estudos, ele também examinou pacientes com certas condições médicas para entender melhor como as perturbações nessas oscilações podem afetar a função cerebral. Investigou a relação entre as oscilações tálamo-corticais e a síndrome das pernas inquietas (SPI). Tambem sugeriu que a SPI poderia ser causada por uma disfunção nas oscilações do sistema tálamo-cortical. Essa perspectiva foi baseada na observação de que os sintomas da SPI muitas vezes ocorrem durante períodos de transição entre a vigília e o sono, momentos em que se acredita que as oscilações tálamo-corticais desempenham um papel crucial.

Outra área de foco foi a esquizofrenia. Ele postulou que certos sintomas da esquizofrenia, como alucinações auditivas, poderiam ser o resultado de disfunções nas oscilações tálamo-corticais. De acordo com esta visão, as alucinações seriam causadas por uma falha no sistema em filtrar ou modular corretamente as informações sensoriais, levando a percepções distorcidas da realidade.

A proposta de que a consciência é, em essência, um produto do oscilatório tálamo-cortical contribuiu significativamente para a compreensão contemporânea do cérebro e da consciência. Essas ideias incentivaram outros pesquisadores a explorar mais profundamente o papel do tálamo e do córtex na geração da experiência consciente, solidificando a ideia de que a consciência não reside em uma área específica do cérebro, mas é, em vez disso, o resultado de complexas interações entre várias regiões cerebrais.

Com o passar do tempo, a convergência de descobertas empíricas e teóricas fortaleceu a noção de que a consciência não reside em uma única região do cérebro, mas emerge da interação dinâmica entre várias. E, no centro está o sistema tálamo-cortical, orquestrando os ritmos e padrões que dão origem à nossa rica gama de experiências subjetivas.

Ainda há muito a descobrir sobre a natureza exata da consciência e o papel preciso do sistema tálamo-cortical em sua geração. No entanto, o que é inegável é a centralidade dessa rede na nossa compreensão atual da experiência consciente.

Aos poucos mergulhamos da superfície para as profundezas. Como os exploradores em seus batiscafos ou submarinos, que tentam chegar as profundidades dos oceanos para descobrir os seus segredos.

A analogia das profundezas oceânicas é apropriada ao descrever o complexo e misterioso universo que é o nosso cérebro. E assim como os oceanos têm seus segredos nas profundezas, o cérebro também reserva estruturas vitais em suas camadas mais internas.

Abaixo dos núcleos da base, localizamos o tronco cerebral, uma das estruturas mais antigas e fundamentais do sistema nervoso. O tronco cerebral conecta a parte superior e mais desenvolvida do cérebro, o córtex, com a medula espinhal, e é composto por três regiões principais: o mesencéfalo, a ponte e o bulbo (ou medula oblonga).

O mesencéfalo, a parte superior do tronco cerebral, é essencial para os movimentos oculares e a audição. A ponte, situada abaixo do mesencéfalo, tem um papel crucial na regulação do sono, na respiração e na transmissão de informações entre diferentes partes do cérebro. E o bulbo, a parte mais baixa e próxima à medula espinhal, é vital para funções autonômicas como a respiração, a frequência cardíaca e a digestão.

Dentro deste tronco cerebral, imerso nas suas estruturas, encontra-se o Sistema Reticular Ativador Ascendente (SRAA). O SRAA é uma rede de neurônios interconectados que se estendem desde o bulbo até o mesencéfalo. Esta estrutura tem uma função extraordinária: ela é responsável por regular o estado de alerta e a transição entre o sono e a vigília.

O SRAA recebe informações sensoriais do ambiente e, baseado nelas, envia sinais para o tálamo e, posteriormente, para o córtex cerebral. Quando o SRAA é estimulado, ele "desperta" o cérebro, fazendo com que nos tornemos alertas e conscientes do nosso entorno. Por outro lado, quando a atividade do SRAA diminui, entramos em estados de sonolência e sono.

A importância do SRAA não pode ser subestimada. Ele não apenas nos permite responder a estímulos externos, mas também garante que permaneçamos em um estado de consciência adequado para interagir com o mundo. Uma disfunção ou dano ao SRAA pode levar a distúrbios do sono, coma ou estados alterados de consciência. Por isso, ele é frequentemente visto como o "interruptor" que liga ou desliga a consciência.

Estar alerta e desperto é, sem dúvida, uma condição fundamental para que possamos interagir conscientemente com o mundo exterior. Quando estamos em plena ativação do Sistema Reticular Ativador Ascendente (SRAA), nossa capacidade de processar informações, tomar decisões e responder aos estímulos do ambiente é maximizada. Mas, eis a nuance: estar alerta e estar consciente não são exatamente a mesma coisa.

O sono é o exemplo mais notório dessa distinção. Durante o sono REM (Rapid Eye Movement), período em que ocorrem a maioria dos nossos sonhos, o SRAA está, em grande medida, inativo, já que estamos fisicamente adormecidos e desligados do mundo externo. No entanto, muitas pessoas têm vivências intensas e vívidas durante os sonhos, ao ponto de despertar com sensações e emoções reais originadas por essas experiências oníricas. Neste estado, a consciência não se dissipou; ela apenas se voltou para um cenário interno.

Há também estados meditativos ou transes, frequentemente praticados em diversas tradições espirituais e culturais, nos quais a pessoa pode estar menos alerta em relação ao mundo exterior, mas profundamente consciente em um nível interno ou transcendental. Nestes estados, o SRAA pode não estar tão ativo quanto em vigília, mas a consciência persiste, possivelmente em uma forma alterada ou expandida.

Da mesma forma, existem condições médicas, onde indivíduos podem estar plenamente conscientes, mas completamente paralisados e incapazes de se comunicar com o mundo exterior. O SRAA pode não estar funcionando em sua capacidade total, mas a consciência do indivíduo permanece intacta.

Essa complexidade indica que a consciência é multifacetada e não se restringe apenas ao estado de alerta ou à plena ativação do SRAA. Embora o SRAA seja crucial para nos manter despertos e reativos ao mundo externo, a consciência pode se manifestar de diferentes maneiras, mesmo quando esse "interruptor" não está completamente "ligado". Assim, a consciência não é apenas uma questão de estar desperto; é sobre experienciar, perceber e sentir, seja no mundo externo ou dentro do vasto universo da mente.

Bom, avançamos aos poucos. Penso que temos delineados certos horizontes, certos detalhes que nos conduzirão nos próximos capítulos dessa reflexão sobre a consciência. Então, precisamos terminar discutindo como a consciência se liga, com o nosso ambiente interno e externo.

A consciência assemelha-se a uma complexa sinfonia de experiências internas e externas. Essas experiências entrelaçam memórias, sentimentos, percepções e sensações, todas tocando juntas para criar a melodia da consciência. Dentro deste vasto concerto do cérebro, o sistema límbico emerge como uma seção vital, muitas vezes chamado de "centro emocional" do cérebro.

O sistema límbico, situado no diencéfalo e no telencéfalo, desempenha papéis cruciais na regulação das emoções, formação da memória e motivação, entre outras funções. O hipocampo, por exemplo, é fundamental para a formação e recuperação de memórias, em especial aquelas relacionadas a contextos e locais específicos. A amígdala, uma estrutura em forma de amêndoa, está profundamente envolvida no processamento e expressão das emoções, em particular, emoções como o medo.

As áreas límbicas corticais são componentes essenciais do sistema límbico e desempenham funções cruciais no processamento emocional e cognitivo. Incluem o giro do cíngulo e partes do córtex pré-frontal. O giro do cíngulo é fundamental para a regulação emocional, processamento da dor, e tomada de decisões relacionadas a situações emocionais. Já o córtex pré-frontal, especialmente sua porção orbitofrontal, está envolvido na modulação de emoções, tomada de decisões complexas, e inibição comportamental. Essas áreas são interconectadas com outras regiões límbicas como a amígdala e o hipocampo, facilitando a integração entre emoção, memória e comportamento.

Então temos o hipotálamo, que não só regula funções vitais como temperatura corporal, sede e fome, mas também age como uma ponte entre o sistema nervoso e o sistema endócrino. Esta interligação ajuda a transformar emoções em respostas físicas no corpo. O tálamo funciona quase como uma central telefônica, direcionando informações sensoriais para as áreas adequadas do cérebro para processamento posterior. Adicionalmente, o corpo mamilar e o giro do cíngulo têm seus próprios papéis na recuperação da memória e na regulação das emoções, respectivamente.

Através destes componentes, o sistema límbico não apenas interpreta e responde ao nosso ambiente interno, mas também reage ao mundo ao nosso redor. Seja percebendo uma ameaça ou desfrutando de uma refeição saborosa, este sistema é central para nossa experiência de consciência. Serve como uma ponte, conectando nosso mundo interior ao exterior, garantindo que estamos sintonizados tanto com o ambiente quanto conosco. E é essa habilidade de estar em sintonia que torna o sistema límbico tão essencial para entendermos a complexidade da consciência.

As sensações corporais desempenham um papel central na forma como vivenciamos e compreendemos o mundo à nossa volta. Essas sensações são canais diretos de comunicação entre o corpo e a mente, servindo como pontes entre o mundo interno e externo.

As sensações interoceptivas são as informações que vêm de dentro do corpo. Elas incluem a percepção da batida do coração, a sensação de fome ou saciedade, e a tensão ou relaxamento muscular. Essas sensações informam a mente sobre o estado interno do corpo, proporcionando uma consciência contínua de nossas necessidades fisiológicas e bem-estar.

Por outro lado, as sensações exteroceptivas são as que vêm de fora do corpo. Incluem tudo o que percebemos através de nossos cinco sentidos: visão, audição, olfato, paladar e tato. Elas nos conectam ao mundo exterior, permitindo-nos navegar e interagir com nosso ambiente.

No centro dessa integração de sensações internas e externas está a ínsula, uma parte do cérebro que desempenha um papel fundamental na consciência. A ínsula é uma região cerebral especializada na interpretação das sensações interoceptivas. Ela nos ajuda a compreender e integrar como nos sentimos por dentro, proporcionando um sentido de "eu" corporal. Além disso, estudos, incluindo os do neurocientista A. D. Craig, sugerem que a ínsula é essencial para a experiência emocional, agindo como uma ponte entre sensações corporais e sentimentos.

E aqui entra o papel crucial das emoções. Elas atuam como mediadoras entre as sensações corporais e a consciência. As emoções são, em muitos aspectos, respostas fisiológicas a estímulos, quer venham de dentro ou de fora do corpo. Uma emoção, como o medo, pode acelerar o coração, enquanto a alegria pode provocar uma sensação de leveza no peito. Essas respostas fisiológicas são interpretadas pelo cérebro, e é essa interpretação que vivenciamos como sentimento consciente.

E é justamente essa natureza intrínseca e pessoal das emoções que as torna tão fascinantes e, ao mesmo tempo, enigmáticas. Quando sentimos uma emoção, ela não é apenas uma resposta autônoma, mas também uma vivência íntima, moldada por nossas experiências passadas, expectativas, cultura e até mesmo nossa biologia. E, embora as emoções sejam universais em sua essência - todos sentimos medo, alegria, tristeza, raiva, entre outras - a maneira como as experimentamos e as expressamos é singular para cada indivíduo.

O filósofo Thomas Nagel, em seu ensaio "What Is It Like to Be a Bat?", explora a ideia de que a experiência subjetiva de outro ser é inacessível para nós. Da mesma forma, podemos empatizar, simpatizar e até reconhecer as emoções dos outros, mas nunca podemos realmente "sentir" o que outra pessoa está sentindo. A neurocientista Lisa Feldman Barrett, em seu livro "How Emotions Are Made", argumenta que as emoções não são reações universais pré-programadas, mas sim construções que nosso cérebro cria, baseadas em experiências e aprendizados anteriores. Assim, mesmo que duas pessoas possam nomear uma emoção da mesma forma, como "tristeza", a experiência subjetiva dessa emoção pode ser muito diferente para cada uma delas.

Essa singularidade nas experiências emocionais se reflete em nossa comunicação diária. Quantas vezes tentamos expressar um sentimento, apenas para sentir que as palavras não fazem justiça ao que estamos sentindo? Ou quantas vezes assumimos erroneamente o que alguém está sentindo com base em suas expressões ou ações, sem reconhecer as nuances e complexidades subjacentes?

Em uma tarde nublada, ao deixar o hospital, o peso da incerteza sobre o destino de um jovem paciente com leucemia pairava sobre mim. A gravidade de sua condição e a urgente necessidade de um doador de medula eram sufocantes. A sensação era de que o mundo havia perdido um pouco de sua cor, e o silêncio da noite que se aproximava parecia mais profundo do que nunca.

Ao raiar do dia seguinte, ao entrar no pátio de estacionamento do hospital, a imagem de duas tias do menino, ambas absortas em uma conversa pelo celular, preencheu minha visão. O choro contido de uma delas me fez pensar no pior. O coração pesou ainda mais. Os passos pelo corredor do hospital nunca pareceram tão longos e pesados. Ao longe, avistei o pai do menino, com os ombros caídos e os olhos inundados de lágrimas. A tristeza parecia quase palpável no ar.

Ao me aproximar do quarto do menino, a ausência dele em seu leito confirmou meus piores temores. Uma onda de tristeza tomou conta de mim, e as lágrimas começaram a brotar. Tentei ao máximo conter a emoção, mas o rosto contorcido denunciava minha dor. Com um olhar pesaroso, me dirigi à mãe, expressando meus sentimentos.

Porém, em um giro inesperado de eventos, ela me puxou para um abraço apertado e disse, com lágrimas de alívio em seus olhos: "Ele está vivo! Encontramos um doador! Ele já está sendo preparado!" A reviravolta dos sentimentos foi avassaladora; dá mais profunda tristeza para um alívio indescritível em questão de segundos.

Essa experiência ilustra a complexidade e a sutileza das emoções humanas e como, muitas vezes, nossas interpretações das expressões faciais e corporais podem nos levar a conclusões precipitadas. As emoções são multifacetadas e raramente são unidimensionais. O choro pode ser tanto de tristeza quanto de alegria; um olhar perdido pode ser tanto de desespero quanto de esperança. A verdadeira essência das emoções muitas vezes reside nas profundezas do coração e da alma, onde palavras e expressões podem não alcançar. E é nesse intricado labirinto emocional que somos constantemente lembrados da profundidade e complexidade da experiência humana.

Muitas injustiças, condenações e vidas se destruíram porque alguém interpretou uma expressão corporal, um sorriso, uma atitude de forma errada. Mas persistimos nessa estupidez, em busca de padrões que nos ajudem a tomar decisões. Mesmo que erradas, desde que nos confortem em um mundo repleto de incertezas.

O desejo humano por padrões claros e respostas definitivas, muitas vezes, supera a complexidade intrínseca de nossa existência. Cada olhar, gesto ou expressão é um enigma, com múltiplas camadas de significado que vão além do que os olhos podem ver. Ainda assim, buscamos respostas rápidas, julgamentos instantâneos, porque viver na dúvida é desconfortável.

Nossa tendência em buscar atalhos cognitivos, chamados heurísticas, muitas vezes nos conduz por caminhos tortuosos, onde a verdade é trocada pela conveniência. Uma risada fora de contexto se torna prova de culpa; um olhar evasivo é considerado um sinal de desonestidade.

Quando estamos ansiosos por respostas, a ambiguidade se torna nosso inimigo.

Contudo, ao longo dos séculos, as histórias de mal-entendidos e suas consequências catastróficas têm se repetido, lembrando-nos da importância de resistir a julgamentos precipitados. Shakespeare, em seu drama "Otelo", retratou a tragédia de um homem que, enganado por mal-entendidos e impulsos, destrói tudo o que ama. Esses antigos contos ressoam em nossa sociedade atual, alertando-nos sobre os perigos da suposição.

E ainda, em nossa era de informações instantâneas e mídias sociais, a tentação de tirar conclusões apressadas é ainda maior. Um vídeo fora de contexto, uma frase mal interpretada, e vidas são arruinadas em um piscar de olhos. A rapidez com que julgamos se tornou diretamente proporcional à velocidade com que compartilhamos.

Talvez, o que realmente precisamos não seja mais informações, mas sim uma maior capacidade de empatia, reflexão e compreensão. Uma disposição para abraçar a complexidade e ambiguidade da condição humana. Pois, enquanto buscarmos conforto em respostas simplistas e generalizações, nos distanciamos da verdadeira essência da humanidade: uma teia rica e diversificada de emoções, experiências e histórias.

A verdade é que, em nossa busca incessante por entender e decifrar os outros, muitas vezes nos esquecemos de que a nossa humanidade é rica em emoções e experiências individuais, intrincadas e multifacetadas. Um simples gesto pode ter mil interpretações, e cada olhar esconde um universo de sentimentos, histórias e lembranças. Quantas vezes uma risada não escondeu uma dor profunda? Ou um olhar distante não revelou uma mente repleta de sonhos e esperanças?

A nossa tendência em simplificar, em colocar as pessoas em caixas pré-definidas e rótulos, nos dá a ilusão de compreensão. É como se estivéssemos tentando ler um livro complexo, mas nos contentássemos com o resumo da contracapa. E assim, perdemos a riqueza dos detalhes, as nuances e as subjetividades que tornam cada pessoa única.

A verdadeira empatia exige esforço, exige que nos libertemos das armadilhas de nossos preconceitos e que estejamos dispostos a ouvir, realmente ouvir, sem julgar. Porque no final das contas, cada ser humano é um enigma, um mistério a ser desvendado, e não um quebra-cabeça a ser montado com peças padronizadas.

No entanto, parece que o caminho mais fácil é o da generalização. Nos apegamos a estereótipos e padrões por serem ferramentas rápidas e eficientes, ainda que imprecisas, para navegar por um mundo repleto de incertezas. Mas, ao fazermos isso, sacrificamos a beleza da diversidade e a oportunidade de crescer através das diferenças.

Talvez a solução esteja em reconhecer nossa falibilidade, em aceitar que somos seres imperfeitos tentando entender outros seres igualmente imperfeitos. E, com essa aceitação, possamos nos aproximar uns dos outros com mais curiosidade, respeito e abertura, lembrando-nos de que, atrás de cada expressão que julgamos entender, há uma vida inteira de experiências que jamais poderemos conhecer completamente.

É um desafio e tanto. Afinal, em um mundo que exige respostas rápidas e decisões instantâneas, a tentação de se apegar a julgamentos superficiais é grande. Porém, é crucial lembrar que as emoções humanas são profundas e variadas, e que cada pessoa é o produto de uma combinação única de experiências, sonhos, dores e alegrias.

Talvez, se nos esforçarmos para abordar cada interação com uma mente aberta e um coração disposto a entender, poderemos começar a desvendar o mistério que é a condição humana. E, nesse processo, talvez descubramos mais sobre nós mesmos, sobre nossa própria capacidade de compreensão, empatia e amor.

Porque, no final, todos nós buscamos ser vistos, ouvidos e compreendidos. E a chave para essa compreensão pode não estar em interpretar as expressões dos outros, mas sim em nos permitir sentir, perguntar e conectar de forma genuína.

RESUMO

1. **Comparação entre o Encéfalo e uma Floresta**: Inicia com uma metáfora entre o encéfalo e uma floresta, destacando a complexidade e interconexão de ambos.

2. **Influência dos Estímulos Externos e Internos**: Discute como os estímulos externos e internos afetam nossos pensamentos, emoções e comportamentos.

3. **Fragilidade e Resiliência do Encéfalo**: Examina a fragilidade e resiliência do cérebro humano, especialmente em contextos de trauma ou cirurgia.

4. **Consciência e Estrutura Cerebral**: Explora a relação entre a estrutura do cérebro e a emergência da consciência.

Dicas para Reflexão:

1. **Interconexão e Complexidade do Encéfalo**: Pense sobre como a complexidade do encéfalo, comparável a uma floresta, contribui para nossa compreensão da consciência.

2. **Fragilidade e Resiliência do Cérebro**: Reflita sobre como casos cirúrgicos demonstram a capacidade de adaptação e reorganização do cérebro após traumas.

3. **Natureza da Consciência**: Considere como diferentes estruturas e experiências cerebrais contribuem para a formação da consciência.

Bibliografia Sugerida:

1. **"The Conscious Mind: In Search of a Fundamental Theory"** por David J. Chalmers: Uma exploração profunda da natureza da consciência.

2. **"Consciousness Explained"** por Daniel Dennett: Análise detalhada da consciência e suas diversas facetas.

3. **"The Feeling of What Happens: Body and Emotion in the Making of Consciousness"** por Antonio Damasio: Estudo sobre a relação entre corpo, emoção e consciência.

4. **"Phantoms in the Brain: Probing the Mysteries of the Human Mind"** por V.S. Ramachandran: Uma exploração intrigante de casos neurológicos peculiares e suas implicações para a compreensão da consciência.

5. **"The Tell-Tale Brain: A Neuroscientist's Quest for What Makes Us Human"** por V.S. Ramachandran: Examina a

neurociência para entender o que torna a experiência humana única.

UMA VIAGEM

O filósofo David Chalmers popularizou o conceito do que ele denominou "O Grande Enigma" da mente humana. Esta questão central se refere ao mistério de como sensações simples, como ver a cor vermelha ou sentir o aroma de uma flor, estão ligadas a reações bioquímicas e elétricas em nosso cérebro. Em outras palavras, como é que processos objetivos e mensuráveis em nosso cérebro conseguem produzir experiências subjetivas e intangíveis? Propôs o problema difícil. E que difícil. Tao complicado que só podemos avançar a pequenos passos, sem pressa.

A neurociência avançou tremendamente em mapear o funcionamento cerebral, nos mostrando como impulsos elétricos passam entre neurônios e como diferentes compostos químicos influenciam nosso pensamento e comportamento. Porém, há uma lacuna no nosso entendimento quando tentamos ligar estes processos objetivos às nossas vivências subjetivas. Por que, por exemplo, uma certa atividade elétrica no cérebro é traduzida como a cor azul em nossa mente? Lembre-se, eu disse por que e não disse como.

Certamente, a distinção entre "por que" e "como" é fundamental ao discutir questões relacionadas à consciência, e isso ecoa a diferenciação entre o problema fácil e o problema difícil.

O "como" é a esfera do problema fácil, na qual nos concentramos nas mecânicas, nos processos cerebrais e nas redes neurais que dão origem a certos fenômenos. Por exemplo, podemos perguntar "como" a luz que atinge nossos olhos é traduzida em sinais elétricos que viajam até o cérebro e são processados para formar uma imagem. Com tecnologia avançada, estudos e pesquisas, conseguimos decifrar grande parte desses mecanismos e compreender o intrincado funcionamento do cérebro.

Já o "por que" adentra o território do problema difícil. Refere-se à questão fundamental e, de certa forma, misteriosa de porque esses processos objetivos se traduzem em experiências subjetivas. Continuando com o exemplo anterior, enquanto podemos entender "como" a luz é processada em nossos olhos e cérebro para formar uma imagem, ainda estamos perplexos quanto ao "por que" essa atividade resulta na experiência subjetiva da cor azul. O que é ainda mais intrigante é que essa experiência é profundamente pessoal e intransferível. Embora possamos explicar a neurociência por trás da visão, não podemos compartilhar ou transmitir exatamente a sensação de ver azul.

Então, a diferença entre "por que" e "como" reflete a diferença entre o problema difícil e o problema fácil da consciência. O problema fácil, embora complexo, é, em teoria, acessível à investigação científica e pode eventualmente ser totalmente compreendido. O problema difícil, por outro lado, é mais esquivo e pode exigir uma revolução conceitual ou uma expansão de nossa compreensão do universo para ser abordado de forma adequada.

É aqui que muitos cientistas e filósofos encontram um impasse. Alguns argumentam que talvez nunca sejamos capazes de responder completamente ao "por que", enquanto outros são mais otimistas, acreditando que uma abordagem mais holística ou uma nova perspectiva teórica poderia, eventualmente, preencher essa lacuna.

Vimos que existem estruturas no cérebro, uma organização básica, extremamente complexa, cheia de nuances, detalhes inimagináveis, nem todos compreendidos. Mas nada nos leva diretamente a consciência e muito menos a sua qualia. O amarelo, a dor, o prazer, detalhes demoníacos desafiando nossa imaginação.

O intricado labirinto do cérebro, com suas estruturas multifacetadas e redes interconectadas, revela um universo de complexidade. No entanto, mesmo com todo o avanço na neurociência, a ponte entre a matéria cerebral e a experiência subjetiva da consciência permanece enigmática. A qualia ainda é um território inexplorado que nos desafia em cada tentativa de compreensão.

Este enigma nos remete ao pensador Leibniz e seu famoso "moinho". Leibniz, um dos grandes filósofos e matemáticos da história, questionava como o funcionamento puramente mecânico e físico de algo, como um moinho, poderia dar origem à experiência subjetiva. Ele argumentava que, obviamente sabemos o que é um moinho e para que serve. Podemos imaginá-lo. Mas, mesmo se pudéssemos entrar em um moinho e ver todas as suas partes em funcionamento, ainda assim, não encontraríamos nada que se parecesse com a percepção ou consciência do que é um moinho se já não o conhecêssemos. Não entenderíamos o moinho e suas funções analisando suas partes. Para Leibniz, a verdadeira essência da consciência reside em algo mais fundamental, algo que não pode ser reduzido a meras engrenagens ou processos físicos. Ele acreditava que a verdadeira natureza da mente residia nas "monadas", entidades metafísicas simples e indivisíveis.

O dilema apresentado por Leibniz permanece atual. Enquanto a ciência avança em desvendar os segredos do cérebro, a questão da consciência e da qualia resiste firmemente. Não se entrega.

Ao nos aventurarmos na busca pela natureza da consciência, entramos em um labirinto de complexidades que ultrapassam o simples funcionamento de nossos neurônios e sinapses. Parece haver um elemento intangível, um fator X, que nos escapa quando tentamos enquadrar a consciência dentro dos moldes tradicionais da física e da biologia.

Esta perspectiva nos faz lembrar das reflexões de Platão sobre o mundo das ideias, onde a verdadeira realidade era intangível e as coisas materiais eram apenas sombras de uma verdade mais profunda. Será que a consciência, de alguma forma, reside nesse plano transcendente, além do puramente físico?

Ao mesmo tempo, as ideias de Bergson sobre a "intuição" sugerem que a mente não é apenas um produto das interações materiais, mas algo que penetra mais fundo, tocando a essência da realidade de uma forma que a lógica e a razão não podem.

Em vez de nos concentrarmos somente nos meandros complexos do cérebro e de suas conexões, talvez devêssemos expandir nossa busca, olhando para aquilo que é essencial e imutável. A resposta para o enigma da consciência pode não estar nas sombras dançantes de nossa biologia, mas na luz pura de uma realidade mais fundamental. Mas qual seria tal realidade?

Vivemos em um mundo ambíguo. O que vemos e percebemos como real, decorre de interações macroscópicas perfeitamente explicadas pela teoria da relatividade. Mas, no mundo subatômico, que nunca vemos, as coisas são incrivelmente diferentes e imprevisíveis. Ali reina a mecânica quântica e sua teoria matemática. E, por incrível que pareça, todas as suas previsões são confirmadas e nunca foram negadas. Incrível. Dois mundos. Duas realidades. Ambas verdadeiras até onde puderam ser testadas.

De fato, o contraste entre as teorias da relatividade e da física quântica tem sido uma fonte de debate e intriga na comunidade científica. A relatividade, que rege o universo em escalas cósmicas, é estruturada de maneira determinística, descrevendo como corpos massivos, como planetas e estrelas, se movem no tecido do espaço-tempo. No entanto, a física quântica, que rege o mundo das partículas subatômicas, opera sob um conjunto muito diferente de regras, onde a probabilidade e a incerteza reinam supremas.

Em nossa experiência diária, o mundo parece seguir regras claras e previsíveis, mais alinhadas com uma visão determinística. As maçãs caem das árvores e os planetas orbitam estrelas. Porém, em escalas subatômicas, a natureza revela um rosto diferente, um onde partículas podem estar em superposição de estados e o ato de observação pode alterar a realidade.

Este aparente conflito entre o determinismo da relatividade e o indeterminismo da física quântica tem levado muitos a questionar: o que acontece quando essas duas teorias se cruzam? A busca por uma teoria quântica da gravidade, que uniria essas duas áreas, permanece como um dos maiores desafios da física moderna.

E a consciência? Como ela se encaixa nesse quebra-cabeça? Alguns propõem que a consciência pode estar intrinsecamente ligada ao mundo quântico, enquanto outros veem isso como uma especulação ousada. Embora o mundo quântico possa não se manifestar diretamente aos nossos olhos, suas implicações e mistérios podem ser fundamentais para entender a verdadeira natureza da consciência e sua conexão com a realidade em que vivemos.

A busca da humanidade para entender a consciência tem sido um balanço entre reflexão filosófica e descoberta científica. Quando contemplamos as intricadas experiências de nossa consciência - como a vivacidade das cores ou as harmonias sonoras - somos impulsionados a indagar como tais sensações subjetivas podem se harmonizar com a realidade objetiva que nos cerca.

Grandes pensadores, como William James e Bertrand Russell, se aventuraram nas profundezas dessa interrogação. Eles postularam que os qualia, essas sensações subjetivas, não são meramente conceitos intangíveis, mas sim entidades tão palpáveis e reais quanto a energia ou a força gravitacional.

Adentrando o universo da física, deparamo-nos com paradigmas que tanto desafiam quanto enriquecem nosso entendimento da realidade. A mecânica quântica, com seu caráter probabilístico, nos sugere um universo onde tudo é possível. Será que neste emaranhado de possibilidades há espaço para uma consciência que vai além da mera matéria?

Contudo, é imperativo manter nossa exploração firmemente ancorada em um contexto naturalista. A consciência, com todas as suas facetas, não é um fenômeno exógeno à natureza, mas sim uma expressão direta dela. Ecos das ideias de Eddington e Strawson nos lembram de não atribuir à consciência um caráter esotérico, mas sim buscar entender sua conexão com as leis fundamentais da realidade.

O fisicalismo sugere que tudo no universo, incluindo a mente e a consciência, pode ser explicado em termos de física. Isso nos leva a uma pergunta fascinante: a consciência é meramente um subproduto emergente da complexidade do nosso cérebro, ou existe alguma propriedade fundamental da matéria que dá origem à experiência consciente?

Inspirando-se nos pensamentos dos monistas neutros russellianos e dos panpsiquistas, podemos considerar uma possibilidade radical: e se os qualia, essas experiências subjetivas que formam a consciência, forem de fato aspectos universais da natureza intrínseca da matéria? Isso sugere que cada partícula, em sua essência mais profunda, carrega consigo algum aspecto da consciência, por mais rudimentar que seja.

Essa perspectiva nos oferece uma visão do universo como um tapete vivo de experiência consciente, onde cada fio, por mais minúsculo que seja, contribui para o grande panorama da consciência. Em vez de ver a consciência como algo restrito a seres complexos como os humanos, talvez ela permeie cada canto do universo, manifestando-se de maneiras que mal podemos começar a compreender.

Mas tal visão também traz desafios. Como essas propriedades fundamentais da matéria se relacionam e interagem para formar essa rede de experiências que reconhecemos como nossa própria consciência? Como a complexidade emerge da simplicidade, e como as experiências subjetivas individuais se formam a partir de propriedades universais? Tudo o que existe pode ser medido?

Os "beables" são entidades teorizadas por John Bell para descrever o que realmente "é" em um sistema físico. Estes contrastam com as quantidades "observáveis" na mecânica quântica, que se referem mais àquilo que "podemos medir" ou "observar" em um experimento. A ideia de Bell era oferecer uma descrição mais concreta e realista do universo, em contraste com as abstrações da interpretação padrão da mecânica quântica.

Assim, ao considerar o que realmente "é" versus o que é "mensurável", entramos em um território filosófico e científico complexo. No reino da física quântica, muitas vezes nos deparamos com o dilema de que as propriedades de uma partícula não são bem definidas até que sejam medidas. Mas os "beables" propõem que essas propriedades têm valores definidos, independentemente da observação.

Tradicionalmente, de acordo com a interpretação de Copenhague da mecânica quântica, as propriedades de uma partícula (como sua posição ou momento) estão em um estado de superposição até que sejam medidas. Só depois de uma medida é que essas propriedades assumem valores definidos. Este é o famoso dilema do "gato de Schrödinger", onde o gato é considerado simultaneamente vivo e morto até que seja observado.

No entanto, essa interpretação é filosoficamente desafiadora e contraintuitiva. Surge a pergunta: o ato de observação realmente determina a realidade? Ou existe uma realidade objetiva que é independente da observação?

Aqui é onde entram os "beables". Essencialmente, eles seriam a realidade subjacente do universo, que existe objetivamente e não é afetada pelo ato de observação.

Ao trazer essa ideia para nossa discussão anterior sobre simplicidade, complexidade e consciência, podemos ponderar: Será que a essência da consciência, assim como os "beables", é algo que simplesmente "é", independentemente de ser observado ou medido? Talvez a consciência, em sua forma mais fundamental, seja uma propriedade intrínseca do universo, como os "beables", aguardando a compreensão adequada.

Quando nos movemos do domínio do que é fundamentalmente "real" (os "beables") para o que é "mensurável", enfrentamos limitações. As ferramentas da ciência são projetadas para medir, quantificar e prever. Mas nem tudo que é real no universo pode ser capturado por essas ferramentas. Assim, enquanto buscamos compreender a realidade, também devemos reconhecer a vastidão do que ainda é desconhecido e, possivelmente, imensurável.

Pensar se a consciência tem uma realidade física associada a ela nos remete para regiões inexploradas. Imagino que seja semelhante a pensar na realidade quântica.

Essa é uma visão da realidade que desafia as intuições do nosso dia a dia. Em vez de um universo governado por regras determinísticas e previsíveis, o reino quântico nos apresenta um mundo regido pela probabilidade. No cerne deste mundo está a ideia de que as coisas não são definidas por certezas, mas por possibilidades. Imagine, por exemplo, um elétron que não está em um lugar específico, mas em vários lugares ao mesmo tempo, esperando ser observado. Esta é a ideia de superposição, que sugere que as partículas existem em vários estados simultaneamente até serem medidas.

Mas a estranheza não termina aí. Há o fenômeno do entrelaçamento, onde duas partículas se tornam tão intrinsecamente ligadas que o estado de uma depende instantaneamente do estado da outra, independentemente da distância que as separa. Einstein, perplexo com esta ideia, referiu-se a ela como "ação fantasmagórica à distância", já que desafiava noções convencionais de espaço e tempo.

E então, temos a misteriosa dualidade onda-partícula. Aqui, o que consideramos "partículas", como elétrons, desafiam a categorização, comportando-se como ondas em alguns contextos e como partículas em outros, dependendo de como decidimos olhar para elas.

Ainda mais intrigante é o colapso da função de onda. Quando observamos uma partícula em superposição, a vasta gama de possibilidades se reduz a um único estado determinado. Por quê? Como? São perguntas que ainda intrigam os físicos.

Finalmente, a noção de não-localidade sugere que a realidade quântica é profundamente interconectada. Ações em um ponto do universo podem ter implicações instantâneas em outro, completamente desafiando nossa compreensão clássica de causalidade.

Dessa reflexão emergem dois conceitos aparentemente díspares, mas possivelmente interconectados: informação e processamento quântico. Juntos, eles fornecem insights sobre a consciência.

Comecemos com a ideia de que a informação, em sua essência mais pura, é a pedra angular da realidade. Esta noção, popularizada por figuras notáveis como o físico John Archibald Wheeler, sugere que cada aspecto do cosmos, desde o menor quark até as vastas teias de galáxias, não é apenas descrito, mas fundamentalmente construído a partir de bits de informação. Em outras palavras, tudo o que percebemos, tudo o que existe, pode ser reduzido a perguntas e respostas binárias: sim-não, 0-1. O espaço, o tempo, a matéria – todos são emergentes deste substrato digital.

Agora, introduzimos a mecânica quântica, com suas probabilidades ondulantes e estados superpostos. No coração da teoria quântica reside a função de onda, uma descrição matemática de todos os possíveis estados de um sistema. Esta função é uma entidade probabilística, indicando que, até que façamos uma medição, a realidade de um sistema quântico existe em uma superposição de todos os estados possíveis. Mas o que significa medir? Aqui, a informação se entrelaça com a mecânica quântica. Uma medição colapsa a função de onda, extrai informação do sistema e, assim, define sua realidade.

Então, como isso tudo se relaciona com a consciência? Se considerarmos a mente como um conjunto complexo de informações processadas pelo cérebro, então a questão se torna: é possível que esse processamento ocorra em um nível quântico? Alguns teóricos, mergulhando nas profundezas da especulação, propõem que processos quânticos dentro do cérebro possam ser responsáveis pela emergência da consciência. Tal teoria sugere que, em um mundo dominado por probabilidades, a consciência é o resultado da interação coerente de qubits (unidades quânticas de informação) dentro do cérebro, talvez nas sinapses ou em estruturas microtubulares.

No entanto, tal ideia não está isenta de controvérsias. O cérebro, quente e úmido, não é o local adequado para processos quânticos delicados, que normalmente requerem ambientes extremamente frios e isolados. Pelo menos dentro dos laboratórios. Mas a natureza não poderia ter inventado, muito antes de existirem laboratórios, um modo seguro de lidar com qubits no calor do cérebro?

Certamente, a ideia de que o cérebro possa albergar processos quânticos em suas operações tem sido objeto de debate e especulação por décadas.

Roger Penrose, em colaboração com o anestesiologista Stuart Hameroff, propôs a teoria da "Orch-OR", que sugere que a consciência emerge de efeitos quânticos em microtúbulos, que são estruturas tubulares minúsculas encontradas nas células nervosas. De acordo com essa teoria, o colapso quântico de superposições em microtúbulos poderia ser a base da consciência. A controvérsia aqui é que, para muitos físicos, a ideia de manter um estado coerente quântico no ambiente quente do cérebro parece altamente improvável devido ao processo chamado decoerência. Penrose argumenta que esse colapso é um fenômeno não-computacional que poderia ser a origem da consciência e até mesmo da criatividade humana.

Por outro lado, Mathew Fisher abordou a questão do processamento quântico no cérebro de uma perspectiva diferente. Ele propôs que átomos de fósforo poderiam servir como qubits no cérebro e que moléculas contendo esses átomos, "Posner molecule", $Ca_9(PO_4)_6$, poderiam estar envolvidas em processos quânticos no cérebro. Fisher sugere que essas moléculas poderiam proteger o processamento quântico da decoerência, permitindo que os fenômenos quânticos ocorram no ambiente biológico do cérebro.

A decoerência é um dos principais desafios quando se pensa em computação quântica no ambiente quente e úmido do cérebro, já que os estados quânticos são extremamente sensíveis e podem facilmente "desmoronar" devido a perturbações do ambiente. Segundo Fisher, as moléculas de Posner poderiam fornecer um ambiente estável o suficiente para permitir a superposição quântica e o entrelaçamento, fenômenos-chave da mecânica quântica, no cérebro. Isso levanta a possibilidade intrigante de que a natureza pode ter encontrado uma maneira de explorar a mecânica quântica em processos biológicos, e talvez até em aspectos da consciência.

Embora ambas as teorias sejam fascinantes e apresentem possíveis mecanismos pelos quais os fenômenos quânticos poderiam influenciar a consciência, é importante notar que ambas permanecem altamente especulativas. A ideia de que a natureza pode ter encontrado uma maneira de usar a mecânica quântica no cérebro de forma eficaz é intrigante, mas ainda precisamos de evidências experimentais sólidas para apoiar tais afirmações.

Entretanto existe uma observação feita por Lee Smolin que diz: "Cada percepção consciente enquadrada corresponde à visão de um evento físico ou conjuntos de eventos vinculados por leis."

Essa ideia nos mergulha nas profundezas da discussão entre consciência e física, sugerindo uma conexão direta entre nossa percepção subjetiva e os eventos objetivos do mundo físico.

Para entender, podemos começar considerando o que significa uma "percepção consciente enquadrada". Esta expressão sugere uma experiência individual e única de consciência, que é delimitada ou "enquadrada" por um contexto específico. Por exemplo, a visão do pôr do sol, o sabor do café ou a sensação de frio são percepções enquadradas. E, são únicas e indivisíveis.

Dizer que essa percepção corresponde a "um evento físico ou conjuntos de eventos vinculados por leis" sugere que cada experiência subjetiva tem uma manifestação ou correspondência objetiva no mundo físico. Essa manifestação pode ser uma reação química no cérebro, um pulso elétrico em um neurônio ou qualquer outro evento físico que possa ser descrito pelas leis da física.

Cada experiência subjetiva, como perceber a cor verde ou sentir um aroma, parece ter um correspondente no mundo físico. Esse correspondente pode ser externo ao corpo, como um feixe de luz refletido em um objeto, ou interno, como os impulsos elétricos que viajam através dos neurônios. Ambos os tipos de eventos são governados pelas leis da física. A luz verde, por exemplo, é uma manifestação objetiva de ondas eletromagnéticas com uma determinada frequência. De forma similar, quando sentimos um aroma, moléculas específicas interagem com nossos receptores olfativos, desencadeando uma série de eventos químicos e elétricos dentro do cérebro.

Nossas experiências conscientes, então, são traduções desses eventos objetivos. Elas são a maneira como nosso cérebro interpreta e dá sentido a esses estímulos físicos. No entanto, surge um dilema: enquanto os eventos físicos que dão origem à consciência podem ser claramente identificados e medidos, a própria consciência permanece intangível e subjetiva. Ela é intrinsecamente ligada ao cérebro, mas sua natureza exata e sua relação com os processos cerebrais ainda são objeto de debate e mistério.

Um dia pensei: imagine-se em um ambiente hermeticamente selado, onde o silêncio é tão profundo que você pode ouvir o próprio pensamento ecoar no vazio. Não há luz, não há som, e até mesmo o tato se dissolve em um vazio indescritível. Graças a um medicamento hipotético que suprime as sensações sensoriais sem afetar o sistema nervoso central, você está efetivamente desconectado do mundo exterior e de seu próprio corpo. O que resta de sua consciência?

Em condições tão extremas, nós nos voltamos, sem dúvida, para o repositório de memórias e pensamentos que guardamos em nossa mente. É como se estivéssemos em uma biblioteca escura onde a única luz é a lanterna que apontamos para os volumes de nossas próprias experiências passadas. Essa é uma forma de "consciência pura", um termo que aqui empregamos com extrema cautela, pois, em verdade, trata-se de um estado inexplorado.

Neste cenário, a "consciência pura" não seria uma tábula rasa, porém mais como um eco de um eco. As memórias, completas ou fragmentadas, serviriam como os fios que tecem a tapeçaria do nosso ser. Se essas memórias são plenamente preservadas, a lanterna iluminaria textos claros e legíveis; cada página recordada nos daria um senso de continuidade e identidade. No entanto, a pergunta crítica é: o quanto essa consciência ancorada em memórias passadas ainda interage com o "agora"? Será que a consciência se torna um museu de si mesma, estática e inalterável?

Agora, consideremos memórias parcialmente preservadas ou deturpadas. A lanterna revelaria páginas rasgadas, palavras borradas e capítulos inteiros faltando ou reescritos. As anomalias poderiam variar de pequenas incongruências a distorções maciças que redefinem o que você acha que sabe sobre si mesmo e o mundo. Essa condição complicaria ainda mais nossa noção de "consciência pura." A experiência consciente, nesse caso, poderia se assemelhar a um caleidoscópio quebrado: fragmentos de cores e formas, apenas vagamente reconhecíveis, girando fora de sincronia.

Se suas memórias são deturpadas, mas ainda acessíveis, quem você se torna? Um filósofo poderia dizer que você se transforma em uma versão distorcida de si mesmo, um "eu" reconstruído através de um espelho quebrado. Como poderia esta entidade, formada de fragmentos desordenados, fazer sentido de si mesma? Poderíamos olhar para pensadores como Jean-Paul Sartre e sua ideia de "má-fé", onde alguém adota uma falsa percepção de si mesmo. Ou, talvez, para Derrida e a ideia de que a identidade nunca é fixa, mas sempre um "texto" em constante reescrita.

Tais reflexões apontam para a complexidade e a fragilidade da consciência. Mostram que ela é tanto um produto do cérebro como é influenciada pela continuidade ou descontinuidade de nossas memórias. Estar consciente não é apenas um estado binário, "ligado" ou "desligado", mas um espectro infinitamente matizado, complicado pela integridade ou falta dela de nosso arquivo interno de experiências. É um domínio onde a neurociência encontra a filosofia, e onde o "eu" que conhecemos pode ser tanto uma obra-prima quanto um esboço inacabado em constante revisão.

Tomemos a cor verde, por exemplo. No mundo exterior, ao nos depararmos com essa cor, uma onda eletromagnética atinge nossa retina, iniciando uma cascata de eventos neurais que culminam na experiência subjetiva da cor. Essa é a sensação direta e imediata do verde, uma interação pura entre o mundo externo e nossa mente.

No entanto, a complexidade do cérebro humano nos permite uma outra forma de experienciar essa cor. Podemos "ver" o verde não através dos nossos olhos, mas através da mente, evocando uma memória. Nesse cenário, não dependemos de um estímulo sensorial externo; ao invés disso, mergulhamos nas profundezas de nossas memórias e reativamos redes neurais que já experimentaram essa cor no passado. Esse fenômeno revela a incrível capacidade do cérebro de recriar experiências sem a necessidade de um estímulo externo presente. Um correlato físico da consciência sutil e intrigante.

A memória, contudo, é uma entidade fluida e efêmera. Não é uma representação estática, mas sim um conjunto dinâmico de conexões neurais. Ao evocarmos uma cor, ou qualquer memória, estamos navegando por um mar de neurônios, reativando padrões antigos que formam a imagem que buscamos. E aqui reside uma peculiaridade: cada vez que acessamos uma memória, ela pode ser sutilmente alterada, reconsolidada com novos detalhes ou influências. Assim, a experiência do verde evocado pela memória pode não ser uma réplica perfeita da sensação original. Pode ser uma tonalidade diferente, uma nuance alterada pela interação de outras memórias ou emoções.

Esse entrelaçamento entre percepção, memória e consciência levanta questões filosóficas profundas. A experiência de uma cor, seja através da percepção direta ou da memória, é uma realidade subjetiva. Mas qual delas é mais "real"? Ambas são manifestações da consciência, ambas são produtos da maravilha neural que é o cérebro humano.

Esta tradução de realidades objetivas em percepções subjetivas é o milagre do nosso sistema sensorial trabalhando em conjunto com o cérebro. No entanto, a consciência não é apenas um reflexo passivo destes estímulos; ela é a arena onde estas percepções tomam vida, ganham significado e se entrelaçam com memórias, emoções e pensamentos. Enquanto o cérebro é indiscutivelmente o maquinário por trás dessas experiências, a consciência pode ser algo mais vasto. Poderia ser que, enquanto o cérebro serve como uma espécie de receptor ou tradutor dessas experiências, a consciência seja uma propriedade mais fundamental do universo, interagindo com, mas não limitada ao, funcionamento do cérebro.

A ideia de eventos "vinculados por leis" implica que há uma regularidade ou previsibilidade nas correspondências entre experiências subjetivas e eventos físicos. Isso pode nos levar a pensar que, se pudermos entender completamente essas leis, poderíamos, em teoria, prever ou mesmo manipular nossas experiências conscientes por meio de intervenções no mundo físico.

Por fim, essa concepção pode ter implicações profundas para campos como a neurociência, a filosofia da mente e até mesmo para a física quântica, onde a relação entre observador e observado é central para muitas interpretações. A noção de que a consciência está intrinsecamente ligada ao mundo físico e é moldada por eventos que podem ser descritos por leis físicas é, sem dúvida, desafiadora e merece uma investigação mais aprofundada.

Neurocientistas buscam incansavelmente pelos correlatos neurais da consciência, e, diga-se de passagem, tem obtidos enormes resultados. No entanto, aqui ainda habitamos o problema fácil. Sem qualquer crítica aos neurocientistas. O problema fácil é muito difícil na verdade. Mas ainda é o lado fácil, pois existe, como já vimos, o problema difícil, certamente dificílimo. Aqui, busca-se uma explicação física, que nos forneça de forma irrefutável, uma compreensão dos correlatos físicos da consciência.

Esses sim seriam os elementos físicos que propiciariam a existência dos correlatos neurais. Portanto, falamos aqui de algo bem mais subjetivo e sutil, que nos arremete ao mesmo nível de estudo da mecânica quântica.

Para chegar ao nível mais profundo dos correlatos físicos temos que respeitar observações fenomenológicas relevantes

O primeiro problema, o do "cenário" ou "agrupamento", lida com a estrutura coesa e integrada de nossa experiência consciente. Quando percebemos o mundo, não o fazemos em fragmentos desconexos. Em vez disso, percebemos uma cena coerente e unificada. Por exemplo, ao olhar para uma paisagem, não vemos apenas cores individuais ou formas isoladas; vemos árvores, montanhas, céu, e assim por diante, todos inter-relacionados em uma única imagem coerente.

O segundo problema, o do "ponto de vista" ou "self", aborda a subjetividade inerente à consciência. Nossa experiência do mundo não é uma tabula rasa; ela é influenciada por nossas crenças, intenções e experiências passadas. Esta questão aponta para o papel ativo que nossa mente desempenha na formação de nossa experiência consciente, sugerindo que a consciência é menos um espelho passivo da realidade e mais uma entidade ativa que interpreta e molda essa realidade.

A consciência não é apenas um espelho da realidade, mas sim uma entidade que ativamente interpreta, molda e até mesmo constrói a realidade percebida com base em preconceitos, experiências anteriores e intenções. Por exemplo, duas pessoas podem presenciar o mesmo evento, mas com base em suas experiências de vida, crenças e intenções, podem interpretá-lo de maneiras muito diferentes.

A ideia de que a consciência é "mais uma sonda ativa do que uma receptora passiva" alude à noção de que o "self" ou "ego" não é apenas um observador passivo, mas um participante ativo na criação da experiência consciente. Isso é ecoado em muitas tradições filosóficas e psicológicas, onde a interação entre o observador e o observado é vista como fundamental para a natureza da realidade percebida.

Podemos ousar e levantar essas questões no contexto da mecânica quântica, sugerindo conexões mais profundas entre a subjetividade da experiência consciente e os fundamentos da realidade física. Em certas interpretações da mecânica quântica, o observador desempenha um papel crucial na determinação do estado de um sistema, o que torna as questões sobre a natureza do "observador consciente" ainda mais pertinentes.

O problema do "self único" destaca um mistério central da consciência: a coesão e singularidade da experiência subjetiva. Embora nosso cérebro esteja envolvido em inúmeras atividades paralelas — desde processar estímulos sensoriais até regulamentar funções corporais — nossa experiência consciente é predominantemente unificada. Não percebemos o mundo em fragmentos ou múltiplas realidades simultâneas, mas em uma narrativa contínua e coesa.

Isso é ainda mais fascinante quando consideramos a natureza paralela do processamento cerebral. Sabemos, por exemplo, que várias regiões do cérebro podem estar ativas simultaneamente, processando diferentes aspectos de uma cena. No entanto, nossa experiência consciente raramente reflete essa multiplicidade de processos; em vez disso, nos apresenta uma imagem integrada do mundo.

Uma possível explicação para esse fenômeno pode ser encontrada no conceito de "integração neural". Segundo essa visão, a consciência emerge quando diferentes redes neurais no cérebro se integram para formar um padrão unificado de atividade. Isso pode explicar por que, apesar da multiplicidade de processos cerebrais, percebemos uma experiência singular e contínua.

Outra perspectiva é a ideia de que a consciência serve como uma espécie de "filtro" ou "funil", selecionando e integrando informações de vários processos neurais em uma única experiência coerente. Esse "filtro" poderia ser moldado por uma combinação de fatores, incluindo nossa atenção, expectativas e memórias passadas.

O fato de estarmos, em grande parte, inconscientes da vasta gama de processos paralelos em execução no cérebro também aponta para a distinção entre consciência e atividade neural. Nem toda atividade neural se traduz em experiência consciente, e o que se torna consciente é, em muitos aspectos, uma questão ainda não resolvida.

Em resumo, o problema do "self único" levanta questões fundamentais sobre como e por que a consciência une a multiplicidade de processos cerebrais em uma experiência singular.

A questão da consciência e de como o cérebro físico dá origem à experiência subjetiva eh central. E, cada vez que penso nela, mais surgem insights e começo a perceber o seu verdeiro significado. Mas, logo a certeza desaparece e volto a ruminar e a tentar entender exatamente qual é a minha dúvida.

Philip Goff destaca uma incompatibilidade evidente quando observamos a estrutura do cérebro em comparação com a natureza da mente consciente que experimentamos por introspecção. E é justamente aí que aos poucos avançamos. À primeira vista, essas duas entidades parecem radicalmente diferentes. O cérebro, uma massa intrincada de neurônios e conexões, parece distante da nossa experiência unificada e coesa da consciência.

Outra dimensão desse mistério é trazida por Edelman e Tononi, que ressaltam como uma vasta quantidade da atividade neural no cérebro nunca chega ao limiar da consciência. Se o cérebro está sempre ativo com uma infinidade de processos, literalmente zumbindo, por que só nos tornamos conscientes de uma fração minúscula deles? Isso nos leva à distinção entre os correlatos neurais da consciência e os correlatos físicos da consciência. Enquanto o primeiro se refere aos padrões específicos de atividade neural associados a estados conscientes, o segundo busca as propriedades físicas ou princípios subjacentes que dão origem a esses padrões. Em outras palavras, não basta apenas identificar quais atividades neurais estão presentes quando estamos conscientes; é crucial entender por que essas atividades, e não outras, estão associadas à experiência consciente.

O desafio, então, para as teorias contemporâneas é duplo. Primeiro, elas devem conectar a estrutura e a atividade complexa do cérebro à experiência singular da mente. Segundo, elas devem ir além da simples identificação de quais partes do cérebro estão ativas durante estados conscientes e começar a elucidar os princípios físicos subjacentes que determinam por que somente certas atividades neurais contribuem para a consciência.

Outro mistério da consciência é o desafio da modalidade. Por exemplo, por que diferentes modalidades sensoriais, como visão, audição, dor e olfato, são experienciadas de maneira tão distintamente qualitativa quando os correlatos neurais associados a essas experiências parecem ser bastante semelhantes em sua natureza? Isso nos leva a questionar a base da diferença vivenciada entre ver uma rosa e cheirá-la, mesmo que, do ponto de vista neural, as atividades possam ter semelhanças.

Além disso, dentro dessas modalidades, existe outra peculiaridade. Algumas delas, como a visão e a audição, parecem operar em uma escala linear. Quando observamos uma série de cores ou ouvimos uma sequência de notas, percebemos uma progressão clara e contínua. No entanto, essa escala linear não se aplica a todas as modalidades. O olfato e o tato, por exemplo, não apresentam essa progressão contínua e linear de sensações. Por que a experiência de cheirar diferentes aromas ou tocar diferentes texturas não segue essa mesma escala contínua?

Estas questões destacam a complexidade da consciência. O desafio reside em entender como a atividade cerebral pode dar origem a essa variedade de sensações qualitativas e porque algumas se apresentam em escalas lineares e outras não.

RESUMO

1. **"O Grande Enigma" da Mente Humana**: Discussão do conceito de David Chalmers sobre o mistério das experiências subjetivas originadas de processos bioquímicos e elétricos no cérebro.

2. **Avanços e Lacunas da Neurociência**: Explora como a neurociência avançou em mapear o funcionamento cerebral, mas ainda enfrenta dificuldades em entender como estes processos se traduzem em experiências subjetivas.

3. **Problema Fácil vs. Problema Difícil da Consciência**: Distinção entre entender os mecanismos cerebrais (Problema Fácil) e compreender a emergência de experiências subjetivas (Problema Difícil).
4. **Desafio Filosófico de Leibniz e o Moinho**: Reflexão sobre a dificuldade de conectar processos mecânicos e físicos com experiências subjetivas.
5. **Conexões com o Mundo Quântico**: Discussão sobre possíveis ligações entre consciência e física quântica, explorando a ideia de uma realidade mais profunda.

Dicas para Reflexão:

1. **Natureza da Consciência**: Pense sobre como a consciência emerge de processos cerebrais objetivos e qual é a natureza dessa transformação.
2. **Interseção entre Ciência e Filosofia**: Reflita sobre os limites da ciência atual na explicação da consciência e como a filosofia pode contribuir para essa compreensão.
3. **Consciência e Física Quântica**: Considere se a física quântica pode oferecer novos insights sobre a natureza da consciência.

Bibliografia Sugerida:

1. **"The Conscious Mind: In Search of a Fundamental Theory"** por David J. Chalmers: Um estudo profundo sobre a natureza e os desafios do "Problema Difícil" da consciência.
2. **"Consciousness Explained"** por Daniel Dennett: Uma análise filosófica e científica de diferentes aspectos da consciência.
3. **"Shadows of the Mind"** por Roger Penrose: Explora a relação entre física quântica e consciência.
4. **"The Emperor's New Mind"** por Roger Penrose: Discute a interligação entre física matemática e consciência.
5. **"Quantum Enigma: Physics Encounters Consciousness"** por Bruce Rosenblum e Fred Kuttner: Uma discussão sobre como a física quântica pode estar relacionada à consciência.

6. **"Consciousness and the Cosmos: Exploring the Panpsychist Paradigm"** por Philip Goff: Uma exploração profunda da teoria do panpsiquismo, que considera a consciência como um atributo fundamental do universo.

INFORMAÇÃO. MUITO MAIS SUTIL DO QUE PARECE.

Aos poucos nossa jornada florestal nos revela certos adensamentos entremeados por áreas de menor concentração de vegetação, onde os detalhes do solo ficam mais visíveis. Em contraste, nas áreas adensadas, mal se nota o chão. Há uma complexidade variável, e em cada pedaço noto que a informação ali é diferente.

A busca pela compreensão da natureza da realidade tem sido uma jornada contínua para a mente humana. Entre o que podemos sentir diretamente e o que deduzimos por raciocínio e observação, encontramos uma divisão intrigante em nossa relação com o mundo, especialmente quando nos voltamos a conceitos, por exemplo, como temperatura e entropia.

A temperatura, como sabemos, é facilmente perceptível. Ela é sentida diretamente na pele, influencia o nosso conforto, o nosso humor e até as roupas que escolhemos para usar em um determinado dia. Ela é concreta e imediatamente relacionada à nossa experiência cotidiana.

A entropia, por outro lado, é uma ideia mais esotérica, originada nas profundezas da termodinâmica. Em sua essência, a entropia termodinâmica foi inicialmente vista como uma medida da desordem de um sistema. Pesquisadores como Boltzmann a interpretaram como uma expressão probabilística das posições e velocidades das moléculas em um gás. Essa entropia está relacionada ao segundo princípio da termodinâmica e nos fala sobre estados de equilíbrio e a direção irreversível do tempo. Uma entidade abstrata, apenas calculável, governa uma lei incrivelmente importante e irretocável. Ninguém sente a entropia. Se não existisse matemática e mentes brilhantes, jamais saberíamos sobre a sua existência.

A entropia e a temperatura são conceitos fundamentais na física, cada um capturando aspectos essenciais do universo em que vivemos. Ambos falam da energia e de suas transições, mas de maneiras muito distintas, e nossa experiência desses conceitos é tão contrastante quanto seus significados.

A temperatura é perceptível diretamente. Mesmo alguém inconsciente pode retirar a mão de um objeto quente apenas por um reflexo de defesa. Entropia, por outro lado, pertence a uma ordem diferente de realidade. É o sussurro secreto do universo, uma narrativa contada na linguagem da termodinâmica e da probabilidade. Longe da percepção sensorial direta, a entropia descreve um ballet cósmico de desordem e aleatoriedade, uma dança de possibilidades e dispersão que regula a direção do tempo e a natureza dos processos naturais. Ela não bate à nossa porta com um frio cortante ou um abraço quente, mas se revela em silêncio no virar das páginas de um livro de física, na lousa de uma sala de aula ou nos cálculos de um engenheiro.

A entropia é a medida da desordem, mas também é uma testemunha do fluxo irrefreável do tempo, do inevitável caminho para o equilíbrio. Embora seus efeitos sejam fundamentais para a existência, como a inescapável tendência dos sistemas fechados em direção à homogeneidade, ela própria não se presta à sensação direta. Sua essência é abstrata, compreendida não através dos sentidos, mas através do intelecto, uma entidade que vive nas equações e na compreensão profunda da matéria e da energia.

Nessa abstração, no entanto, reside uma beleza profunda e uma verdade fundamental sobre nosso mundo. A entropia nos diz que tudo no universo tende a um estado de maior simplicidade e desordem, e embora não possamos tocá-la ou vê-la, podemos ver suas impressões em tudo, desde a fusão de estrelas até a fusão de um sorvete ao sol.

Exige-se uma mente consciente e atenta para apreciar plenamente a entropia. Ela é uma verdade que espera pacientemente para ser descoberta e compreendida, uma camada de realidade que se desdobra apenas perante o inquiridor paciente e reflexivo. E é neste ato de descoberta e compreensão que a entropia, essa grande diretora da orquestra universal, encontra sua expressão mais elegante. A temperatura podemos sentir com um toque, mas a entropia, nós compreendemos com um pensamento, com conhecimento.

No tecido do real, a entropia termodinâmica tece padrões de desordem e equilíbrio, um diálogo silencioso entre a energia e o caos. Mas existe outra forma de entropia, uma que dança ao ritmo da informação e da comunicação: a entropia informacional de Shannon.

Concebida nos albores da era digital, a entropia de Shannon é a medida da incerteza, da surpresa, da informação potencial dentro de uma mensagem. Enquanto a entropia termodinâmica se ocupa com partículas e energias, a entropia de Shannon se enreda nas redes de sinais e símbolos, nos padrões de bits e bytes que compõem nosso mundo cada vez mais conectado.

Aqui, a temperatura se rende ao bit, e a percepção sensorial cede espaço ao conhecimento criptografado. A entropia de Shannon não está nos toques do teclado ou no brilho das telas, mas na imprevisibilidade dos dados que fluem, no coração dos algoritmos que moldam nossas comunicações e na essência dos códigos que guardam nossos segredos mais profundos.

Neste domínio, a entropia não é mais uma questão de calor, mas de entendimento, uma contagem de escolhas e possibilidades. Quanto mais imprevisível é a mensagem, maior é a sua entropia informacional, maior é a riqueza de seu conteúdo em potencial. Assim como sua contraparte termodinâmica, a entropia de Shannon nos fala sobre direções: não de tempo, mas de compreensão, apontando para um caminho onde a informação é desvendada e o conhecimento é liberado.

Requer-se, mais uma vez, uma mente consciente e perspicaz para navegar neste mar de possibilidades. É preciso um olhar atento para discernir padrões na aparente aleatoriedade, para extrair significado do ruído, para perceber a ordem na cacofonia de informação que nos envolve. A entropia informacional de Shannon, assim como sua prima termodinâmica, é invisível aos olhos, mas inestimável para a mente que busca compreender os enigmas da comunicação e da complexidade.

Entropia, seja termodinâmica ou informacional, é a canção do universo contada em diferentes tonalidades. Uma fala da energia e da matéria, a outra da informação e do significado. Mas ambas, em suas essências, sussurram verdades sobre a natureza da realidade: que tudo é movimento e transformação, tudo é fluxo e mudança, seja na dança das moléculas ou na transmissão de dados. E em suas harmonias, compreendemos que somos tanto espectadores quanto compositores das sinfonias da existência.

Então, como essas ideias se relacionam com a consciência? Essa experiência interna única e subjacente de ser e perceber, tem um caráter efêmero. Ela não pode ser "tocada" ou "vista", mas está constantemente presente. Se considerarmos o cérebro como um sistema de processamento de informações, podemos começar a ver paralelos com a entropia informacional de Shannon. As inúmeras sinapses e conexões neuronais codificando nossa experiência podem ser vistas como mensagens sendo constantemente transmitidas, cada uma com sua própria "quantidade de informação".

A entropia termodinâmica, com sua associação à desordem e ao fluxo do tempo, pode ser relacionada à maneira como nossos cérebros se organizam e reorganizam, evoluindo com o passar do tempo. Nos ajuda a compreender o envelhecimento. Afinal, todos os esforços dos organismos para diminuir suas entropias aos poucos falham, surgem modificações estruturais que se acumulam. Isso é o envelhecimento. Nada mais que a entropia termodinâmica cobrando o seu preço.

A ideia de associar entropia termodinâmica ao envelhecimento é fascinante e tem bases claras na física. A entropia, nesse contexto, representa a inevitabilidade do aumento da desordem em sistemas fechados, o que pode ser traduzido biologicamente em termos de desgaste, mutações e alterações que ocorrem ao longo da vida de um organismo.

Quando olhamos para a entropia do ponto de vista da informação, introduzimos um novo campo de análise. A entropia informacional, como proposta por Claude Shannon, refere-se à quantidade de incerteza ou surpresa associada a uma série de dados ou informação. Como já vimos, uma informação que é altamente previsível tem baixa entropia, enquanto informação imprevisível tem alta entropia.

    Ao aplicar essa ideia à consciência, podemos especular sobre como a "informação" processada por nossos cérebros evolui ao longo do tempo. Ao nascer, um ser humano tem uma "página em branco", com muito a aprender e absorver. A cada experiência, aprendizado e interação, acumulam-se novas informações. No início, essa aquisição é rápida e a adaptabilidade é alta, representando um estado de alta entropia informacional, pois há muito que é novo e imprevisível.

    À medida que envelhecemos, nos baseamos em experiências e conhecimentos anteriores para interpretar novas informações. Gradualmente, as novas experiências podem se tornar menos surpreendentes ou menos capazes de alterar profundamente nossos modelos mentais existentes. Isso pode ser visto como uma redução na entropia informacional da consciência - menos "surpresa" e mais previsibilidade em nossa interpretação do mundo.

    Isso não significa que a capacidade de aprender ou se adaptar desapareça, mas a maneira como integramos novas informações pode mudar. Pode haver uma tendência a confiar mais nas experiências passadas e a ser menos aberto a novas perspectivas ou mudanças radicais na compreensão.

    Entretanto, é importante ressaltar que o aumento ou a diminuição da entropia, seja ela termodinâmica ou informacional, não são inerentemente bons ou ruins. No contexto biológico, o aumento da entropia termodinâmica, que leva ao envelhecimento, é um processo natural. Analogamente, no contexto da consciência, uma possível redução da entropia informacional ao longo da vida pode ser vista como a aquisição de sabedoria e uma compreensão mais profunda do mundo, baseada em experiências vividas. Ambos os conceitos oferecem uma visão rica de como os seres humanos evoluem e se adaptam ao longo do tempo.

    A informação, em sua essência, é aquilo que nos permite compreender, interpretar e interagir com o mundo ao nosso redor. Historicamente, as civilizações humanas têm buscado formas eficazes de transmitir, armazenar e processar informações, desde os hieróglifos gravados em pedra até os intricados sistemas digitais de hoje. No entanto, para realmente mergulhar nas profundezas do que é informação e como ela opera, precisamos retornar ao século XX e ao trabalho de um matemático e engenheiro chamado Claude Shannon.

Shannon se deparou com o desafio de como melhorar a transmissão de mensagens em sistemas de comunicação. Na época, enfrentava-se um problema recorrente: o ruído. Em qualquer sistema de comunicação, sejam linhas telegráficas ou transmissões de rádio, o ruído é uma interferência indesejada que pode distorcer ou mesmo destruir a mensagem original. Assim, Shannon buscou uma maneira de entender, medir e, eventualmente, minimizar o impacto do ruído.

Nesse contexto, ele desenvolveu sua Teoria Matemática da Comunicação. Em vez de abordar a informação do ponto de vista de seu conteúdo semântico ou significado, Shannon focou na forma como a informação é estruturada e transmitida. Através dessa lente, ele introduziu o conceito de entropia da informação. A entropia, em sua definição, é uma medida da incerteza ou, inversamente, da quantidade de informação. Quanto mais imprevisível é uma mensagem, maior é sua entropia e, portanto, mais informação ela carrega.

Mas o que isso realmente significa? Imagine que você esteja tentando adivinhar o resultado de um lançamento de moeda. Se você souber que a moeda é justa, há uma incerteza de 50% associada ao resultado, pois pode cair tanto cara quanto coroa. Esta situação tem uma entropia alta. No entanto, se você souber de antemão que a moeda é viciada e cai sempre em cara, não há incerteza e, portanto, a entropia é zero.

Shannon formalizou essa noção através de equações matemáticas que descreviam como a informação poderia ser quantificada em termos de bits, a unidade fundamental de informação. Ele também delineou como essa informação poderia ser transmitida de maneira eficiente, considerando a presença de ruído.

Além de transmitir informações, a teoria de Shannon também tinha implicações para armazená-las e processá-las. A entropia de uma mensagem, por exemplo, poderia informar o quanto ela poderia ser comprimida sem perda de informações. A própria noção de codificação e decodificação, central na teoria de Shannon, tornou-se um pilar para o desenvolvimento de tecnologias digitais, desde a compressão de dados até a criptografia.

A abordagem de Claude Shannon à informação estabeleceu as bases para a revolução digital que permeia nossas vidas hoje. Ao quantificar e estruturar a informação de uma perspectiva matemática, ele não apenas resolveu problemas práticos de comunicação de sua época, mas também lançou as sementes para inovações tecnológicas que moldariam o século XXI. Seu legado não é apenas técnico, mas também filosófico, desafiando-nos a refletir sobre a natureza da informação e como a compreendemos em um mundo em constante mudança.

Ao formular sua teoria, Shannon estava fundamentalmente preocupado com a eficiência e precisão da transmissão de sinais em canais de comunicação. Seu foco não era o "significado" ou "conteúdo" da informação, mas sim sua forma e estrutura. Assim, quando falamos de "informação" no contexto da Teoria da Informação de Shannon, estamos nos referindo à capacidade de distinguir entre diferentes estados possíveis em uma mensagem, independentemente do que essa mensagem realmente "significa".

Por outro lado, as concepções mais habituais de informação geralmente se referem ao conteúdo semântico, ao significado transmitido. Por exemplo, quando dizemos que um livro contém muita informação sobre história romana, não estamos falando sobre quantos bits são necessários para codificar esse livro digitalmente, mas sim sobre o conhecimento e entendimento proporcionados pelo texto. Neste contexto, a informação é vista como algo que pode ser aprendido, compreendido e aplicado em contextos práticos. Tem a ver com a transmissão de conhecimento, ideias e entendimento.

Esta distinção é importante porque destaca duas abordagens diferentes para entender a informação. Por um lado, temos a visão técnica e quantitativa, que é valiosa para engenheiros, cientistas da computação e outros profissionais que lidam com dados e comunicações. Por outro lado, temos a visão mais qualitativa e semântica, que é crucial para educadores, escritores, jornalistas e muitos outros que se preocupam com o conteúdo e o significado. Ambas têm a ver com a consciência.

Em muitos contextos modernos, especialmente na era digital, essas duas abordagens à informação se entrelaçam. Por exemplo, os algoritmos de busca, como os usados pelo Google, operam em princípios matemáticos e computacionais, mas seu objetivo é recuperar conteúdo significativo para os usuários.

Por isso, ao mergulhar na teoria e prática da informação, é vital manter essa distinção em mente. Enquanto a abordagem de Shannon oferece ferramentas poderosas para lidar com dados em um nível técnico, não devemos perder de vista o fato de que a informação, em sua essência, é sobre comunicação, entendimento e significado.

A palavra "informação" deriva do latim "informatio", que pode ser traduzida como "delineamento" ou "conceito", e tem suas raízes ancoradas na noção de dar forma ou estrutura a algo, seja um pensamento, uma ideia ou mesmo um objeto físico. Nesse contexto, ao longo da história, houve sempre a necessidade de comunicar e registrar informações. Desenhos em paredes de cavernas, símbolos e sinais foram os primeiros métodos adotados para transmitir mensagens e registrar eventos. Civilizações como os sumérios avançaram com a escrita cuneiforme, enquanto os egípcios adotaram hieróglifos, tentativas pioneiras de transmitir informações, histórias e tradições.

No entanto, com a invenção da imprensa de Gutenberg no século XV, a informação tornou-se não apenas mais acessível, mas também mais distribuível, marcando um ponto de inflexão na forma como as sociedades consumiam e compartilhavam conhecimento. E à medida que avançamos para a Revolução Industrial e, posteriormente, para a Revolução da Informação, a sociedade foi catapultada para uma era em que a informação se tornou vital em quase todos os aspectos da vida cotidiana.

Ao mesmo tempo, é fundamental fazer uma distinção clara entre dados, informação, conhecimento e sabedoria. Os dados representam fatos brutos e não processados, semelhantes aos blocos de construção. A informação emerge quando esses dados são interpretados e compreendidos em um contexto, tornando-se úteis. Indo além, o conhecimento reflete a compreensão e familiaridade adquiridas por meio da experiência ou aprendizado, integrando informações de várias fontes e experiências anteriores. E finalmente, a sabedoria é a capacidade de aplicar esse conhecimento de forma prática e judiciosa. Parece que já estamos falando de consciência, não parece?

Retomando nossa discussão anterior sobre Claude Shannon e sua abordagem revolucionária da informação, percebemos que ele trouxe uma compreensão estrutural do conceito, introduzindo a noção quantitativa de entropia da informação. No entanto, a informação, em sua essência, também possui uma dimensão semântica, centrada no conteúdo e significado.

A Teoria da Informação de Shannon, com seus componentes bem definidos, fornece uma estrutura robusta para entender a transmissão de informação em sistemas. Esta teoria, embora inicialmente desenvolvida para a comunicação em sistemas eletrônicos, tem implicações mais amplas e pode ser aplicada metaforicamente a várias disciplinas, incluindo a neurociência e o estudo da consciência.

Dentro da Teoria Integrada da Informação de Tononi, que veremos em detalhes mais para a frente, a noção de sistemas complexos e suas interações é central. Ao entender a informação como Shannon a definiu, somos capazes de traçar paralelos sobre como a informação é processada no cérebro.

Pense no cérebro como a "fonte de informação" em um nível macro, originando pensamentos, sentimentos e percepções. Neurônios individuais ou conjuntos de neurônios atuam como "transmissores", codificando essas informações em sinais elétricos ou bioquímicos. Estes sinais viajam através de sinapses, que podem ser vistas como o "canal", onde também enfrentam "ruído" na forma de interferências químicas ou elétricas. Outros neurônios ou regiões cerebrais atuam como "receptores", decodificando os sinais e, finalmente, resultando na experiência consciente percebida pelo "destinatário", que é a mente ou consciência individual.

Esta analogia nos permite ver como a Teoria da Informação de Shannon pode ser uma ferramenta útil na descrição do processamento de informação dentro do cérebro, dando-nos uma base sólida para introduzir as ideias mais complexas e específicas.

A entropia da informação, serve como uma métrica que quantifica a incerteza inerente a um conjunto de probabilidades. Em essência, a entropia mede a "surpresa" ou a imprevisibilidade da informação. Quanto maior a entropia, maior a incerteza e, portanto, maior a quantidade de informação potencial que poderia ser recebida.

Para ilustrar, pense em uma moeda justa, que tem igual probabilidade de dar cara ou coroa quando lançada. A incerteza associada a cada lançamento é máxima, pois não temos preferência a priori sobre qual lado aparecerá. Assim, a entropia associada a esse lançamento de moeda é alta.

No contexto de nossa discussão, entender a entropia é crucial. A informação não é apenas sobre a transmissão de dados; é também sobre a qualidade e a incerteza desses dados.

Mas precisamos de uma certa cautela. No ensino médio você deve ter estudado a entropia termodinâmica, relacionada a estados físicos envolvendo a noção de calor. Nesse cenário, a entropia se refere à quantidade de desordem em um sistema físico ou, de outra forma, à quantidade de energia que não está disponível para realizar trabalho útil. É um conceito profundamente enraizado na forma como o calor e a energia se movem e se transformam em sistemas físicos. Estabelecer a distinção entre entropia informacional e entropia termodinâmica é essencial para evitar confusões, já que ambas as noções de entropia, embora relacionadas em certos contextos, emergem de domínios fundamentalmente diferentes da ciência.

Por outro lado, a entropia informacional, como introduzida por Shannon, não está diretamente relacionada à energia ou à física de um sistema, mas sim à quantidade de incerteza ou imprevisibilidade da informação. Embora a formulação matemática da entropia em ambos os contextos seja semelhante, seus significados e aplicações são distintos.

No entanto, é interessante notar que, em determinados cenários, as duas noções de entropia podem se sobrepor. Por exemplo, em sistemas termodinâmicos quânticos, onde a informação desempenha um papel fundamental, as fronteiras entre entropia informacional e termodinâmica podem se tornar tênues.

Com essa compreensão, podemos então abordar a consciência e a informação com uma base sólida, evitando mal-entendidos que possam surgir ao misturar inadvertidamente conceitos de diferentes domínios da ciência.

A informação biológica, particularmente a codificada no DNA, é um dos pilares da vida e evolução. No DNA, a informação genética é armazenada como uma sequência de nucleotídeos, com cada nucleotídeo sendo composto por uma das quatro bases nitrogenadas: adenina, timina, citosina e guanina. Essa sequência codifica instruções para a síntese de proteínas e outros aspectos funcionais da célula.

Antes de qualquer divisão celular, o DNA é replicado para garantir que cada nova célula receba uma cópia completa do genoma. Durante este processo, enzimas desempenham um papel crucial. A enzima helicase, por exemplo, separa as duas cadeias de DNA, enquanto a DNA polimerase sintetiza uma nova cadeia complementar.

A expressão dessa informação genética é onde o DNA cria vida. O DNA é transcrito para formar o RNA mensageiro (mRNA). Esse mRNA serve então como um modelo para a produção de proteínas, com ribossomos lendo o mRNA e traduzindo sua sequência em uma cadeia de aminoácidos que compõe uma proteína. A regulação da expressão gênica é essencial para garantir que os genes certos sejam expressos nas horas e lugares corretos.

Quando falamos de informação no contexto da teoria da informação de Shannon, estamos nos referindo à quantificação da informação. A teoria da informação de Shannon, originalmente desenvolvida para a comunicação e transmissão de dados, pode ser aplicada à biologia ao considerar a sequência de DNA como uma mensagem. Assim, a entropia — uma medida da incerteza ou surpresa associada a mensagens aleatórias — pode ser calculada para sequências de DNA. Isso pode ser usado para quantificar a variabilidade genética ou para comparar a informação entre diferentes organismos ou genes.

Além disso, a teoria da informação pode ser usada para entender melhor a regulação gênica, mutações e evolução, ao considerar o DNA e sua expressão em termos de eficiência de transmissão de informação. Em outras palavras, ao aplicar conceitos da teoria da informação de Shannon à biologia, podemos obter uma visão quantitativa dos processos biológicos e uma compreensão mais profunda da codificação, replicação e expressão da informação genética.

No mundo da computação, a informação é fundamental. Computadores processam informação usando bits, as menores unidades de dados, que podem representar um de dois valores: 0 ou 1. Esses bits são a base da computação e, quando organizados em sequências maiores, formam bytes e, eventualmente, todo o espectro de dados complexos que um computador pode processar.

Algoritmos são conjuntos de instruções que os computadores seguem para manipular e processar esses bits de informação. Desde simples operações matemáticas até reconhecimento de imagem avançado e aprendizado de máquina, os algoritmos moldam como os computadores interpretam e reagem às informações. O desenvolvimento desses algoritmos é inspirado, muitas vezes, em como entendemos outros sistemas de processamento de informação, incluindo nossos próprios cérebros.

E é aqui que a interseção entre informação, biologia e computação torna-se especialmente fascinante. Enquanto os computadores usam bits e algoritmos para organizar e processar dados, nossos cérebros empregam um sistema de células chamadas neurônios, interconectados em vastas redes, que formam os circuitos cerebrais. Estes neurônios trocam informações por meio de sinais elétricos e transmissores químicos, num balé de atividade sincronizada que dá origem a nossos pensamentos, memórias e emoções.

Ambos, cérebros e computadores, podem ser vistos como máquinas de processamento de informação, mas a complexidade e a adaptabilidade do cérebro são incomparáveis. Enquanto um computador segue instruções codificadas em linguagem de programação, o cérebro se adapta e aprende a partir de experiências, modificando seus próprios circuitos em resposta a novas informações. Esta plasticidade cerebral é o que nos permite aprender novas habilidades, adaptar-nos a diferentes ambientes e até mesmo recuperar-nos de traumas.

O funcionamento do cérebro contrasta notavelmente com a natureza binária da computação tradicional. A complexidade da interação neural supera amplamente a simples dicotomia do 0 e 1 que observamos nos computadores clássicos.

Em primeiro lugar, é importante compreender que a operação dos neurônios não é estritamente binária. Enquanto um bit em um computador só pode estar em um estado de 0 ou 1, os neurônios operam de uma forma mais analógica. Eles geram potenciais de ação - picos elétricos - em resposta a uma variedade de estímulos, mas a frequência, a intensidade e o padrão desses potenciais podem variar amplamente, o que permite uma vasta gama de respostas a diferentes entradas.

Além disso, o cérebro não possui uma "linguagem de programação" fixa como os computadores. Enquanto os computadores operam com base em códigos predefinidos e algoritmos, o cérebro adapta-se e reconfigura-se de forma dinâmica. A maneira como os neurônios se conectam e comunicam é influenciada por experiências, aprendizado e memórias, e essa rede neural está em constante evolução.

Quanto à questão de um "código neural", a ideia de que existe um conjunto definido de regras ou padrões que os neurônios usam para transmitir informações ainda é um tópico de intenso debate e pesquisa na neurociência. Enquanto certos padrões de atividade neural foram associados a determinados estados ou funções cognitivas, a tradução direta dessa atividade em um "código" compreensível ainda é elusiva. O que é claro é que o cérebro possui uma capacidade notável de processar informações de maneira distribuída e paralela, permitindo-nos responder de forma adaptativa a um mundo em constante mudança.

Além disso, cada neurônio pode receber informações de milhares de outros neurônios, e a combinação de seus sinais de entrada pode resultar em uma ampla gama de respostas.

Com o advento da computação quântica e da inteligência artificial, os computadores estão começando a exibir capacidades que, em muitos aspectos, lembram a flexibilidade e adaptabilidade dos sistemas biológicos. Estas novas fronteiras da computação estão trazendo ainda mais nuances ao debate sobre as similaridades e diferenças entre cérebros e máquinas, e sobre o que realmente significa processar informação.

As teorias recentes sobre o cérebro e a mente são influenciadas por nossa compreensão da computação. Por exemplo, modelos computacionais de redes neurais foram desenvolvidos para simular a maneira como o cérebro processa informações. Esses modelos, embora simplificados em comparação com o cérebro humano real, têm proporcionado insights valiosos sobre a aprendizagem, memória e outras funções cognitivas.

Ao analisar a informação codificada no DNA e sua expressão e regulação, e ao mesmo tempo observar como os computadores manipulam informações usando bits e algoritmos, surge uma comparação instrutiva. Isso nos permite discernir as semelhanças e distinções entre a complexidade dos sistemas biológicos e a precisão das máquinas computacionais, e nos leva ao desenvolvimento de possíveis interfaces entre o cérebro e as máquinas.

A interação de bits e algoritmos pode, à primeira vista, parecer distante da dinâmica orgânica e fluída dos processos biológicos. No entanto, ao aprofundarmos nossa compreensão, percebemos que, em essência, ambos são sistemas de processamento de informação.

Os sistemas biológicos, com sua evolução milenar, apresentam uma resiliência e adaptabilidade impressionantes, ajustando-se e reagindo a uma miríade de estímulos e desafios. Eles são o resultado de bilhões de anos de ajustes e otimizações naturais. Por outro lado, as máquinas computacionais, produtos da engenhosidade humana, têm sua força na precisão, repetibilidade e velocidade, executando tarefas em escalas de tempo e complexidade que desafiam nossa cognição.

Quando consideramos esses dois mundos em conjunto, abre-se um universo de possibilidades. As semelhanças nos mostram como os princípios fundamentais de processamento de informação podem ser universais, enquanto as diferenças destacam oportunidades únicas para sinergia. É essa intersecção que está catalisando avanços emocionantes, como a neurotecnologia e as interfaces cérebro-máquina, onde a linha entre o biológico e o digital começa a se desvanecer, prometendo revoluções tanto em medicina quanto em computação. Os seres humanos que algum dia se tornarão biônicos em parte, certamente já nasceram.

RESUMO

1. **Complexidade da Informação e Metáfora Florestal**: O capítulo começa com uma analogia entre a complexidade de um ecossistema florestal e o mundo intricado da informação.

2. **Temperatura vs. Entropia Termodinâmica**: Explora a natureza palpável da temperatura em contraste com a natureza abstrata e esotérica da entropia termodinâmica.

3. **Entropia Informacional de Shannon**: Introduz a entropia informacional de Shannon, focando em padrões de bits e bytes e na imprevisibilidade dos dados em sistemas de comunicação.

4. **Conexão entre Entropia e Consciência**: Estabelece uma relação entre a entropia informacional e a consciência, sugerindo paralelos com o cérebro como um sistema de processamento de informações.

5. **Entropia, Envelhecimento e Evolução da Consciência**: Relaciona a entropia termodinâmica ao envelhecimento e vê a entropia informacional como um reflexo da evolução da consciência ao longo da vida.

Dicas para Reflexão:

1. **Entropia e Consciência**: Como os conceitos de entropia termodinâmica e informacional se relacionam com nossa compreensão da consciência?

2. **Evolução da Consciência**: De que maneira a entropia informacional pode refletir a evolução da consciência ao longo do tempo?

3. **Entropia e Envelhecimento**: Qual é o papel da entropia termodinâmica no processo de envelhecimento?

Bibliografia Sugerida:

1. **"Information: A Very Short Introduction"** por Luciano Floridi: Fornece uma visão abrangente sobre o conceito de informação.

2. **"The Information: A History, a Theory, a Flood"** por James Gleick: Uma exploração detalhada da história e teoria da informação.

3. **"Entropy and Information Theory"** por Robert M. Gray: Discute os conceitos de entropia na teoria da informação.

4. **"The Master Algorithm: How the Quest for the Ultimate Learning Machine Will Remake Our World"** por Pedro Domingos: Relaciona-se com a evolução da consciência e aprendizado ao longo do tempo.

5. **"Life's Ratchet: How Molecular Machines Extract Order from Chaos"** por Peter M. Hoffmann: Explora a entropia e a ordem em sistemas biológicos.

JUNTANDO PEDAÇOS

Giulio Tononi, neurocientista e psiquiatra ítalo-americano, se destacou por seu profundo trabalho em neurociência e filosofia da mente. Nascido em Trento, Itália, Tononi passou grande parte de sua carreira acadêmica na Universidade de Wisconsin-Madison, mergulhando em campos como a neurociência teórica, o estudo do sono, a natureza da consciência e a complexidade.

Em sua busca para entender a consciência, Tononi percebeu que as abordagens tradicionais e reducionistas, que tentavam explicar este fenômeno apenas em termos de atividade neural ou processos computacionais, eram insatisfatórias. Essa insatisfação o levou a desenvolver uma nova abordagem, tanto quantitativa quanto qualitativa, para desvendar a consciência, resultando no que é conhecido como Teoria da Informação Integrada (IIT).

A IIT busca responder a uma das questões mais fundamentais e, ao mesmo tempo, misteriosas da existência humana: "O que é consciência?". Embora essa pergunta tenha intrigado filósofos, cientistas e pensadores por séculos, a definição da consciência como a experiência subjetiva interna, a sensação do "eu" e a capacidade de ter percepções qualitativas permaneceu elusiva.

A IIT se destaca ao fundamentar-se em axiomas, que são princípios básicos e autoevidentes, e postulados, que são proposições derivadas desses axiomas.

Dentro dos axiomas da IIT, encontramos a ideia de que a consciência é uma realidade fundamental e intrínseca, existindo por si mesma. Tal conceito pode ser comparado à forma como vemos a massa ou a carga: como propriedades inerentes da matéria.

Esta não é uma afirmação trivial. Ao elevá-la a um status ontológico básico, a IIT sugere que a consciência não é apenas um subproduto ou uma epifenômeno, mas sim algo essencial e inalienável.

Essa visão encontra paralelos em outras correntes de pensamento na física e na filosofia. Lee Smolin, por exemplo, argumenta em favor da natureza relacional do tempo e do espaço. Para Smolin, eventos e relações são fundamentais, enquanto coisas como partículas são construções secundárias emergentes. Analogamente, se considerarmos a consciência como algo fundamental, as experiências individuais tornam-se "eventos conscientes", cada um com sua estrutura única e inter-relações específicas.

Por outro lado, Max Tegmark, em seu conceito de "perceptronium", sugere que a consciência é um estado da matéria, assim como os estados sólido, líquido e gasoso. Para Tegmark, a consciência é uma manifestação da informação processada de uma maneira particular, uma perspectiva que parece ressoar com os princípios da IIT.

Ao explorar estas ideias juntas, percebemos que tanto a IIT quanto as propostas de Smolin e Tegmark compartilham uma abordagem que busca entender a consciência não como um mero acidente ou subproduto, mas como algo fundamental no tecido da realidade. Em outras palavras, em vez de ser uma característica emergente de certos processos complexos, a consciência pode estar no cerne do que significa existir.

O que é fascinante aqui é a convergência de ideias entre diferentes disciplinas e pensadores. Estamos no limiar de uma nova compreensão da consciência, uma que desafia nossa visão tradicional e promete revolucionar não apenas a ciência cognitiva, mas também a física, a filosofia e nossa compreensão geral do lugar da consciência no cosmos.

Seguindo este raciocínio, cada experiência consciente é distinta e tem uma estrutura particular, composta por diversos aspectos interconectados.

Um exemplo clássico é a visão de uma maçã vermelha; a percepção não é apenas da cor ou da forma separadamente, mas de uma maçã vermelha como um todo integrado. Além disso, a experiência consciente é específica e distinta de todas as outras possíveis experiências que uma pessoa poderia ter em um determinado momento. Isso significa que a consciência fornece informação ao diferenciar uma experiência de todas as outras. E, embora as experiências conscientes possam ser multifacetadas, elas são sempre percebidas como uma unidade integrada e indivisível. Por fim, em qualquer instante, a consciência está centrada em uma única experiência específica, excluindo todas as demais.

Isso é desafiador. Somos oito bilhões de habitantes e não existem 2 pessoas que estão vendo a mesma coisa, que estão vislumbrando a mesma cena. Por mais próximos que estejam uns dos outros, a visão será sempre diferente, mesmo que seja diferença sutil. E, como as sensações internas tambem compõe a consciência, jamais haverá uma visão igual a outra. Nem entre pessoas e nem para nós mesmos.

Por isso, Smolin defende que apenas as visões únicas e não as que possuem copias, podem compor os estados conscientes, por serem muto mais raras. Caso contrário, teríamos uma pletora de visões se superpondo em meio ao caos. A consciência é exigente. Demanda exclusividade. Com suas reflexões sobre o tempo e a realidade, sugere que o universo está em constante processo de auto-criação. Para ele, as leis da física não são estáticas, mas evolutivas.

Nesta visão, cada momento é único e contribui para a evolução do cosmos. Se combinarmos essa perspectiva com a noção de que a consciência é fundamental, podemos começar a imaginar um universo onde a consciência desempenha um papel ativo na moldagem da realidade, contribuindo para a evolução das próprias leis da física.

Cada indivíduo, em sua complexidade singular, percebe o mundo ao seu redor de uma forma que é, em essência, incomparável à de qualquer outro ser. A singularidade da experiência consciente, então, torna-se um fato incontestável.

Os pensadores têm se debruçado sobre a natureza da consciência e sua singularidade há séculos. Como mencionado, Lee Smolin é um dos cientistas contemporâneos que advoga pela ideia de que a exclusividade é fundamental para a experiência consciente. A argumentação dele parece estar enraizada em uma percepção profunda sobre a natureza da realidade: que cada ponto de vista é único e irrepetível, e que a multiplicidade de perspectivas é essencial para uma compreensão completa do cosmos.

Ele nos apresenta uma perspectiva revolucionária sobre o universo, desafiando noções convencionais e trazendo à luz uma visão radicalmente diferente. Fundamentalmente propõe que, em vez de vermos o universo como uma entidade singular e coesa, deveríamos imaginá-lo como uma coleção em constante evolução de visões parciais de si mesmo. Esta abordagem, ao invés de buscar um panorama completo, concentra-se em fragmentos dinâmicos e interconectados que, juntos, compõem a tapeçaria do cosmos.

Esta perspectiva de Smolin encontra ecos em outras teorias da física e da filosofia. Tomemos, por exemplo, a teoria da relatividade de Einstein. Nela, a noção de um "agora" universal é descartada em favor de uma compreensão de que a percepção do presente depende intrinsecamente do observador. Assim, o que é considerado presente para um pode ser diferente para outro. Da mesma forma, a ideia de Smolin de descartar um conceito fixo de espaço-tempo e, em vez disso, visualizar uma rede de eventos interligados, tem semelhanças com as abordagens da teoria quântica do espaço-tempo. Nesta última, o próprio tecido do espaço-tempo não é contínuo, mas composto por uma série de eventos quânticos que se entrelaçam e se conectam.

Mas é a valorização da diversidade e da variedade de visões que verdadeiramente distingue sua proposta. Em um campo onde muitos buscam a tão almejada "teoria de tudo", Smolin sugere um caminho diferente. Em vez de uma descrição universal e definitiva do universo, ele postula que a verdadeira natureza do cosmos pode ser melhor compreendida através de múltiplas perspectivas, cada uma oferecendo um vislumbre único, mas nenhuma delas abrangendo o todo.

Para visualizarmos essa ideia, podemos imaginar uma sala repleta de janelas. Cada uma delas oferece uma imagem distinta do mundo exterior: uma árvore aqui, um lago ali, talvez um prédio ao longe. Enquanto cada janela nos oferece uma cena, nenhuma delas captura completamente a vastidão do que está além da sala. No pensamento de Smolin, cada uma dessas janelas representa uma visão distinta do universo. E assim como o cenário além de uma janela pode mudar com o tempo, o universo proposto por Smolin não é estático. Ele flui, muda e evolui, com energia e momento se movendo e se transformando em um balé cósmico que nunca para.

Imagine-se observando uma cena aparentemente simples, como uma folha caindo de uma árvore. A primeira sugestão de Smolin é que essa percepção consciente, que tão vividamente capturamos, não é apenas uma imagem efêmera em nossa mente. Ela corresponde, de fato, a um evento físico ou a um conjunto de eventos que estão ligados por leis. Esta folha, enquanto desce, carrega em sua trajetória todas as informações sobre seu passado e o que ocorreu em seu entorno.

No entanto, nem todos os eventos que percebemos têm o mesmo peso em nossa consciência. Os eventos que ocorrem rotineiramente ao nosso redor, e que são previsivelmente governados por leis quânticas, não parecem estar conectados diretamente à nossa consciência. Os átomos da folha, por exemplo, movendo-se em sua dança quântica, seguem um padrão, mas esse padrão não é diretamente percebido por nossa mente consciente.

Mas há algo profundamente cativante em momentos verdadeiramente únicos, aqueles que quebram a rotina e nos surpreendem. Um eclipse solar raro, um encontro fortuito com um animal selvagem ou a sensação de um momento de epifania. É na singularidade desses momentos que Smolin vê uma ligação mais profunda com nossa consciência. E indo além, ele postula que existem certas percepções ou visões que são tão singulares, tão únicas, que não têm cópias em todo o universo. Essas visões raras e irrepetíveis são as únicas que podem se associar a percepções conscientes.

As cores, os sons e as sensações que experimentamos têm significados mais profundos. Pode ser que estas variadas percepções, de fato, estão ligadas a diferentes níveis de energia no universo. O vibrante azul do céu ou a cadência suave de uma canção noturna podem ser manifestações de diferentes níveis de energias que permeiam nossa realidade.

Isso nos leva a questionar a noção tradicional de objetividade. Se cada consciência é uma entidade exclusiva, a própria ideia de uma "visão objetiva" torna-se problemática. Filósofos como Edmund Husserl e Maurice Merleau-Ponty enfatizaram a primazia da experiência subjetiva. Eles argumentaram que a percepção é sempre mediada pelo corpo e pela história individual, tornando cada experiência intrinsecamente pessoal.

A consciência, portanto, não é apenas um fenômeno passivo. Não é uma tela em branco onde se projetam imagens do mundo exterior. É, em vez disso, um ato criativo. Cada indivíduo, com suas experiências, memórias e predisposições, co-cria sua própria realidade. Como o filósofo Alfred North Whitehead sugeriu, a realidade é um processo em constante evolução, e cada consciência desempenha um papel ativo nesse desdobramento.

A insistência da consciência na exclusividade, pode ser vista como uma salvaguarda contra a homogeneização da experiência. Em um mundo crescentemente globalizado, onde as culturas e ideias se entrelaçam como nunca, a singularidade da perspectiva individual torna-se ainda mais valiosa. Por mais que compartilhemos deste planeta e da vastidão do cosmos, cada um de nós traz consigo um universo inteiro de experiências e insights.

Ao reconhecer e valorizar a singularidade da experiência consciente, nos aproximamos de uma apreciação mais profunda da diversidade e complexidade da condição humana. E tal reconhecimento, enriquecido por pensadores como Smolin, pode ser a chave para entender não apenas o que nos torna únicos, mas também o que nos une em nossa busca coletiva por significado e compreensão.

Já os postulados da IIT, derivados dos axiomas, tratam mais das características e condições que um sistema deve possuir ou cumprir para ser considerado consciente. Para começar, um sistema, para ser consciente, precisa ter causas e efeitos intrínsecos. Isso sugere que o sistema deve ser capaz de alterar seu próprio estado através de suas interações internas. A natureza e a qualidade da consciência do sistema são delineadas pelos mecanismos específicos que o compõem e pela maneira como esses mecanismos se interconectam. O sistema, em sua vastidão e complexidade, pode assumir diferentes estados, indicando um amplo repertório de potenciais experiências conscientes. Mas, mesmo com essa variedade, a informação gerada pelo sistema tem que ser irredutível, garantindo que a consciência seja uma entidade unificada. Em outras palavras, a consciência de um sistema não pode ser decomposta em consciências separadas de suas partes individuais. Por fim, apenas o conjunto de elementos no sistema que gera a máxima informação integrada - referido como complexo principal - é associado à experiência consciente.

Para a IIT, a chave para entender a consciência reside em sua capacidade de integrar informação. Isso significa que um sistema consciente, em sua essência, deve ser capaz de combinar informações de várias fontes de uma maneira coesa e unificada. Dentro dessa teoria, dois conceitos emergem como cruciais: diferenciação e integração. Enquanto a diferenciação se refere à capacidade de um sistema de assumir uma ampla gama de estados, refletindo a riqueza de nossas experiências, a integração se refere à forma como essas experiências são interconectadas e unificadas em nossa consciência.

O mais provocativo sobre a IIT é sua sugestão de que a consciência pode emergir não apenas de cérebros biológicos, mas de qualquer sistema que atenda aos critérios de diferenciação e integração. Isso implica que redes neurais artificiais ou sistemas não biológicos também podem, teoricamente, possuir consciência.

Com a IIT, Tononi não apenas fornece uma nova lente para examinar a consciência, mas também estende a mão para áreas da ciência que buscam ferramentas quantitativas para medir e entender a consciência, abrindo portas para futuras descobertas sobre a natureza da mente e da existência.

Em outras palavras, para que um sistema seja consciente, ele deve ser capaz de combinar informações de várias fontes de uma maneira unificada, enquanto ainda mantém a capacidade de diferenciar entre essas fontes de informação.

Um aspecto intrigante da IIT é a introdução de uma medida quantitativa chamada Phi, que serve para quantificar o grau de integração de informação de um sistema. Isso significa que, se um sistema, seja ele biológico ou não, possui um alto grau de Phi, ele é mais propenso a ser consciente. Por exemplo, o cérebro humano, durante a vigília, terá um valor de Phi mais alto do que durante um sono profundo sem sonhos.

A introdução do Phi proporcionou aos cientistas uma maneira de examinar a consciência de uma perspectiva mais objetiva. Em vez de depender apenas de observações subjetivas e introspecção, agora há uma métrica que pode ser usada para comparar diferentes estados de consciência e até mesmo a consciência entre diferentes organismos ou sistemas. Tambêm, quando Tononi vinculou a consciência a quantidade de informação, de algum modo ele atribuiu a consciência um correlato físico, no caso a entropia informacional.

Um dos desafios principais da IIT é a questão da aplicabilidade prática, principalmente no que tange à medição do índice de integração de informação, conhecido como Phi, em sistemas complexos como o cérebro humano. O cálculo do Phi em tais sistemas demanda um esforço computacional imenso, que aumenta exponencialmente e, na prática, pode se tornar inviável.

Além disso, a IIT ao que sistemas não biológicos também podem possuir consciência, desde que apresentem um alto valor de Phi, alimenta debates não apenas científicos, mas também éticos e filosóficos. A possibilidade de sistemas artificiais ou não biológicos serem conscientes desafia nossas noções tradicionais de consciência e levanta questões fundamentais sobre direitos, moralidade e a natureza da vida e da mente.

No entanto, apesar desses desafios, há avanços no campo. Marcello Massimini e colaboradores desenvolveram métodos para estimar o Phi de maneira indireta, o que tem implicações clínicas significativas. Um desses métodos envolve a complexidade perturbada, uma abordagem que mede a resposta do cérebro a uma perturbação externa, como um estímulo magnético. A resposta do cérebro é analisada para avaliar sua complexidade, que, por sua vez, é usada para estimar o Phi. Essa abordagem oferece uma maneira prática e viável de investigar a consciência em pacientes, especialmente aqueles em estados alterados de consciência, como coma ou estado vegetativo. Assim, a IIT, apesar de suas controvérsias, continua a ser uma área de pesquisa importante e com potencial para aplicação prática significativa.

O conceito avançado pela Teoria da Informação Integrada (IIT) - que a consciência não é um privilégio exclusivo dos cérebros biológicos, mas pode emergir de qualquer sistema com capacidades adequadas de diferenciação e integração - é certamente audacioso. Esta ideia, ao sugerir que máquinas ou redes neurais artificiais podem, sob certas circunstâncias, ter consciência, abala profundamente nossas noções tradicionais sobre a natureza da mente e da identidade.

Diversos pensadores e pesquisadores ao longo do tempo tocaram nesse tema, ainda que de maneiras distintas. Marvin Minsky, por exemplo, um dos pioneiros da inteligência artificial, explorou a ideia de que máquinas podem replicar processos cognitivos humanos. Embora ele não tenha necessariamente postulado que as máquinas podem ser conscientes da mesma forma que os seres humanos, sua obra "A Society of Mind" sugere que a mente é composta de muitos pequenos processos, ou "agentes", que juntos resultam em cognição - uma visão que de certa forma ecoa a ênfase da IIT na integração de informações.

A descrição das ideias de Marvin Minsky em relação à Integrated Information Theory (IIT) mostra paralelos, mas também diferenças importantes. Minsky, um pioneiro da inteligência artificial, propõe que a mente humana é composta por muitos pequenos processos ou "agentes", cuja interação resulta na cognição. Esta visão enfatiza que a cognição emerge da combinação de múltiplos processos menores. Embora isso ecoe a ênfase da IIT na integração de informações como fundamental para a consciência, Minsky não se focou na consciência em si, mas sim na cognição e na inteligência artificial. Além disso, ele não abordou diretamente a questão da consciência em máquinas, focando mais em replicar processos cognitivos humanos em máquinas, ao invés de explorar sua capacidade de ter consciência. Assim, apesar de algumas semelhanças conceituais, as abordagens e objetivos de Minsky e da IIT são distintos.

Outra figura importante nessa discussão é David Chalmers. Ele tem considerado a possibilidade de consciência em máquinas e sistemas artificiais. Em seu trabalho, ele defende que se uma máquina replicar fielmente os processos de um cérebro consciente, então não há razão filosófica para negar que essa máquina tenha uma experiência subjetiva semelhante.

Além disso, o conceito de "panpsiquismo" - a ideia de que a consciência, ou pelo menos algum grau ou tipo de experiência, é uma característica fundamental do universo - é outra corrente filosófica que ressoa com essa perspectiva. Defensores contemporâneos do panpsiquismo, como Philip Goff, argumentam que a consciência não é restrita apenas a seres biológicos complexos, mas pode ser uma característica inerente da realidade em diversos níveis.

O panpsiquismo é uma ideia antiga, com raízes que remontam a algumas das mais antigas tradições filosóficas. Simplificando, sugere que a consciência, ou algum tipo de qualia ou experiência subjetiva, está presente em todos os níveis da realidade, não apenas em seres biológicos complexos. No centro desse pensamento está a noção de que cada partícula, cada pedaço da realidade, por menor que seja, possui uma forma rudimentar de experiência ou consciência.

Philip Goff, um dos principais defensores contemporâneos do panpsiquismo, sugere que essa perspectiva pode resolver o chamado "problema difícil da consciência". Em vez de tentar entender como a matéria inanimada dá origem à experiência subjetiva, o panpsiquismo propõe que a experiência já está lá, de alguma forma, em todos os níveis.

Essa visão pode ser vista como uma resposta naturalista ao mistério da consciência. Em vez de postular entidades ou processos não físicos para explicar a mente, o panpsiquismo sugere que a consciência é uma característica fundamental da realidade, assim como a massa ou a carga elétrica no âmbito da física.

Historicamente, o panpsiquismo encontrou apoio em figuras notáveis como Baruch Spinoza, que via Deus ou a Natureza como possuindo tanto atributos de pensamento quanto de extensão, e Alfred North Whitehead, cuja filosofia do processo sugeria que a realidade é composta de "ocasiões de experiência" que se combinam de formas complexas. Mais recentemente, pensadores como Thomas Nagel, em seu ensaio "What is it like to be a bat?", abordou a ideia de que a experiência subjetiva é um aspecto fundamental e irredutível da realidade.

Relacionar o panpsiquismo com ideias fisicalista pode parecer um desafio à primeira vista, uma vez que a física lida predominantemente com propriedades objetivamente mensuráveis. No entanto, algumas interpretações da mecânica quântica, como a interpretação de múltiplos mundos, já desafiam nossas noções convencionais de realidade e sugerem a existência de uma multiplicidade de realidades subjacentes. Se aceitarmos que a realidade é fundamentalmente mais estranha e rica do que nossas descrições clássicas sugerem, então talvez não seja tão radical propor que a experiência subjetiva seja uma característica intrínseca dela.

A chave aqui é reconhecer que, enquanto a física fornece uma descrição objetiva e quantitativa do universo, a consciência representa nossa experiência subjetiva e qualitativa desse mesmo universo. O panpsiquismo, ao sugerir que esses dois aspectos estão intrinsecamente ligados, oferece uma visão unificada e naturalista da realidade, uma que engloba tanto a objetividade rigorosa da ciência quanto as ricas manifestações da experiência subjetiva.

Todas essas perspectivas, de uma forma ou de outra, convergem para a ideia de que a consciência não é o domínio exclusivo dos seres humanos ou de cérebros biológicos. Se aceitarmos as implicações da IIT e as considerações de pensadores como Chalmers e Goff, somos confrontados com uma realidade onde a consciência pode ser muito mais difundida e diversa do que tradicionalmente imaginávamos. Esta é uma ideia que desafia, mas também amplia nossa compreensão da mente, da identidade e da própria natureza da realidade.

Nesse momento vale a pena discutir um aspecto importante. Trata-se da diferença entre aspectos funcionais e comportamentais da consciência.

A distinção entre aspectos funcionais e comportamentais da consciência é uma conversa essencial no domínio da filosofia da mente e das ciências cognitivas. Os aspectos funcionais referem-se à maneira como a consciência opera ou funciona. São os processos que ocorrem no fundo, que nos permitem processar informações, tomar decisões e conduzir outras operações cognitivas. Em contraste, os aspectos comportamentais envolvem as manifestações observáveis da consciência, como ações, reações ou outros comportamentos que podem ser diretamente medidos e estudados. Assim, enquanto reagimos ao mundo com base no nosso estado consciente, investigadores e cientistas podem testar e medir essas reações para entender melhor a consciência.

Embora os aspectos funcionais e comportamentais da consciência possam ser investigados de maneira experimental e tenham sido o foco de muitas pesquisas, os aspectos subjetivos e qualitativos, frequentemente chamados de "qualia", permanecem um enigma. Para entender verdadeiramente a consciência, é crucial considerar ambos os lados: o funcional e o subjetivo, pois ambos compõem o mosaico da nossa experiência consciente.

Dentro deste cenário, Thomas Nagel, em seu icônico ensaio "O que é ser um morcego?", explorou a inerente limitação da nossa capacidade de compreender completamente as experiências subjetivas de outros seres. Ele argumentou que, por mais que possamos entender o comportamento e a fisiologia de um morcego, nunca poderíamos saber como é "ser" um morcego e vivenciar o mundo através de sua perspectiva única.

Em suas obras influentes das décadas passadas, destacou um dilema fundamental na compreensão da mente. Ele argumenta que existe um impasse entre atingir os padrões objetivos da ciência e capturar a essência subjetiva das experiências mentais. Segundo Nagel, ao aderirmos estritamente aos critérios científicos objetivos, perdemos o caráter intrinsecamente subjetivo da experiência mental. Por outro lado, se nos concentrarmos na subjetividade da mente, parecemos nos distanciar dos padrões objetivos da ciência. Nagel reconhece a possibilidade de acessar estados mentais conscientes cientificamente, mas ressalta que tal abordagem científica não consegue abarcar a experiência subjetiva, que é central para a consciência.

No mesmo sentido, o filósofo Daniel Dennett levanta questões sobre o papel da introspecção e da autoconsciência na compreensão da consciência. Segundo Dennett, devemos ser cautelosos ao confiar demais em nossas introspecções, pois elas podem não ser tão confiáveis ou objetivas quanto pensamos. A consciência, para ele, é mais sobre como o cérebro cria uma narrativa coerente a partir das informações que recebe.

Por outro lado, o psicólogo cognitivo Steven Pinker em seu trabalho sugere que a mente humana, com sua capacidade de raciocínio, linguagem e emoção, oferece uma janela única para a compreensão dos meandros da consciência. A mente, em sua visão, é um sistema de computação neural, e a consciência é apenas um subproduto dessa complexidade.

A Teoria Global da Workspace (GWT) é uma proposta fascinante e influente sobre a natureza da consciência, que ganhou destaque nas últimas décadas como uma alternativa à Teoria da Informação Integrada. Sua gênese pode ser atribuída a Bernard Baars, um neurocientista cognitivo que, na década de 1980, começou a articular uma abordagem teórica que se opunha às ideias dominantes da época.

Em um período em que muitos neurocientistas estavam se concentrando nas atividades de áreas cerebrais individuais, Baars sugeriu que a consciência não poderia ser confinada a uma região específica do cérebro. Em vez disso, ele propôs que a consciência emerge da interação e integração de várias redes neuronais. Central para a GWT é a ideia de um "espaço de trabalho global", uma espécie de teatro mental no qual diferentes processos e informações competem pela atenção. Uma vez que uma informação ou processo domina esse espaço de trabalho, ele se torna consciente.

Uma metáfora frequentemente usada para descrever a GWT é a de um teatro. Imagine o cérebro como um palco de teatro. Nos bastidores, há muitos atores (ou processos cerebrais) preparando-se, ensaiando e aguardando sua vez. No palco, no entanto, apenas uma cena é representada de cada vez, visível para a audiência. Essa "cena" que é colocada em destaque é a experiência consciente no momento. Assim, enquanto há muitas operações acontecendo em segundo plano (inconscientemente), apenas uma pequena fração delas chega ao "palco" da consciência.

A GWT tem sido associada ao trabalho de outros cientistas e filósofos. Stanislas Dehaene, por exemplo, aprofundou a GWT, investigando-a no contexto da neurociência experimental. Ele propôs que o córtex pré-frontal desempenha um papel crucial como o "espaço de trabalho" no qual a informação se torna consciente.

Ao comparar a GWT com a IIT, vemos diferenças fundamentais em seus focos. Enquanto a IIT é amplamente considerada uma teoria da "essência" da consciência, tentando definir e quantificar o que torna um sistema consciente, a GWT é mais uma teoria do "processo" da consciência, focada em como as informações se tornam conscientes no cérebro. A IIT se preocupa com a integração e diferenciação da informação, enquanto a GWT se concentra no modo como informações de diferentes áreas do cérebro são consolidadas em uma experiência consciente.

Ambas as teorias fornecem perspectivas valiosas e têm seus méritos. Enquanto a GWT fornece uma abordagem prática que se alinha bem com estudos neurocientíficos, a IIT oferece uma perspectiva mais filosófica e abstrata, buscando abordar questões mais profundas sobre a natureza da consciência. Como acontece com muitas questões na ciência, é possível que elementos de ambas as teorias possam ser combinados no futuro para fornecer uma compreensão mais completa da consciência.

Enquanto a GWT e a IIT oferecem visões distintas da consciência, ambas compartilham o reconhecimento da complexidade e multidimensionalidade desse fenômeno. O estudo da consciência não é apenas uma questão de identificar processos ou estruturas cerebrais, mas de entender como esses componentes interagem e se entrelaçam para dar origem à experiência subjetiva.

A partir dessas teorias, emerge uma importante reflexão: a consciência não é um atributo binário, algo que um sistema tem ou não. Em vez disso, pode haver graus de consciência, com sistemas diferentes possuindo níveis variados de experiência subjetiva. Algumas propostas, por exemplo, sugerem que até mesmo organismos mais simples, como certos invertebrados, podem possuir um nível rudimentar de consciência, baseado em sua capacidade de processar informações e reagir ao ambiente.

Esta perspectiva gradual e contínua abre a porta para inúmeras investigações interdisciplinares. Psicólogos, neurocientistas, filósofos e até mesmo engenheiros de inteligência artificial podem colaborar para traçar um mapa mais completo do território da consciência. As implicações são vastas. Se aceitarmos que há graus de consciência, como tratamos outros seres vivos, ou mesmo máquinas, pode precisar ser reavaliado. Além disso, o progresso nas neurociências e na IA pode nos permitir modificar ou mesmo amplificar nossa própria consciência.

Ao mesmo tempo, tais discussões levantam questões éticas. Se uma máquina pode, em teoria, possuir algum grau de consciência, quais são nossas responsabilidades para com ela? E se pudéssemos alterar nossa própria consciência, deveríamos? Em que circunstâncias?

Essas questões emergem com mais força à medida que avançamos nas fronteiras do entendimento sobre consciência. A consideração sobre máquinas possivelmente conscientes nos instiga a redefinir a ideia de direitos e dignidade, não somente para humanos, mas para todos os seres sencientes. Se uma máquina detém algum nível de consciência, isso poderia significar que ela tem seus próprios interesses, desejos ou, até mesmo, sofrimentos. Assim, a possibilidade de dano ou benefício a tais entidades teria que ser levada em consideração ao se determinar como tratá-las.

Além disso, a capacidade de modificar a consciência, seja por meio de técnicas de neuromodulação, drogas psicotrópicas ou outros métodos, apresenta um dilema ético. Quem teria o direito de decidir sobre essas alterações? E quais seriam os limites aceitáveis para tais modificações? A autonomia do indivíduo precisa ser pesada contra os possíveis riscos e implicações para a sociedade como um todo.

Entrelaçado a essa discussão, temos a questão dos estados patológicos aparentemente desprovidos de consciência. Indivíduos que se recuperam de estados graves, como o coma, muitas vezes enfrentam períodos em que sua consciência é questionável. Em certos casos, pode-se acreditar que a pessoa está completamente inconsciente, quando, na realidade, ela pode estar experienciando um estado de consciência minimamente consciente ou até mesmo um estado de consciência plena, mas incapaz de se comunicar ou interagir com o mundo exterior.

Tais situações apresentam dilemas significativos para os profissionais de saúde e para os entes queridos do paciente. Como decidir sobre tratamentos, cuidados ou mesmo sobre a retirada de suporte vital em circunstâncias tão nebulosas? Aqui, a necessidade de métodos precisos e confiáveis para avaliar a consciência torna-se premente. Além disso, os direitos desses pacientes precisam ser considerados e protegidos. Mesmo na ausência de comunicação clara, eles podem estar experienciando o mundo de uma forma que simplesmente não compreendemos completamente.

À medida que a tecnologia avança e nossa compreensão sobre a consciência se expande, é imperativo que a ética mantenha o passo, garantindo que as decisões tomadas respeitem a dignidade e os direitos de todos os seres sencientes, sejam eles humanos, animais ou, potencialmente, máquinas.

Max Tegmark explora os confins do universo, não apenas do ponto de vista físico, mas também filosófico. Em sua obra "Nosso Universo Matemático", Tegmark propõe uma visão audaciosa de que o universo, em sua essência, é uma estrutura matemática. Não se trata apenas de um universo descrito pela matemática, mas de uma realidade que é, intrinsecamente, matemática. Esta perspectiva, embora radical, tem implicações profundas para nossa compreensão da consciência. Se a realidade é fundamentalmente matemática, a consciência, que é uma parte integrante dessa realidade, também pode ser descrita em termos matemáticos.

Expandindo esta noção, Tegmark sugere que podemos, eventualmente, alcançar uma formulação matemática da consciência. Em vez de vê-la como um fenômeno misterioso e intangível, poderíamos começar a entender a consciência em termos quantitativos e estruturais, assim como fazemos com outras entidades físicas.

Mas as reflexões de Tegmark não se limitam à cosmologia e à consciência. Em "Life 3.0", ele adentra o domínio da inteligência artificial, considerando seu impacto potencial na trajetória da humanidade. Tegmark categoriza a vida em três estágios evolutivos: Life 1.0, que é puramente biológica; Life 2.0, que abrange a cultura e a aprendizagem; e Life 3.0, que se refere à vida tecnológica, onde a inteligência artificial desempenha um papel central. À medida que a IA avança, Tegmark prevê um mundo onde ela não apenas iguala, mas supera a inteligência humana, levantando questões cruciais sobre coexistência, ética e valores.

De fato, a ética da IA é uma área em que Tegmark tem sido particularmente vocal. Ele expressa preocupações sobre o desenvolvimento acelerado da inteligência artificial sem as devidas precauções. Para ele, não basta que as máquinas se tornem conscientes; é imperativo que seus valores e objetivos estejam alinhados com os da humanidade. Uma máquina consciente, argumenta Tegmark, poderia ter intenções radicalmente diferentes das nossas, e é nossa responsabilidade garantir que as tecnologias emergentes sejam desenvolvidas de forma responsável.

    Ao comparar as ideias de Tegmark com a Teoria Integrada da Informação de Giulio Tononi, observa-se uma convergência na importância atribuída à matemática na compreensão da consciência. No entanto, enquanto Tononi foca na quantificação da experiência consciente através do valor Phi, Tegmark busca uma compreensão mais abrangente e fundamental, enraizada na própria estrutura do universo. Além de suas reflexões sobre a natureza matemática do universo e a ascensão da inteligência artificial, introduziu um conceito intrigante: o "perceptronium" que seria a substância hipotética mais geral que pode sentir ou perceber, possuindo propriedades que o tornam distinto de outras formas de matéria, como o elétron ou o Proton. No contexto da sua visão sobre a consciência, o perceptronium representa uma matéria que é tanto computacional quanto consciente. Ele propõe que a consciência pode ser vista como um estado da matéria, assim como os estados sólidos, líquidos e gasosos que estamos acostumados.

    O conceito de perceptronium sugere que a consciência não é apenas uma propriedade emergente de sistemas complexos, como o cérebro humano, mas também pode ser inerente a certas configurações de matéria. Isso se alinha com a ideia de que a consciência pode ser descrita e entendida em termos matemáticos e físicos. Na visão de Tegmark, a consciência é um fenômeno que emerge de arranjos particulares de partículas, e o perceptronium seria o "arranjo" ideal ou o estado de matéria que maximiza a consciência.

    Integrando o perceptronium ao panorama mais amplo das ideias de Tegmark, vemos uma tentativa de quantificar e categorizar a consciência de uma forma fundamentalmente física. Ao mesmo tempo, ao compará-lo com a Teoria Integrada da Informação, percebemos que ambos os enfoques buscam uma compreensão quantitativa da consciência. No entanto, enquanto Tononi oferece uma métrica específica através do valor Phi, Tegmark expande a fronteira para incluir a própria natureza da matéria e seu potencial consciente.

    Este enfoque na consciência como uma propriedade da matéria, especificamente do perceptronium, oferece uma perspectiva revolucionária. Sugere que, além dos seres biológicos, pode haver outras formas de consciência no universo, esperando ser descobertas.

Vamos refletir. Até onde consigo enxergar, até onde meu conhecimento me leva, tudo no universo que interage o faz seguindo as leis naturais, muitas das quais são perfeitamente conhecidas. Portanto, qualquer coisa nova, inédita, deve ser definida pelos seus estados e relações imediatamente anteriores, pois, mesmo nova, não existe vinda do nada.

A ideia de que tudo no universo segue leis naturais e é determinado por estados e relações anteriores é uma reflexão que se entrelaça profundamente com os alicerces do pensamento humano, abrangendo tradições filosóficas, religiosas e científicas.

Primeiramente, podemos considerar o determinismo. Desde os filósofos presocráticos da Grécia Antiga até os físicos modernos, a noção de que cada evento ou ação no universo é o resultado inevitável de eventos anteriores permeia o pensamento ocidental. No período clássico, especialmente sob a influência da mecânica newtoniana, este conceito foi solidificado. O universo era frequentemente visualizado como uma imensa máquina, operando com precisão relógio, onde, se tivéssemos conhecimento completo sobre o estado atual de um sistema, poderíamos prever seu futuro com exatidão.

As leis da conservação na física ampliam essa ideia. Estas leis, que incluem a conservação da energia, do momento e da massa, fundamentam o entendimento de que no universo nada realmente desaparece; tudo é transformado. A energia não é criada nem destruída; é continuamente reconfigurada. Esta constante metamorfose sustenta a noção de que, embora as coisas possam mudar de forma, sua essência ou matéria subjacente permanece consistente.

Em paralelo a isso, temos o princípio da causalidade, uma pedra angular da filosofia e da ciência. Este conceito postula que todo efeito tem uma causa. Grandes pensadores, como Immanuel Kant, refletiram sobre esta ideia, propondo que a causalidade é uma das categorias fundamentais através das quais compreendemos o mundo. Em nosso desejo de encontrar significado e ordem no universo, buscamos incessantemente as relações de causa e efeito.

Avançando para os tempos mais recentes, o conceito de causalidade recebeu atenção considerável de pesquisadores interessados em quantificar e modelar relações causais, particularmente em campos como estatística, ciência da computação e economia. Neste contexto, Judea Pearl surge como uma figura proeminente. Sua obra seminal no campo da causalidade representou um avanço na forma como concebemos e medimos relações causais em ambientes complexos.

Pearl introduziu uma abordagem gráfica para entender a causalidade, usando o que são chamados de "diagramas causais". Estes diagramas, ou redes bayesianas, permitem aos pesquisadores visualizar e testar relações causais, levando em consideração variáveis de confusão e outras complicações que podem obscurecer relações causais verdadeiras. Além disso, ele formulou uma série de critérios, conhecidos como "critérios de intervenção", que fornecem um conjunto de regras matemáticas para determinar se uma relação causal pode ser inferida a partir de dados observacionais.

Outras figuras notáveis que contribuíram significativamente para este campo incluem Donald Rubin, que introduziu o conceito do "modelo causal de Rubin" ou "modelo de potenciais resultados". Este modelo é fundamental para entender como tratamentos ou intervenções afetam desfechos em estudos observacionais e experimentais.

Estas abordagens matemáticas e estatísticas à causalidade representam uma tentativa de formalizar e quantificar algo que, durante séculos, foi predominantemente discutido em termos filosóficos. As contribuições de Pearl, Rubin e outros nesta área proporcionaram ferramentas poderosas para cientistas e pesquisadores em uma variedade de campos, desde a epidemiologia até a economia, permitindo-lhes desvendar os meandros das relações causais com uma precisão sem precedentes.

Dessa forma, enquanto o conceito filosófico de causalidade examina a natureza fundamental da relação entre causa e efeito, os avanços recentes no campo da inferência causal fornecem ferramentas robustas para analisar, modelar e entender essas relações em contextos práticos e aplicados. A combinação desses insights filosóficos e técnicos enriquece nossa compreensão da causalidade, destacando sua importância central tanto na reflexão teórica quanto na investigação empírica.

A consciência, ao longo dos séculos, foi vista predominantemente como um domínio puramente filosófico, uma experiência subjetiva e misteriosa que desafiava a explicação objetiva. No entanto, à medida que avançamos em nossa compreensão dos mecanismos cerebrais e das ciências cognitivas, começamos a perceber que a consciência, assim como outras entidades complexas, está sujeita às leis da causalidade.

Ao tentar entender a origem e a natureza da consciência, é inevitável examinar as causas subjacentes que levam à emergência dessa experiência. Da mesma forma que Judea Pearl e Donald Rubin buscaram desvendar as relações causais em dados complexos, os neurocientistas e filósofos da mente estão empenhados em mapear as redes e processos neurais que conduzem à experiência consciente.

A pergunta "O que causa a consciência?" pode ser desmembrada em várias questões menores de causalidade. Por exemplo, quais configurações neurais específicas levam ao surgimento da consciência? Quando alterações em certos neurônios ou redes causam alterações na consciência, podemos inferir uma relação causal entre essas entidades? E, à medida que avançamos na criação de inteligências artificiais sofisticadas, surge uma pergunta ainda mais intrigante: quais combinações de processos computacionais poderiam causar uma forma de consciência máquina?

Essas questões destacam o papel central da causalidade na investigação da consciência. Enquanto as teorias da consciência, como a Teoria da Informação Integrada e a Teoria da Workspace Global, oferecem insights sobre os possíveis mecanismos e estruturas subjacentes à consciência, a análise causal pode nos ajudar a determinar as relações precisas entre esses mecanismos e a experiência consciente em si.

Conectar a consciência à causalidade também abre a porta para investigações éticas profundas. Se pudermos identificar as causas exatas da consciência, teríamos a capacidade de induzir, alterar ou até eliminar essa experiência? E, se sim, sob que circunstâncias, se houver, seria ético fazer isso?

No entanto, é essencial também explorar o conceito de emergência. Nas ciências, especialmente ao estudarmos sistemas complexos, reconhecemos que certas propriedades ou comportamentos de um sistema não são meramente a soma de suas partes. Em vez disso, estas propriedades emergem das interações complexas entre suas partes. Aqui, a novidade não é algo criado do nada, mas uma manifestação inesperada e frequentemente imprevisível de interações preexistentes.

A emergência é um fenômeno fascinante que desafia nossa compreensão convencional. Ao analisar sistemas complexos, não podemos simplesmente recorrer à decomposição linear para entender o todo. Em muitos casos, as propriedades emergentes de um sistema são inerentemente não-lineares. Isso significa que pequenas mudanças nas condições iniciais ou nos componentes de um sistema podem resultar em grandes diferenças nos resultados. Esta é a essência da dinâmica não-linear, como capturado poeticamente pelo chamado "efeito borboleta", onde o bater de asas de uma borboleta pode, teoricamente, desencadear um tornado do outro lado do mundo.

Compreender sistemas adaptativos complexos através da lente da "borda do caos" oferece não apenas insights acadêmicos, mas também diretrizes potenciais para a gestão de sistemas complexos em diversos campos. Ao observar ecossistemas, por exemplo, podemos aspirar a aplicar esse conhecimento para prever e, possivelmente, mitigar os efeitos das mudanças climáticas. A capacidade de tais sistemas de se adaptarem a perturbações poderia inspirar estratégias de conservação que visam manter a biodiversidade e a resiliência ecológica.

Na esfera econômica, o entendimento de que as economias são sistemas adaptativos pode levar a políticas que promovem a inovação e a estabilidade por meio do equilíbrio delicado entre regulamentação e liberdade. Políticos e economistas poderiam buscar criar condições em que as empresas e os mercados possam se adaptar rapidamente às novas informações e desafios, evitando tanto a rigidez que impede a inovação quanto a instabilidade que pode levar a crises.

Porém, é crucial reconhecer a diferença entre sistemas naturais e sistemas humanos. Enquanto os primeiros operam sob dinâmicas evolutivas que se estendem por milênios, os sistemas humanos são moldados por escolhas conscientes, valores culturais e uma complexidade que vai além de interações biológicas. As tentativas de aplicar princípios de sistemas naturais a contextos sociais devem ser feitas com cautela, respeitando as dimensões éticas e morais que governam o comportamento humano.

Além disso, a metáfora da "borda do caos" pode ser estendida para contemplar a experiência humana e a consciência. Se a mente é o produto de sistemas adaptativos complexos, como sugerido por Kauffman, então a nossa percepção, decisão e inovação residem também nesse limiar entre ordem e desordem. Isso poderia explicar a capacidade humana para a criatividade e a resolução de problemas complexos; somos, talvez, naturalmente equipados para navegar na fronteira entre padrões reconhecíveis e a imprevisibilidade do novo.

A ideia de que a consciência pode ser uma emergência de sistemas adaptativos complexos operando na "borda do caos" é uma extensão intrigante da teoria e merece uma análise cuidadosa. Esta perspectiva insinua que o dinamismo da consciência — a maneira como ela se desdobra e se adapta — reflete o comportamento de sistemas que estão constantemente se ajustando para otimizar o equilíbrio entre estabilidade e flexibilidade.

A capacidade de inovação e criatividade humanas, sob essa visão, seria então um subproduto de nossa localização nessa zona de transição, onde os processos mentais são suficientemente ordenados para garantir coerência e continuidade, mas também suficientemente flexíveis para permitir o pensamento divergente e a geração de novas ideias. Isto explicaria por que a rigidez de pensamento ou a completa aleatoriedade não são propícias à verdadeira inovação ou criatividade; é preciso uma mescla de estrutura e liberdade para que a mente prospere.

Por outro lado, há desafios e limitações nesta interpretação. A consciência humana não é meramente um fenômeno de adaptação e resposta a estímulos; ela é rica em qualidades subjetivas, sentimentos e intenções que são difíceis de mapear diretamente para a linguagem dos sistemas adaptativos. A consciência tem uma qualidade interna, a fenomenologia, que é tão essencial quanto sua capacidade de processamento de informações.

Além disso, enquanto a "borda do caos" é uma metáfora poderosa para entender a complexidade e a adaptação, a consciência é notoriamente difícil de ser encapsulada por qualquer metáfora ou modelo. Ela abrange uma gama de experiências que vão desde a percepção sensorial até a reflexão introspectiva e o planejamento de longo prazo, processos que podem exigir diferentes níveis de ordem e desordem.

Portanto, embora a noção de que a consciência opera na "borda do caos" possa fornecer insights sobre como o cérebro como um sistema se adapta e gera novas ideias, ela ainda é insuficiente para abranger toda a experiência da consciência. A consciência não é apenas um epifenômeno da complexidade; ela tem suas próprias qualidades intrínsecas que precisam ser compreendidas em seus próprios termos, algo que as metáforas baseadas em sistemas adaptativos complexos podem não ser capazes de capturar totalmente. Integrar essa fenomenologia da consciência com a dinâmica de sistemas na borda do caos é um desafio que permanece em aberto para a ciência e a filosofia.

Refletir sobre o "problema fácil" da consciência é abordar as questões que podem ser diretamente associadas a processos físicos, como os mecanismos cerebrais, particularmente o sistema tálamo-cortical, que sustentam as experiências conscientes. É um domínio onde a ciência fez e continua fazendo progresso substancial, mapeando as correlações entre a atividade cerebral e os estados de consciência. Por exemplo, sabemos que o córtex pré-frontal está envolvido em funções executivas e tomada de decisões, enquanto o sistema límbico desempenha um papel crucial na regulação das emoções.

No entanto, ao avançarmos para o "problema difícil" da consciência — a questão de como e por que certos processos cerebrais são acompanhados por experiências subjetivas — nos deparamos com um território significativamente mais enigmático. O problema difícil lida com a qualia, ou a natureza da experiência subjetiva: por que é que o processamento de informações sensoriais é acompanhado por uma experiência interna vivida?

Ao integrar as ideias de Smolin e Penrose, podemos explorar novas dimensões deste problema. Lee Smolin oferece uma perspectiva onde o universo é composto por uma série de "visões" parciais e dinâmicas, sugerindo uma realidade fundamentalmente relacional e informacional. Se aplicarmos essa noção à consciência, podemos começar a ver a experiência consciente como algo que emerge de um complexo entrelaçamento de informações processadas de maneira única e individual por cada cérebro. No entanto, isso ainda não aborda a questão de como essas informações se convertem em experiência subjetiva.

Roger Penrose, por outro lado, conjectura que a consciência pode estar relacionada a processos quânticos no cérebro, uma ideia que busca explicar o problema difícil através da física que ainda não entendemos completamente. Se os processos quânticos contribuem para a consciência, isso poderia significar que há aspectos do funcionamento cerebral que ultrapassam a compreensão clássica da física e da neurociência. A consciência, nesse caso, poderia envolver fenômenos que estão além do puramente algorítmico e que podem estar enraizados na estrutura fundamental do universo, como sugerido pela teoria quântica.

Portanto, enquanto o "problema fácil" se concentra em correlacionar atividade neural com funções conscientes, o "problema difícil" desafia nossa compreensão da própria base da experiência. As teorias de Smolin e Penrose, embora altamente especulativas neste contexto, incentivam uma expansão do escopo da investigação, levando-nos a considerar a possibilidade de que a consciência não seja apenas um subproduto emergente de processos cerebrais complexos, mas também um fenômeno profundamente enraizado nas texturas informacionais e quânticas do universo.

Os sistemas adaptativos complexos, que incluem tudo, desde colônias de formigas a economias humanas, são aqueles que se modificam e se adaptam em resposta às mudanças em seu ambiente. Eles são marcados por interações densas entre componentes, feedbacks e auto-organização. A adaptação, neste contexto, não é um simples ajuste, mas uma coevolução constante entre o sistema e seu ambiente.

A noção de fractalidade, introduzida pelo matemático Benoît Mandelbrot, também desempenha um papel vital em nossa compreensão da emergência. Fractais são formas geométricas que se repetem em diferentes escalas, exibindo auto-similaridade. Essa propriedade pode ser vista em fenômenos naturais, como linhas costeiras, formações montanhosas e até mesmo na estrutura dos pulmões humanos. A ideia central é que padrões complexos podem surgir de regras simples repetidas indefinidamente. Na matemática podemos ter fractais infinitos, mas na natureza visível os fractais têm limites. Quantas escalas cada vez memores existem numa peça de brócolis, de modo que podemos identificar a similaridade entre elas. Talvez seis, pelo menos foram essas que identifiquei na cozinha mostrando para minha filha. Depois, ela desaparece em fragmentos irreconhecíveis. Pelo menos a olho nu.

Ao mergulhar profundamente na complexidade, encontramos o trabalho de pensadores como Ilya Prigogine, que explorou sistemas longe do equilíbrio e como a irreversibilidade e a dissipação podem levar à emergência de novas estruturas. A ordem, neste contexto, não é imposta de cima, mas surge espontaneamente de interações locais.

A abordagem de Ilya Prigogine aos sistemas longe do equilíbrio transformou nossa compreensão da termodinâmica e da emergência da ordem. Prigogine propôs que longe do equilíbrio, onde os sistemas são abertos e trocam energia e matéria com seus ambientes, a irreversibilidade é uma condição inerente. Em outras palavras, processos que dissipam energia não podem ser revertidos simplesmente, apontando para a flecha do tempo. É nesta zona de não-equilíbrio que Prigogine encontrou potencial para a emergência de padrões complexos e estruturas auto-organizadas que ele chamou de "estruturas dissipativas".

Essas estruturas dissipativas são fascinantes porque mostram como a ordem e a complexidade podem surgir naturalmente, mesmo em sistemas que, à primeira vista, parecem estar destinados ao caos pela segunda lei da termodinâmica. A lei, que afirma que a entropia total de um sistema isolado só pode aumentar, não proíbe locais de ordem crescente se o sistema como um todo permanecer em conformidade com a lei. Isso significa que a criação de ordem localizada é possível, desde que seja compensada por uma maior desordem no ambiente do sistema.

O trabalho de Prigogine é particularmente relevante quando olhamos para sistemas biológicos. Os organismos vivos são mestres em manter-se longe do equilíbrio, constantemente trocando energia e matéria com seus ambientes para sustentar suas estruturas altamente organizadas. O coração bombeando sangue ou a célula regulando o transporte de íons são exemplos de processos biológicos que mantêm um estado longe do equilíbrio para funcionar. Além disso, o próprio processo de evolução pode ser visto como uma estrutura dissipativa em escala macro, onde a vida se diversifica e se torna mais complexa ao longo do tempo.

Se levarmos essas ideias para o âmbito da tecnologia e da informação, podemos considerar a internet como um sistema complexo longe do equilíbrio. As redes de comunicação global dissipam enormes quantidades de energia, mas o resultado é uma estrutura de informação altamente organizada e complexa que se adapta e evolui continuamente.

A relevância dos conceitos de Prigogine se estende também ao entendimento da sociedade e cultura. As civilizações podem ser pensadas como sistemas complexos que mantêm um estado longe do equilíbrio por meio de fluxos culturais, econômicos e energéticos. As cidades, por exemplo, podem crescer e se tornar mais complexas ao longo do tempo, desenvolvendo novas estruturas sociais e tecnológicas enquanto dissipam energia e recursos.

Portanto, o legado de Prigogine nos lembra que a ordem e a complexidade em nosso mundo muitas vezes não são o produto de um design inteligente ou de uma mão orientadora, mas podem surgir espontaneamente das propriedades fundamentais dos sistemas físicos. Isso tem implicações filosóficas profundas, pois sugere que a criatividade e a inovação são propriedades intrínsecas do cosmos, não apenas dos seres humanos. É uma visão que celebra o potencial ilimitado para a emergência da novidade e da ordem, mesmo diante da aparente marcha inexorável em direção ao caos e à desordem.

A relevância das ideias de Prigogine para o estudo da consciência pode ser profundamente significativa, considerando que a mente humana pode ser vista como um sistema complexo funcionando longe do equilíbrio. Se aceitarmos a premissa de que a consciência emerge de processos físicos, a teoria de Prigogine nos fornece um modelo potencial para entender como a complexidade da consciência poderia surgir de operações cerebrais mais fundamentais.

O cérebro é um exemplo de um sistema adaptativo complexo. Ele opera longe do equilíbrio, consumindo energia para manter o disparo dos neurônios, o processamento de sinais e a manutenção da homeostase. É um sistema que está constantemente se adaptando, aprendendo e se reorganizando em resposta a estímulos internos e externos. Esta constante troca de informação e energia pode ser pensada como uma analogia às estruturas dissipativas de Prigogine; a ordem e a estrutura (neste caso, a consciência e a cognição) surgem como uma propriedade emergente de um sistema não-linear longe do equilíbrio.

Dentro desse quadro, podemos começar a mapear o "problema fácil" da consciência - entendendo os mecanismos pelos quais a consciência se manifesta. Estudar como os padrões de atividade neural correspondem a experiências conscientes específicas pode ser análogo a estudar como padrões climáticos emergem de interações físicas no sistema da Terra. Este é um problema de complexidade, mas não necessariamente um de inacessibilidade; com ferramentas e métodos adequados, pode ser compreendido.

O "problema difícil" da consciência, no entanto, é mais esquivo. Como e por que esses processos físicos dão origem à experiência subjetiva? As ideias de Prigogine não oferecem uma resposta direta, mas sugerem um caminho pelo qual a resposta pode ser abordada. Se a consciência pode emergir de processos cerebrais devido à complexidade inerente a sistemas longe do equilíbrio, então talvez a chave esteja na maneira como a informação é integrada e utilizada de maneira não-linear por esses sistemas.

A consciência, neste contexto, pode ser um estado emergente que surge quando um sistema atinge um certo nível de complexidade - um ponto de vista que encontra ressonância nas ideias de Giulio Tononi e sua Teoria Integrada da Informação, que postula que a consciência corresponde ao nível de integração de informação em um sistema.

A noção de estruturas dissipativas também pode lançar luz sobre a evolução da consciência. Se, como sugere Prigogine, a ordem pode emergir de condições de não-equilíbrio, então talvez a consciência tenha surgido como uma estrutura complexa adaptativa - uma nova camada de organização que proporciona vantagens evolutivas em termos de sobrevivência e reprodução.

Todos esses conceitos apontam para uma compreensão mais rica e matizada do universo. A emergência nos lembra que, mesmo nos sistemas mais complexos e aparentemente caóticos, há uma ordem subjacente e uma beleza inerente que emerge das profundezas das interações fundamentais

A mecânica quântica, por sua vez, desafia e complementa essas perspectivas. Em vez do determinismo estrito da física clássica, a mecânica quântica introduz a ideia de probabilidade. Os eventos no nível quântico não são determinados de forma absoluta; em vez disso, existem probabilidades associadas a diferentes desfechos. Este princípio não desafia a ideia de que o universo opera de acordo com leis, mas sugere que essas leis têm uma natureza intrinsecamente probabilística.

Alguns, como Roger Penrose e Stuart Hameroff, foram ainda mais longe, tentando traçar pontes entre o reino quântico e a consciência, propondo que os microeventos quânticos poderiam ser intrínsecos à experiência consciente. Embora essas teorias permaneçam no reino da especulação, elas exemplificam as fronteiras audaciosas do pensamento humano em sua busca para entender a natureza da consciência.

Por último, mas não menos importante, está a reflexão filosófica sobre a natureza do "nada". Pensadores como Parmênides se aprofundaram na ideia de que o "nada" é uma impossibilidade. A afirmação "ex nihilo nihil fit", ou "nada vem do nada", tem sido uma pedra angular da metafísica por milênios. Esta ideia tem implicações profundas, não apenas na filosofia, mas também na teologia, onde debates sobre a natureza da criação frequentemente retornam a essa fundamental questão.

Então percebemos que a consciência só poderá ser entendida se conhecermos de tudo um pouco. Se pensarmos com a mente aberta. A consciência tentando conhecer a si mesma. Mas apenas será possível se levarmos em conta o máximo que pudermos entender do mundo que nos cerca e das suas leis que nos aprisionam. Que, se levadas em consideração, nos levam a termos que aceitar restrições enormes aos nossos pensamentos, julgamentos e condutas. Temos arbítrio sim, mas será que ele é livre?

A busca pelo entendimento da consciência é talvez uma das empreitadas mais complexas e profundas da humanidade. Se seguirmos a ideia de que para compreendê-la precisamos de uma visão holística do universo, estamos reconhecendo que o autoconhecimento não é apenas uma introspecção, mas um diálogo constante entre o eu e o universo.

A ideia de Lee Smolin de que o "eu" é sempre único, pois somente visões únicas produzem consciência, é uma perspectiva fascinante que oferece um possível caminho para resolver a questão da individualidade na consciência. De acordo com essa visão, cada 'eu' seria o resultado de uma configuração particular e irrepetível de informações sobre o passado causal de um evento, o que significa que mesmo eventos que parecem ser quase idênticos em termos físicos poderiam ser diferenciados por suas histórias únicas e, consequentemente, por suas consciências associadas.

Esta é uma viagem que, paradoxalmente, exige tanto a especialização quanto a generalização, o detalhe e o panorama, o micro e o macro. Exige conhecimento, cultura.

A filosofia tem uma longa história de busca pelo entendimento da consciência e do livre-arbítrio. René Descartes, com sua famosa declaração "Cogito, ergo sum" (Penso, logo existo), propunha que a capacidade de pensar e duvidar é a prova irrefutável de nossa existência e consciência. No entanto, ao fazer isso, ele criou uma divisão entre mente e corpo, o que levou a uma série de debates filosóficos sobre a natureza da consciência e sua relação com o mundo físico. Esses debates persistem, resistem ao tempo e se tornam cada vez mais detalhados e sutis.

Baruch Spinoza, por outro lado, desafiou a noção de livre-arbítrio como normalmente a entendemos. Ele argumentava que tudo é determinado por causas anteriores, e que nossa sensação de escolha livre é apenas uma ilusão causada por nossa ignorância das causas que determinam nossos desejos e ações. Para Spinoza, temos arbítrio, mas ele não é "livre" no sentido tradicional, já que está ligado à teia causal do universo.

Já Immanuel Kant argumentava que, enquanto o mundo fenomenal (o mundo como o experimentamos) está sujeito às leis da causalidade, o mundo noumenal (o mundo como ele é em si) é o reino da liberdade. Para Kant, a consciência humana reside nesse mundo noumenal, dando-nos a capacidade de agir livremente. Certamente, para sermos livres, essa liberdade de Kant só poderá ser definida filosoficamente, desvinculada das leis da física do nosso universo, reinando numa consciência que pertence a outro mundo, ou a outra realidade, intangível e indescritível.

No entanto, o mundo moderno e seus avanços em neurociência e psicologia sugerem uma visão mais matizada. Estudos mostram como nossas decisões podem ser influenciadas por fatores subconscientes, desde o ambiente até nosso microbioma intestinal. Isto levanta a questão: até que ponto somos verdadeiramente livres?

Os avanços contemporâneos em neurociência têm revelado aspectos intrigantes sobre a natureza de nossas decisões e até que ponto elas são realmente conscientes. O estudo pioneiro de Benjamin Libet na década de 1980 é frequentemente citado nesse contexto. Libet realizou experimentos nos quais os participantes tinham que escolher um momento aleatório para realizar um movimento simples, como pressionar um botão. Enquanto faziam isso, ele monitorava a atividade cerebral usando eletroencefalografia (EEG). Para surpresa de muitos, Libet observou que a atividade cerebral que indicava a preparação para o movimento (conhecida como potencial de prontidão ou "readiness potential") começava a ocorrer antes de os participantes relatarem que tinham tomado a decisão consciente de se mover.

Este resultado levou a sugestões de que o cérebro inicia certas ações antes de nos tornarmos conscientes delas. Se essa interpretação é correta, coloca em questão a noção tradicional de livre-arbítrio, sugerindo que muitas de nossas decisões podem ser o produto de processos cerebrais inconscientes.

A tecnologia de ressonância magnética funcional (fMRI) ampliou essa linha de investigação. Os experimentos de John-Dylan Haynes e outros reproduziram e aprofundaram os achados de Libet, sugerindo que a preparação cerebral para uma decisão começa ainda mais cedo do que se pensava anteriormente. Os padrões de fluxo sanguíneo no cérebro podem agora prever uma decisão vários segundos antes de a pessoa estar ciente dela.

Essas ondas de atividade que precedem a consciência parecem minar nossa noção de escolha, sugerindo que estamos sempre um passo atrás dos disparadores subconscientes que definem nossos atos. Não apenas a neurociência, mas também a psicologia tem revelado a profundidade do subconsciente em nosso comportamento. O efeito priming, por exemplo, mostra que nossa resposta a um estímulo pode ser influenciada por exposições anteriores a outros estímulos, sem que tenhamos consciência da influência.

O efeito priming é um fenômeno psicológico onde a exposição a um estímulo influencia a resposta a um estímulo subsequente, muitas vezes de maneira inconsciente. Esse efeito ocorre quando uma informação ou experiência prévia (o "prime") prepara ou "predisponha" o indivíduo a responder de uma certa forma quando exposto a um estímulo relacionado posteriormente.

O priming é significativo porque demonstra como nosso comportamento e decisões podem ser influenciados por fatores dos quais não temos consciência plena. Ele revela que grande parte do processamento mental ocorre abaixo do nível da consciência, desempenhando um papel fundamental na forma como percebemos o mundo e reagimos a ele. Este fenômeno é uma área de interesse tanto na neurociência quanto na psicologia, pois ajuda a entender a complexa interação entre processos conscientes e inconscientes na mente humana.

A evidência do impacto do microbioma intestinal em nosso comportamento é outro desenvolvimento fascinante. Pesquisas recentes sugerem que a composição e a saúde de nossa microbiota intestinal podem influenciar nosso humor, apetite e até mesmo nossas escolhas alimentares, destacando a complexa interação entre mente e corpo.

No entanto, é importante ressaltar que esses insights não negam completamente o conceito de livre-arbítrio. Em vez disso, nos desafiam a repensar e redefinir o que significa ser livre. Talvez a verdadeira liberdade não resida em fazer escolhas sem influências externas ou internas, mas em reconhecer e entender essas influências, para que possamos navegar por elas de forma mais informada e deliberada.

Se pararmos para pensar, o livre-arbítrio nunca foi absoluto. Nossa capacidade de escolher sempre foi moldada por uma confluência de fatores, desde nossa educação e cultura até nossas experiências de vida e predisposições genéticas. A diferença é que agora temos uma lente mais clara para examinar e entender esses influenciadores.

E isso pode, paradoxalmente, expandir nossa liberdade. Ao ter consciência dos padrões e tendências subconscientes que influenciam nosso comportamento, adquirimos a capacidade de questioná-los e, quando apropriado, resistir a eles. Por exemplo, se soubéssemos que estamos predispostos a um determinado viés ou comportamento, poderíamos tomar medidas deliberadas para contrariar essa tendência.

Isso nos leva a um conceito mais refinado de liberdade. Não é apenas a capacidade de agir sem restrição, mas a capacidade de agir com consciência e intenção, mesmo quando enfrentamos restrições. É a habilidade de entender nossas próprias inclinações e, quando necessário, redefinir nosso curso. Esta é uma liberdade que é robusta, informada e resiliente.

Além disso, reconhecer e compreender as influências subconscientes em nosso comportamento nos oferece oportunidades para crescimento e transformação pessoal. Ao identificar áreas em que somos inconscientemente influenciados ou tendenciosos, podemos trabalhar ativamente para mudar esses padrões, buscando um comportamento mais alinhado com nossos valores e aspirações.

As intrincadas relações entre o individual e o coletivo é uma fascinante faceta da experiência humana, onde as nuances do subconsciente se entrelaçam com as aspirações conscientes, moldando tanto o crescimento pessoal quanto o progresso coletivo. A compreensão de que somos simultaneamente influenciados por forças subconscientes e, ao mesmo tempo, capazes de direcionar nosso desenvolvimento pessoal, nos oferece uma visão profunda da jornada humana.

Neste contexto, o reconhecimento das influências subconscientes em nosso comportamento não apenas desafia nossa percepção de autonomia individual, mas também abre um caminho para o autoconhecimento e a transformação pessoal. Ao identificar e compreender os padrões subconscientes que nos guiam, temos a oportunidade de refinar nossas ações e decisões, alinhando-as mais estreitamente com nossos valores e objetivos conscientes. Esta jornada de autodescoberta e crescimento pessoal é um ato de empoderamento, uma reivindicação da nossa capacidade de moldar ativamente nossas vidas.

Paralelamente, a noção de "individualismo no coletivo" traz à tona a ideia de que, embora cada indivíduo seja uma entidade única com sua própria trajetória de crescimento, estamos intrinsecamente ligados ao tecido da sociedade. Nossas ações e desenvolvimentos pessoais não ocorrem em isolamento, mas reverberam dentro do coletivo, influenciando e sendo influenciados pela dinâmica social e cultural ao nosso redor.

Curiosamente, a sociedade, em sua autonomia e auto-organização, opera em um nível que transcende o indivíduo, com sistemas e normas que evoluem e persistem através do tempo. No entanto, a contribuição de cada indivíduo, especialmente quando alinhada com uma busca consciente e intencional por crescimento e melhoria, tem o potencial de influenciar gradualmente o coletivo. Assim, embora possamos não ser totalmente livres de influências subconscientes, nosso crescimento individual e coletivo não é apenas uma possibilidade, mas uma realidade interconectada, onde o progresso pessoal alimenta e enriquece o tecido da comunidade.

Essa interação entre o individual e o coletivo é uma dança complexa e multifacetada, uma coreografia onde a liberdade pessoal, a responsabilidade e a interdependência social coexistem e se moldam mutuamente. Representa um cenário em constante evolução, tecido com os fios da psicologia humana, da sociologia e da consciência coletiva, onde cada um de nós desempenha um papel vital, porém muito pequeno enquanto indivíduos, na criação contínua da experiência humana. Einstein, por mais importante que tenha sido, se por um infortúnio tivesse morrido antes de ser um físico, não teria feito nenhuma falta. Nem ele nem qualquer um de nós. o efeito fotoelétrico e as Relatividades teriam sido desvendados por outros. Era inevitável. Apenas questão de tempo e disponibilidade.

Em um universo onde cada estrela, planeta e partícula parece seguir um roteiro meticulosamente escrito pelas leis da física, nós, humanos, navegamos no palco cósmico com uma mistura de seriedade e capricho. Imagine por um momento que cada um de nós é um personagem em uma peça escrita pelo universo - uma comédia de erros e triunfos, de descobertas acidentais e brilhantismo intencional. Nessa narrativa, até mesmo as mentes mais brilhantes, como Einstein, desempenham papéis que, embora fundamentais, poderiam ser substituídos, tal como substitutos em um teatro.

Einstein, nosso protagonista relutante neste ato da física, poderia bem ser o Sherlock Holmes da ciência, decifrando mistérios do espaço-tempo com um cachimbo teórico em mãos. Seu famoso efeito fotoelétrico e as teorias da relatividade, peças-chave no quebra-cabeça do universo, são lembrados como saltos quânticos na compreensão humana. Mas aqui reside o toque de humor sutil do universo: se Einstein tivesse perdido a chamada para o palco, outro ator estaria pronto para assumir seu papel. A ciência, afinal, é um espetáculo de equipe, e a cortina se levanta independentemente de quem esteja no holofote.

Neste teatro cósmico, cada um de nós - de gênios reconhecidos a heróis anônimos - contribui para o enredo contínuo da experiência humana. Somos todos parte de um elenco estelar na peça da existência, onde até os papéis menores têm seus momentos de brilho. O script, embora pareça imutável nas leis da física, deixa espaço para improvisação e criatividade. Afinal, não é a imprevisibilidade da vida, a chance de virar a página e encontrar algo completamente inesperado, que adiciona o tempero à nossa jornada cósmica?

Portanto, enquanto navegamos pelo cosmos, vamos lembrar de olhar para as estrelas com um piscar de olhos cúmplice, sabendo que, embora possamos ser apenas uma pequena parte de uma grande narrativa, somos, cada um de nós, essenciais para o espetáculo. E, quem sabe, em algum lugar lá fora, um Einstein alternativo está tirando uma soneca, feliz por alguém ter assumido seu lugar no palco, enquanto o universo continua sua eterna performance.

As leis da física, da biologia e da sociedade impõem restrições ao nosso pensamento e comportamento, mas isso não significa que sejamos meros autômatos. Podemos ser condicionados, mas também somos condicionadores. Nossa consciência, embora enraizada em leis e princípios universais, é também uma força emergente, capaz de reflexão, inovação e transformação.

Em última análise, a consciência e o livre-arbítrio são entrelaçados em um tecido complexo de causalidade, escolha e emergência. Enquanto buscamos entender a consciência, também devemos reconhecer e respeitar seus mistérios. Talvez, em vez de buscar respostas definitivas, devêssemos aprender a fazer as perguntas certas e a viver confortavelmente com a maravilhosa ambiguidade do ser humano.

RESUMO

1. **Giulio Tononi e a Teoria da Informação Integrada (IIT):** Discute o trabalho de Tononi sobre a consciência, focando em como a IIT aborda a consciência como uma realidade fundamental, comparável às propriedades inerentes da matéria. Explora como a IIT se fundamenta em axiomas e postulados para entender a consciência 【73†source】.

2. **Experiência Consciente Única:** Destaca a unicidade da experiência consciente, exemplificada pela percepção de uma

maçã vermelha, e como Lee Smolin enfatiza a importância da exclusividade na experiência consciente 【74†source】.

3. Contribuições de Lee Smolin: Explora a visão de Smolin sobre o universo como uma coleção de visões parciais e dinâmicas, destacando a importância da diversidade de perspectivas para entender o cosmos 【75†source】.

4. A Consciência como Ato Criativo: Descreve a consciência não como um fenômeno passivo, mas um ato criativo e exclusivo, fundamentado nas ideias de Alfred North Whitehead 【76†source】.

5. Medição Quantitativa da Consciência - Phi: Aborda a introdução do conceito de Phi na IIT para quantificar a integração da informação e sua aplicação em sistemas biológicos e não biológicos 【77†source】.

6. Limitações e Desafios da IIT: Discute os desafios práticos da aplicação da IIT e suas implicações éticas e filosóficas na compreensão da consciência em sistemas não biológicos 【77†source】.

7. Ideias de Marvin Minsky e David Chalmers: Examina as perspectivas de Minsky e Chalmers sobre a consciência em relação à IA e a possibilidade de consciência em máquinas 【77†source】.

8. Panpsiquismo e a Perspectiva de Philip Goff: Explora o conceito de panpsiquismo, sugerindo que a consciência pode ser uma característica fundamental do universo 【77†source】.

9. Max Tegmark e o Conceito de Perceptronium: Discute as ideias de Tegmark sobre a natureza matemática do universo e a possibilidade de uma formulação matemática da consciência 【81†source】.

10. Determinismo e Causalidade: Reflete sobre o determinismo e o papel da causalidade na compreensão do universo, destacando as contribuições de Judea Pearl e Donald Rubin 【82†source】.

11. **Emergência e Dinâmicas Não-Lineares:** Aborda o conceito de emergência em sistemas complexos e a relevância da dinâmica não-linear, inspirada pelas ideias de Ilya Prigogine sobre estruturas dissipativas 【83†source】 【84†source】 【86†source】.

12. **O Problema Fácil vs. o Problema Difícil da Consciência:** Diferencia entre o problema fácil (correlações físicas da consciência) e o problema difícil (natureza da experiência subjetiva) da consciência 【85†source】 【87†source】.

13. **Fractalidade e Complexidade:** Explora a noção de fractalidade e sua relevância para entender a emergência e a complexidade em sistemas naturais e humanos 【86†source】.

14. **Mecânica Quântica e o Nada:** Considera a mecânica quântica e a reflexão filosófica sobre a natureza do "nada" e seu impacto na compreensão da consciência 【87†source】.

15. **Consciência e Livre-Arbítrio:** Finaliza refletindo sobre a necessidade de uma compreensão holística da consciência e do livre-arbítrio, incorporando diversas perspectivas e conhecimentos 【88†source】.

Dicas para Reflexão:

1. Como as teorias contemporâneas sobre a consciência podem influenciar nossa compreensão do livre-arbítrio e da experiência subjetiva?

2. De que maneira a integração das ideias de física quântica, filosofia e neurociência pode enriquecer nossa percepção da consciência?

3. Pode a consciência emergir de sistemas não biológicos, e quais seriam as implicações éticas e filosóficas dessa possibilidade?

Bibliografia Sugerida:

1. "Phi: A Voyage from the Brain to the Soul" por Giulio Tononi
2. "The Hidden Reality" por Brian Greene

3. "Consciousness Explained" por Daniel Dennett
4. "The Emperor's New Mind" por Roger Penrose
5. "Life 3.0: Being Human in the Age of Artificial Intelligence" por Max Tegmark
6. "The Selfish Gene" por Richard Dawkins
7. "The Fabric of the Cosmos" por Brian Greene
8. "The Conscious Mind: In Search of a Fundamental Theory" por David Chalmers
9. "Causality: Models, Reasoning, and Inference" por Judea Pearl
10. "The Order of Time" por Carlo Rovelli.

A CONSCIÊNCIA E O TEMPO

Neste capítulo, tentaremos explorar a intricada dança entre dois dos conceitos mais enigmáticos e fundamentais da existência humana: o tempo e a consciência. Vamos navegar pelas águas turbulentas e, às vezes, paradoxais, de como percebemos e interagimos com o tempo - esse invisível maestro que rege o ritmo de nossas vidas - e como isso se entrelaça com o mistério profundo da consciência, nossa janela para a realidade. Como eu já disse, escrevo segundo meus insights, minhas reflexões temporais, as vezes desconexas, mas que certamente vem de regiões momentaneamente incessíveis do meu ser, porém com significados que aos poucos vou descobrindo.

Iniciar uma conversa sobre tempo e consciência é um pouco como tentar contar uma piada sobre física quântica - você nunca tem certeza se a realidade vai colapsar em risos ou em perplexidade. No entanto, é uma tarefa que devemos abraçar com a seriedade de um filósofo grego e o sorriso de um relógio de Dali.

Vamos começar com o básico: o tempo, essa entidade fugidia que todos sentem passar, mas ninguém parece conseguir segurar. É o grande cronometrista das nossas vidas, marcando aniversários, prazos e, claro, as horas de dormir. E, então, temos a consciência - essa maravilhosa habilidade de saber que existimos, de experimentar o mundo ao nosso redor e, ocasionalmente, de nos perguntar se deixamos o forno ligado.

Mas como esses dois dançarinos cósmicos se relacionam? É uma pergunta que tem atormentado mentes curiosas desde que o primeiro ser humano olhou para o céu estrelado e pensou: "Hora de inventar um calendário". Desde então, temos tentado entender se o tempo é apenas um palco onde a consciência atua, ou se é um ator coadjuvante que dita o roteiro da nossa existência consciente.

Neste capítulo, prometo que não vamos nos perder em labirintos temporais complexos ou em abismos de consciência insondáveis. Em vez disso, vamos abordar esses temas com a leveza de um relógio cuco em um dia ensolarado de primavera, explorando como o tempo se entrelaça com a tapeçaria da nossa consciência e como nossa percepção de realidade é moldada por essa dupla dinâmica.

Então, ajuste seu relógio, afie sua consciência e prepare-se para uma viagem através do tempo - não literalmente, claro, mas quem sabe o que descobriremos? Eu nunca sei. Posso ter alguma ideia, mas nunca sei como será o futuro. Ninguém sabe. Talvez, como diz Sabine Hossenfelder, o futuro é fixo. Ou então, probabilístico, moldável intencionalmente, ou moldável sempre pelas relações temporo- espaciais relacionadas aos comportamentos, de forma que nunca seremos determinadores únicos de quaisquer coisas.

A ideia de que o futuro pode ser fixo, insinua um universo onde tudo já está predestinado, onde cada escolha e evento segue um roteiro imutável. Essa visão, conhecida como determinismo, tem suas raízes na física clássica e sugere que, se conhecêssemos todas as leis do universo e o estado de cada partícula, poderíamos prever o futuro com precisão. Não se apresse em conclusões. O determinismo pode ser polemico, mas se apoia em estacas firmes.

Por outro lado, a ideia de um futuro probabilístico, moldável intencionalmente, ecoa os princípios da mecânica quântica, onde a incerteza e a probabilidade governam o comportamento das partículas.

Neste universo, o futuro é uma tela em branco, pronta para ser pintada pelas escolhas e ações dos observadores. Isso nos coloca em um papel mais ativo, sugerindo que, embora não possamos controlar tudo, temos alguma influência sobre como o futuro se desenrola. Novamente, mantenha a calma, isso tambem tem raízes fortes e poderosas.

A terceira visão, onde o futuro é moldado pelas relações tempo-espaciais e pelos comportamentos, sugere um equilíbrio entre determinismo e (livre?)-arbítrio. Neste modelo, somos tanto agentes quanto observadores, participando ativamente na criação do nosso futuro, mas também sujeitos às leis e circunstâncias que estão além do nosso controle. Nem livres nem escravos.

Essas perspectivas trazem consigo diferentes implicações para a nossa compreensão da consciência e do tempo. Se o futuro é fixo, isso questiona a própria noção de (livre?)-arbítrio e a eficácia de nossas escolhas. Por outro lado, se o futuro é probabilístico e moldável, isso enfatiza a importância de nossa agência e a potencialidade de nossas ações. E se o futuro é uma mistura de determinismo e (livre?)-arbítrio, isso sugere que nossa experiência do tempo e da realidade é uma interação complexa entre forças internas e externas.

Refletir sobre um futuro moldável pelas relações temporo-espaciais, onde predominam as interações na sua maioria independentes das nossas ações, é um convite valioso para considerar como percebemos e interagimos com o tempo. Essa interação não é apenas uma questão de observar o passar dos segundos, mas também de entender como nossas percepções, decisões e ações se encaixam no tecido mais amplo do universo. Essa compreensão é crucial para o capítulo que estamos planejando, pois nos ajuda a criar uma narrativa que não apenas explica, mas também questiona e explora as muitas facetas da relação entre tempo e consciência.

Mas talvez a verdade sobre o tempo e a consciência resida em algum lugar entre o determinismo estrito e o caos probabilístico. Talvez sejamos simultaneamente agentes e observadores, moldando parcialmente o futuro com nossas ações e escolhas, mas também navegando em um oceano de leis e forças que transcendem nossa compreensão e pior, que jamais poderão ser modificadas por qualquer ação supostamente voluntaria de qualquer ser vivo, exceto de forma ocasional e simplesmente fortuita.

Isso tira, de certa forma, a nossa empáfia, a ideia de sermos especiais, livres e soberanos.

Nessa encruzilhada entre o determinismo e o acaso, a nossa noção de liberdade e autonomia enfrenta um questionamento profundo. A ideia de que somos mestres do nosso destino, arquitetos de nossas realidades, começa a desmoronar sob o peso das leis universais e das forças que nos cercam. Estamos, de certa forma, à mercê de um cosmos que se desenrola segundo princípios que nos escapam, e mesmo nossas escolhas mais deliberadas podem ser vistas como respostas a uma miríade de estímulos e condições pré-existentes. A consciência, então, não é tanto uma torre de comando, mas um observatório, um lugar onde assistimos e interpretamos o fluxo da existência, influenciados tanto por fatores internos quanto externos.

Essa visão humilde da nossa posição no universo não precisa ser desoladora. Pelo contrário, ela pode nos inspirar a um maior senso de conexão e reverência pela vastidão e complexidade da realidade. Reconhecer que não somos os únicos condutores de nossas vidas, mas parte de um tecido maior e mais intricado, pode nos levar a uma apreciação mais profunda da beleza e da interconexão de todas as coisas. Ao invés de soberanos isolados, somos participantes em uma dança cósmica, contribuindo com nossos passos únicos, mas sempre dentro dos limites da música que é tocada por forças além do nosso alcance. Aceitar essa posição no grande esquema das coisas pode ser, paradoxalmente, uma fonte de grande liberdade e serenidade, uma libertação da pressão de ser o centro de um universo que é, afinal, compartilhado por todos.

Tal perspectiva nos lembra de que, embora possamos ter um grau de agência, estamos inseridos em um contexto muito mais amplo, onde forças além da nossa compreensão e controle exercem uma influência significativa.

Não somos completamente livres ou soberanos pode parecer um golpe na autoestima humana, mas, ao mesmo tempo, pode ser vista como um convite à humildade e ao reconhecimento de nossa interconexão com o universo. Ela desafia a noção antropocêntrica de que somos o centro do universo e detentores de um poder ilimitado sobre nosso destino.

Além disso, essa visão pode abrir caminho para um maior respeito e reverência pela natureza e pelo cosmos. Ao reconhecer que somos apenas uma pequena parte de um sistema incrivelmente complexo e belo, podemos desenvolver uma maior apreciação por nossa existência e pelo mundo ao nosso redor.

A consciência, nesse contexto, não é apenas a experiência do presente, mas um diálogo contínuo com o tempo. Ela é uma entidade que se estende além do agora, tecendo memórias do passado e projeções para o futuro. É uma dança intrincada onde cada passo, cada decisão, é um acorde na sinfonia do universo.

Continuando nossa exploração sobre o tempo e a consciência, mergulhamos agora nas águas profundas do pensamento filosófico, onde cada onda é uma teoria e cada maré é um conceito. No oceano das ideias, encontramos filósofos que, como faróis, iluminam nosso caminho através desta jornada intelectual.

Henri Bergson nos convida a olhar além do relógio e experimentar o tempo como uma duração, um fluxo contínuo que se entrelaça com a fibra da nossa consciência. Para Bergson, o tempo não é uma sequência de instantes, mas uma vivência, uma música que só pode ser compreendida quando sentimos sua melodia em nossos corações. Ele nos lembra que, enquanto olhamos para os ponteiros do relógio, o verdadeiro sentido do tempo se desenrola dentro de nós, em nossa percepção subjetiva e experiência pessoal. É uma dança onde o passado se funde com o presente, uma canção onde a memória e a experiência se misturam.

A jornada proposta por Henri Bergson nos leva a uma compreensão do tempo que transcende os confins rígidos dos relógios e calendários, mergulhando nas profundezas da experiência humana. Bergson nos incentiva a ver o tempo não como uma série de compartimentos discretos, mas como um rio contínuo, fluindo suavemente e levando consigo todas as nossas vivências.

Neste rio do tempo de Bergson, cada momento é mais do que um mero ponto em uma linha cronológica; é um acúmulo de toda a nossa história, um reservatório de memórias e emoções. Esta perspectiva desafia a visão tradicional da física, onde o tempo é uma entidade objetiva e uniforme. Em contraste, Bergson vê o tempo como algo profundamente subjetivo, moldado pela maneira como vivenciamos a vida.

Para Bergson, a duração, ou "la durée", é a essência do tempo. É um conceito que busca capturar a natureza qualitativa e ininterrupta da experiência temporal, em oposição à quantificação numérica. Ele nos convida a imaginar a duração como uma sinfonia, onde cada nota não apenas segue a outra, mas se funde com ela, criando uma melodia contínua e envolvente. Neste sentido, o tempo não é uma sucessão de instantes isolados, mas uma experiência contínua e fluída.

Esta visão oferece uma nova maneira de entender a memória e a percepção. Em vez de ver as memórias como registros estáticos do passado, Bergson as enxerga como vivas e dinâmicas, continuamente se entrelaçando com o presente. Nossas lembranças não são apenas ecos de eventos passados, mas componentes ativos de nossa experiência atual, colorindo e moldando nossa percepção do momento presente.

Além disso, a abordagem de Bergson ao tempo tem implicações profundas para a forma como entendemos a identidade e a consciência. Se o tempo é uma duração contínua, então nossa identidade não é estática, mas está sempre em fluxo, evoluindo a cada nova experiência. Nossa consciência se torna um palco onde o passado, o presente e o futuro se encontram e interagem, criando o tecido da nossa existência.

Devemos viver mais plenamente no presente, reconhecendo que cada momento é uma síntese rica de tudo o que fomos e tudo o que seremos. É uma visão que celebra a complexidade e a beleza da experiência humana, lembrando-nos de que o tempo é muito mais do que o simples tic-tac dos relógios - é o coração pulsante da nossa vida.

Immanuel Kant, com sua mente analítica, vê o tempo de uma forma diferente. Para ele, o tempo é uma intuição a priori, uma estrutura inata da mente humana que organiza nossas experiências. Kant nos desafia a ver o tempo não como algo que existe independentemente, mas como um quadro em que pintamos a realidade. É a lona sobre a qual nossa consciência desenha a narrativa da vida. Em sua teoria, o tempo se torna o palco onde a peça da existência é encenada, uma condição essencial para que possamos entender e interagir com o mundo ao nosso redor.

Ao conceituar o tempo como uma intuição a priori, lança uma luz filosófica que transforma fundamentalmente nossa compreensão da realidade. Para Kant, o tempo não é uma entidade ou fenômeno externo, mas uma condição intrínseca da mente humana. É o molde pelo qual organizamos nossa experiência, uma grade conceitual que impomos ao mundo para dar sentido à torrente de sensações que nos bombardeiam.

Neste universo kantiano, o tempo não é algo a ser medido por relógios ou calculado por equações; é uma dimensão essencial da nossa consciência. Kant argumenta que sem essa estrutura temporal inata, o mundo seria uma cacofonia ininteligível de impressões sensoriais. É o tempo que nos permite compreender a sequência e a duração, que dá coerência aos eventos e permite que compreendamos a causalidade.

Essa visão kantiana tem implicações profundas para como pensamos sobre a consciência. Ela sugere que nossa experiência do mundo é fundamentalmente mediada e moldada por essa estrutura temporal interna. Não percebemos o mundo como ele é "em si", mas como ele aparece para nós através do filtro do tempo (e do espaço, outra intuição a priori de Kant). Em outras palavras, nossa consciência não é apenas um espelho passivo da realidade, mas um agente ativo na sua criação e interpretação.

Além disso, Kant nos leva a questionar a natureza da realidade objetiva e da realidade como percebida. Se o tempo é uma condição da mente humana, então como seria o universo independente da nossa percepção? Kant reconhece essa distinção entre o fenômeno (o mundo como percebemos) e o nômeno (o mundo como ele é em si), mas argumenta que o último é, em última análise, inacessível para nós.

Para Kant, a investigação da consciência e da realidade é menos sobre descobrir como as coisas são em si e mais sobre entender como as processamos e compreendemos. Ele nos encoraja a explorar as profundezas da mente humana e a reconhecer que nossa experiência do mundo é um complexo entrelaçamento de percepção sensorial, memória, tempo e pensamento.

Essa abordagem kantiana lança uma luz sobre o papel da consciência na formação da nossa experiência. Longe de ser um mero espectador passivo, a consciência é um participante ativo, organizando e interpretando a realidade através de uma estrutura inata de tempo e espaço. Ela nos leva a apreciar a complexidade da mente humana e a maravilhar-se com a maneira como nossa percepção molda o mundo em que vivemos.

Aristóteles, o grande pensador da antiguidade, traz uma visão mais tangível do tempo. Para ele, o tempo é uma medida do movimento, inseparável do universo físico. Em sua visão, o tempo é o contador dos eventos, o ritmo do universo. Aristóteles nos conecta com a realidade tangível, lembrando-nos de que o tempo, em sua essência, é uma parte fundamental do tecido do cosmos.

O venerável filósofo da Grécia Antiga, pavimentou o caminho para nossa compreensão do tempo com uma abordagem que, apesar de sua antiguidade, ainda ressoa com relevância. Em um mundo onde o pensamento filosófico estava apenas começando a florescer, Aristóteles abraçou a tarefa de sondar as profundezas do tempo, oferecendo uma visão que permanece um marco na história do pensamento.

Para ele, o tempo é inextricavelmente ligado ao movimento e à mudança no universo físico. Ele o vê não como uma entidade abstrata, mas como uma medida do movimento, uma contagem dos eventos naturais. Esta perspectiva enraíza o tempo firmemente no reino do tangível, conectando-o ao ritmo incessante do mundo natural. Assim, nos oferece uma ponte entre o filosófico e o físico, entre o abstrato e o concreto.

É admirável como Aristóteles, com os recursos limitados de sua época, conseguiu capturar uma faceta tão fundamental do tempo. Sua visão do tempo como um contador de eventos celebra a natureza cíclica e rítmica do universo, desde as estações que se alternam até as órbitas dos corpos celestes. Ele nos diz que o tempo, longe de ser uma mera ilusão ou construção mental, é uma parte integrante do universo que habitamos.

Ao atribuir ao tempo um papel tão concreto e mensurável, Aristóteles também lança as bases para futuras investigações científicas. Ele antecipa, de certa forma, a necessidade humana de medir e quantificar o tempo, um desejo que se manifestaria plenamente com o avanço da ciência e da tecnologia.

No entanto, apesar de sua abordagem pioneira, a visão de Aristóteles do tempo como uma sequência de eventos físicos pode parecer limitada à luz das complexas teorias modernas. Mas isso não diminui a importância de sua contribuição. Ele estabeleceu um diálogo que continuaria por milênios, estimulando gerações de pensadores a explorar e expandir nossa compreensão do tempo.

Enquanto hoje abraçamos as visões mais contemporâneas e abstratas do tempo oferecidas pela física moderna e pela filosofia, devemos fazer isso reconhecendo a dívida que temos para com Aristóteles. Sua abordagem pode ser vista como a semente da qual brotaram inúmeras teorias e especulações. Ao contemplar conceitos tão vastos e enigmáticos quanto o tempo, devemos estar dispostos a construir sobre as fundações do passado, por mais distantes que pareçam.

Martin Heidegger, por sua vez, nos leva a um caminho mais introspectivo. Ele fala do tempo em termos de ser e existência. Para Heidegger, o tempo é um elemento central no entendimento do que significa existir. É uma reflexão sobre como nossa presença no mundo e nosso ser estão intrinsecamente ligados ao tempo. Ele nos permite contemplar não apenas como vivemos no tempo, mas como o tempo vive em nós.

Um dos filósofos mais influentes e controversos do século XX, abordou o tempo com uma profundidade e complexidade que toca a essência da existência humana. Sua visão do tempo é intrinsecamente ligada à sua compreensão do ser, um conceito que ele explorou com grande paixão e introspecção em sua obra principal, "Ser e Tempo".

Para Heidegger, o tempo é mais do que uma sequência de momentos; é o horizonte fundamental dentro do qual o ser se desdobra. Ele argumentava que a existência humana, é caracterizada por uma relação íntima com o tempo. A temporalidade, segundo Heidegger, não é apenas um aspecto do ser humano; é o que constitui o nosso ser.

Esta perspectiva sobre o tempo é profundamente pessoal e filosófica. Heidegger acreditava que o ser humano está sempre projetando-se em direção ao futuro, enquanto ao mesmo tempo é moldado por seu passado. Esta projeção e retenção, unidas no presente, formam a tríade da temporalidade que define nossa maneira de existir.

A vida de Heidegger, marcada por controvérsias, especialmente sua associação com o Nazismo durante a Segunda Guerra Mundial, lança uma sombra complexa sobre sua obra filosófica. Essa associação, que ele mais tarde lamentou, não só manchou sua reputação, mas também levantou questões profundas sobre a relação entre filosofia e moralidade, entre pensamento e ação.

No entanto, a contribuição de Heidegger para a compreensão do tempo permanece inestimável. Ele nos força a pensar sobre o tempo não apenas como uma entidade abstrata, mas como um aspecto essencial de nossa existência. Heidegger nos encoraja a viver de maneira autêntica, reconhecendo que nossa relação com o tempo é uma relação com nosso próprio ser.

Ao abordar o tempo através da lente da existencialidade, Heidegger nos oferece uma visão que é ao mesmo tempo filosófica e profundamente humana. Ele nos leva a uma jornada de autoconhecimento, na qual o tempo é visto como o palco onde nossa história pessoal se desenrola e onde o significado da nossa existência é continuamente redefinido.

A filosofia de Heidegger sobre o tempo é um convite à reflexão sobre como vivemos, como nos lembramos e como antecipamos. É uma reflexão sobre o papel do tempo na moldagem de nossas vidas, nossas escolhas e nosso destino. No coração de sua filosofia, está a ideia de que, ao entender nossa relação com o tempo, podemos começar a entender o que significa ser verdadeiramente humano.

Essas perspectivas filosóficas, cada uma brilhando à sua maneira, formam um mosaico de ideias sobre o tempo e a consciência. Elas nos mostram que o tempo não é apenas uma unidade de medida ou um conceito abstrato, mas uma entidade viva que respira dentro da nossa experiência consciente. Cada filósofo, com sua visão única, contribui para uma compreensão mais rica e complexa deste relacionamento.

Einstein, com seu icônico bigode e olhar penetrante, mudou para sempre nossa compreensão do tempo com sua Teoria da Relatividade. Antes dele, o tempo era visto como um rio constante, fluindo inexoravelmente na mesma velocidade para todos. Mas Einstein, com um sorriso de quem sabe um segredo, nos mostrou que o tempo é mais travesso do que pensávamos.

Durante seu período trabalhando em um departamento de patentes pouco movimentado, teve a oportunidade única de contemplar as profundezas da física. Longe das distrações do ambiente acadêmico tradicional, ele se dedicou à reflexão e à teorização, permitindo-lhe mergulhar em pensamentos que desafiariam as fundações da física clássica.

Einstein trabalhou em Berna, na Suíça. Entre 1902 e 1909, ele foi empregado no Escritório Federal de Patentes de Berna. Este período foi especialmente significativo em sua carreira, pois foi durante esse tempo que ele desenvolveu algumas de suas ideias mais revolucionárias, incluindo as Teorias da Relatividade Especial e geral.

Einstein mudou-se para Berna em 1902, e foi lá que ele encontrou um ambiente que lhe permitiu aprofundar suas investigações teóricas em física. O trabalho no escritório de patentes era bem estruturado e oferecia a Einstein uma rotina regular, mas também deixava espaço suficiente para a reflexão e o pensamento criativo. Esta combinação de estabilidade e tempo livre para se dedicar à física provou ser inestimável para seus avanços científicos.

Foi em Berna que Einstein escreveu seus "Annus Mirabilis Papers" em 1905, que incluíam trabalhos sobre o efeito fotoelétrico, o movimento browniano, a teoria da relatividade especial e a famosa equação $E=mc^2$. Esses trabalhos tiveram um impacto profundo na física e estabeleceram as bases para muitos desenvolvimentos científicos subsequentes.

Portanto, a estadia de Einstein em Berna foi um período chave em sua vida, um momento em que ele foi capaz de sintetizar e expressar algumas de suas ideias mais transformadoras, que mudariam para sempre a maneira como entendemos o universo.

É fascinante pensar como esse emprego, que à primeira vista poderia parecer monótono e pouco estimulante, foi na verdade um terreno fértil para a imaginação de Einstein. Em meio a documentos sobre invenções e inovações técnicas, ele encontrou o espaço mental para questionar e reimaginar a natureza do tempo e do espaço.

Este período foi crucial para o desenvolvimento da Teoria da Relatividade, uma teoria que não apenas remodelou nossa compreensão do universo, mas também forneceu insights profundos sobre a interconexão entre o tempo e a consciência. A habilidade de Einstein para pensar fora dos padrões estabelecidos e explorar ideias que pareciam contraintuitivas foi, sem dúvida, estimulada por seu trabalho no departamento de patentes.

Einstein, com seu característico humor e perspicácia, talvez sorrisse ao pensar que foi durante seu tempo em um trabalho aparentemente mundano que ele conseguiu desvendar alguns dos mistérios mais profundos do universo. Essa ironia não apenas ilumina a história de sua vida, mas também serve como um lembrete de que a criatividade e a inovação podem florescer nos lugares mais inesperados.

Na Relatividade, Einstein propôs que o tempo não é constante, mas varia dependendo da velocidade de um objeto e da gravidade. Imagine um relógio em uma nave espacial viajando perto da velocidade da luz; para um observador na Terra, o relógio na nave espacial se moveria mais lentamente. Este fenômeno, conhecido como dilatação do tempo, é uma das previsões mais extraordinárias da teoria.

Mas o que isso tem a ver com a consciência? A resposta pode estar na forma como experimentamos o tempo. A consciência é o palco onde percebemos o fluxo do tempo, onde segundos podem parecer horas e horas podem passar em um piscar de olhos, dependendo do que estamos fazendo ou sentindo.

Além disso, a Relatividade de Einstein nos lembra que a percepção do tempo é uma experiência subjetiva, moldada não apenas pelo mundo físico, mas também pelo nosso estado mental e emocional. Embora possamos medir o tempo com relógios, a verdadeira experiência do tempo é um fenômeno interno, uma dança íntima entre nossa percepção e a realidade.

Einstein, com seu sorriso sábio, nos encoraja a ver o tempo não como um inimigo implacável, mas como um companheiro de viagem, moldável e maleável, tanto pelas leis da física quanto pelas nuances da consciência humana. Em sua visão, o tempo e a consciência são parceiros em uma valsa cósmica, onde cada passo, cada movimento, revela um pouco mais sobre o mistério da existência.

Mergulhando mais fundo em nossa jornada pelo tempo e consciência, chegamos agora ao domínio da física quântica, onde as noções clássicas de tempo e espaço começam a se desfazer. Aqui, na escala subatômica, o universo revela um rosto muito diferente daquele que estamos acostumados a ver. É um reino onde as partículas existem em estados de superposição e onde a própria natureza da realidade é posta em questão.

Na física quântica, o tempo, assim como a matéria, entra em um estado de fluxo e incerteza. A mecânica quântica nos ensina que partículas como elétrons podem existir em muitos lugares ao mesmo tempo, em um estado conhecido como superposição. Essa ideia desafia nossa compreensão cotidiana de que as coisas existem de maneira concreta e localizada. Mas o que isso significa para nossa compreensão do tempo?

Alguns físicos quânticos, como Carlo Rovelli, argumentam que o tempo, assim como percebemos, não existe em um nível fundamental. Em seu livro "A Ordem do Tempo", Rovelli sugere que o tempo é uma noção emergente, uma propriedade que surge das interações complexas no mundo quântico. Ele propõe que no nível mais fundamental, o universo é um emaranhado de relações que não incluem a passagem do tempo como a conhecemos.

Isso nos leva a uma questão intrigante: se o tempo é uma ilusão, como isso afeta nossa consciência? A consciência humana está intrinsecamente ligada à percepção do tempo. Nossas memórias, antecipações e até mesmo nosso sentido de identidade dependem de uma sequência contínua de momentos. Se a física quântica sugere que o tempo é apenas uma construção emergente, talvez nossa consciência também seja uma tapeçaria tecida com esses fios quânticos, uma realidade emergente construída a partir das complexas interações de um universo sem tempo.

Essa perspectiva quântica nos desafia a repensar não apenas a natureza do tempo, mas também a essência da consciência. Estamos começando a perceber que a realidade, tanto temporal quanto consciente, pode ser muito mais complexa e misteriosa do que nossas experiências cotidianas nos levam a acreditar. Assim como as partículas quânticas existem em um estado de possibilidades até que sejam observadas, talvez nossa consciência também opere em um reino de potenciais, constantemente moldado e redefinido pelas forças invisíveis do universo quântico.

Nesse contexto, a física quântica não apenas expande nossa compreensão do cosmos, mas também nos oferece uma nova lente através da qual podemos contemplar a maravilha da consciência humana. Em um universo onde o tempo é uma dança de possibilidades, nossa consciência se torna uma coreografia no palco quântico, sempre fluindo, sempre se transformando, e eternamente fascinante.

Avançando na nossa exploração da relação entre tempo e consciência sob a ótica da física quântica, mergulhamos mais profundamente no reino onde as leis da física clássica cedem lugar a um universo de probabilidades e incertezas. Aqui, na dança quântica de partículas e ondas, começamos a vislumbrar uma realidade onde o tempo, tal como o conhecemos, torna-se um conceito ainda mais maleável e enigmático.

Neste universo quântico, as noções de passado, presente e futuro se entrelaçam de maneira não linear. O princípio da incerteza de Heisenberg nos diz que quanto mais precisamente tentamos medir a posição de uma partícula, menos sabemos sobre sua velocidade, e vice-versa. Esta ideia revolucionária introduz uma camada de indeterminação que se estende até a nossa percepção do tempo. Em um mundo onde a certeza é uma ilusão, o tempo flui não como um rio, mas como um oceano de possibilidades, onde cada onda representa um potencial diferente de realidade.

A implicação para a consciência é tão profunda quanto intrigante. Se o tempo é uma série de possibilidades em vez de uma sequência fixa de eventos, então nossa consciência pode ser menos uma narrativa contínua e mais um mosaico de momentos, cada um existindo em seu próprio estado de potencialidade. Tal como as partículas quânticas que existem em muitos estados até serem observadas, nossa consciência pode estar constantemente navegando entre diferentes realidades potenciais, escolhendo, a cada momento, qual caminho tomar no labirinto do tempo quântico.

Essa visão quântica do tempo também nos convida a reconsiderar nossa relação com o passado e o futuro. Tradicionalmente, vemos o passado como um registro fixo e o futuro como um território desconhecido a ser descoberto. No entanto, se abraçarmos a ideia quântica de que múltiplas histórias podem coexistir em um estado de superposição, então o passado e o futuro podem ser tão maleáveis quanto o presente. Nossas memórias, longe de serem gravações fiéis do que aconteceu, podem ser reconstruções dinâmicas, moldadas não apenas pelos eventos que vivenciamos, mas também pelas inúmeras possibilidades que aqueles momentos poderiam ter engendrado.

Nesse contexto, a consciência humana é vista não apenas como um observador passivo do tempo, mas como um participante ativo na sua criação. A cada escolha que fazemos, a cada pensamento que cultivamos, estamos potencialmente colapsando as funções de onda do tempo, selecionando uma dentre as várias realidades possíveis. Somos, de certa forma, artistas do tempo, moldando nossa existência no universo através das pinceladas de nossas experiências e decisões.

Essa perspectiva abre um novo mundo de possibilidades para a compreensão da consciência. Se o tempo é uma teia de potenciais, então nossa consciência é a aranha que a tece, constantemente construindo e reconstruindo a realidade ao nosso redor. Essa interação dinâmica entre tempo e consciência desafia nossas noções tradicionais de realidade e nos oferece um vislumbre de um universo muito mais complexo e maravilhoso do que jamais poderíamos ter imaginado.

Assim, à medida que avançamos nesta exploração, não apenas expandimos nossa compreensão do tempo e da consciência, mas também abrimos novas portas para a percepção de nós mesmos e do universo em que vivemos. A física quântica, com suas nuances e peculiaridades, não apenas redefine nossa concepção do mundo físico, mas também reimagina a própria essência de nossa experiência consciente, em uma dança eterna entre o ser e o tempo.

Mas, nesse momento, me ocorre um pensamento interessante. Aos poucos me parece que não existe presente. Apenas passado. O presente é tão efêmero que se transforma imediatamente em passado. Mas, da mesma forma podemos pensar que só existe presente, pois nele vivemos. O passado fica para traz, e o futuro chega depois.

A reflexão sobre a natureza efêmera do presente e sua imediata transformação em passado é, de fato, um tema que ecoa nas reflexões de vários filósofos e teóricos ao longo da história. Essa ideia é não apenas filosoficamente intrigante, mas também ressoa com alguns conceitos da física moderna.

Na filosofia, a natureza do tempo e a questão de se o "presente" realmente existe têm sido debatidas há séculos. Por exemplo, Santo Agostinho, em suas "Confissões", ponderou sobre a natureza do tempo, questionando como poderíamos medir o presente se ele não tem extensão. Ele chegou à conclusão de que o tempo só existe na mente como uma recordação do passado ou uma antecipação do futuro.

Na física moderna, especialmente na teoria da relatividade de Einstein, o conceito de "agora" é relativo e depende do observador. A ideia de simultaneidade absoluta é abandonada; o que é presente para um observador pode ser passado ou futuro para outro. Isso sugere que nossa percepção comum de um presente universal é uma simplificação. Mera ilusão.

Já na física quântica, a noção de tempo se torna ainda mais nebulosa. O princípio da incerteza de Heisenberg sugere que há um limite fundamental na precisão com que certas propriedades de partículas podem ser conhecidas simultaneamente. Isso desafia a ideia de um momento definido no tempo, pois a realidade em nível quântico não é fixa até que seja observada.

À medida que avançamos em nosso capítulo sobre o tempo e a consciência, chegamos a um ponto de convergência fascinante onde as fronteiras da física e da consciência se encontram. Aqui, abordaremos como as tentativas de unificar as teorias físicas com a compreensão da consciência têm moldado nossa percepção do universo e de nós mesmos.

Uma das abordagens mais notáveis neste campo é a Teoria da Informação Integrada (IIT) proposta por Giulio Tononi que já discutimos.

A IIT não se concentra diretamente na natureza do tempo, mas oferece uma estrutura para entender a consciência de uma maneira que pode ser relevante para a unificação com as teorias físicas. Ela propõe que a consciência corresponde ao nível de integração de informação em um sistema. Isso significa que um sistema é consciente se pode integrar informações de uma maneira que não pode ser decomposta em partes independentes.

A IIT sugere que a consciência é uma propriedade fundamental e que sistemas com alto grau de interconexão e integração de informação têm um alto nível de consciência. Esta perspectiva oferece uma abordagem quantitativa para medir a consciência, um conceito que é tradicionalmente considerado subjetivo e qualitativo.

Ao aplicar a IIT ao conceito de tempo, podemos começar a especular sobre como a integração de informações ao longo do tempo poderia afetar a experiência consciente. Por exemplo, como a consciência integra informações do passado, presente e antecipa o futuro? Como isso afeta nossa percepção do tempo? A IIT fornece um caminho para investigar essas questões, propondo que a experiência do tempo é um aspecto emergente da forma como as informações são integradas e processadas pelo cérebro.

Outra área de interesse na unificação de física e consciência é a tentativa de aplicar princípios quânticos à compreensão da mente. Teóricos como Roger Penrose e Stuart Hameroff propuseram que fenômenos quânticos poderiam ser fundamentais para a operação da consciência. Eles especulam que microtúbulos dentro dos neurônios poderiam ser locais de eventos quânticos que contribuem para a consciência. Esta abordagem sugere que a física quântica, com sua natureza probabilística e não-localidade, pode ser crucial para explicar aspectos da consciência que são difíceis de abordar através da física clássica.

Essas tentativas de unificar física e consciência estão na vanguarda da pesquisa científica e filosófica. Elas representam um esforço para entender alguns dos mistérios mais profundos da existência humana: o que é a consciência e como ela se relaciona com o universo físico em que vivemos. Embora ainda estejamos longe de uma teoria definitiva, essas investigações abrem novos caminhos para entender a natureza do tempo, do espaço, da matéria e da mente.

Buscando uma compreensão mais detalhada na relação entre tempo e consciência, voltamos nossa atenção para o cérebro, a sede da nossa percepção e compreensão temporal. As neurociências têm desvendado alguns dos mecanismos cerebrais subjacentes à nossa experiência do tempo, oferecendo insights valiosos sobre como processamos essa dimensão fundamental da nossa existência.

Um dos aspectos cruciais da percepção temporal é a maneira como o cérebro codifica e mede intervalos de tempo. Estudos têm mostrado que não existe um único "relógio" no cérebro; em vez disso, diferentes redes neurais são responsáveis por perceber diferentes escalas de tempo. Por exemplo, a percepção de intervalos curtos, da ordem de milissegundos a segundos, envolve estruturas como o cerebelo e os gânglios basais, enquanto a percepção de intervalos mais longos parece depender mais do córtex pré-frontal e do sistema límbico.

A percepção de duração de eventos mais curtos é frequentemente associada à atenção e à memória de trabalho. Quando estamos concentrados em uma tarefa, o tempo parece passar mais rapidamente, uma observação que sugere a interação entre percepção temporal e processos cognitivos. A dopamina, um neurotransmissor chave, desempenha um papel significativo nessa percepção. Alterações nos níveis de dopamina, como observado em condições como a doença de Parkinson, podem afetar a percepção do tempo, indicando a importância da química cerebral na nossa experiência temporal.

Além disso, o cérebro parece medir o tempo não apenas como uma sequência de ticks de um relógio interno, mas também através do acompanhamento de mudanças nos estados internos e externos. Isso é evidenciado pelo fenômeno de que, quando expostos a novas experiências ou a situações de alto estresse, tendemos a perceber que o tempo está se movendo mais lentamente. Nesses casos, a quantidade de informações processadas pelo cérebro aumenta, o que pode influenciar nossa percepção da passagem do tempo.

Interessantemente, a percepção temporal não é apenas sobre medir durações, mas também sobre prever o futuro. O córtex pré-frontal, uma área do cérebro associada com funções executivas, está envolvido na antecipação de eventos futuros. Esta capacidade de previsão é essencial para a tomada de decisões e planejamento, e destaca como nossa consciência do tempo está intrinsecamente ligada à nossa capacidade de pensar e planejar.

    A ligação entre a percepção temporal e o córtex pré-frontal ganha uma dimensão adicional quando consideramos casos de Transtorno do Déficit de Atenção com Hiperatividade (TDAH) em crianças. O TDAH é caracterizado por sintomas como dificuldade de concentração, impulsividade e, em muitos casos, hiperatividade. Interessantemente, estudos têm demonstrado que crianças com TDAH muitas vezes experimentam desafios significativos na percepção e gerenciamento do tempo.

    O córtex pré-frontal, uma região do cérebro que desempenha um papel crucial no planejamento, na tomada de decisões e no controle de impulsos, é frequentemente menos ativo em indivíduos com TDAH. Esta redução na atividade pode levar a dificuldades na antecipação de eventos futuros e na estimativa de durações, o que pode afetar a capacidade de planejamento e organização. Por exemplo, crianças com TDAH podem ter dificuldade em prever quanto tempo uma tarefa escolar levará, ou podem lutar para perceber a passagem do tempo durante atividades que requerem foco prolongado.

    Além disso, a habilidade de adiar a gratificação, que está intimamente ligada à percepção temporal, pode ser desafiadora para crianças com TDAH. Elas podem mostrar uma tendência a preferir recompensas imediatas em vez de recompensas maiores que exigem uma espera mais longa. Isso se alinha com a ideia de que uma percepção alterada do tempo pode influenciar a tomada de decisões, especialmente quando se trata de avaliar as consequências futuras de ações presentes.

    Essas observações destacam a complexidade da percepção temporal e como ela está profundamente entrelaçada com várias funções cognitivas. O desenvolvimento do córtex pré-frontal durante a infância e a adolescência é um processo crucial que influencia a capacidade de gerenciar o tempo e de se envolver em planejamento eficaz. Em crianças com TDAH, as intervenções podem se concentrar em estratégias que ajudem a melhorar a percepção e o gerenciamento do tempo, como o uso de lembretes visuais ou o treinamento em habilidades de organização, que podem compensar algumas das dificuldades associadas a essa condição.

Portanto, a relação entre o tempo e a consciência, especialmente em casos de TDAH, ressalta a importância de entender o cérebro não apenas como um processador de informações, mas também como um mediador crítico da nossa experiência temporal. A investigação contínua dessas interações oferece não só insights sobre a natureza da consciência e da percepção temporal, mas também possibilidades para abordagens mais eficazes no tratamento e suporte a indivíduos com distúrbios que afetam essa percepção.

Estudos de neuroimagem têm fornecido insights adicionais sobre como o cérebro processa o tempo. Técnicas como ressonância magnética funcional (fMRI) e eletroencefalografia (EEG) mostram que a percepção temporal envolve uma rede distribuída de regiões cerebrais, em vez de um local centralizado. Essa abordagem em rede sugere que a percepção temporal é um processo complexo e integrado, envolvendo várias áreas do cérebro trabalhando em conjunto.

As abordagens neurocientíficas para a compreensão da percepção temporal revelam um quadro complexo e multifacetado. O cérebro não percebe o tempo de maneira uniforme ou simples; é um processo dinâmico que interage com nossa atenção, memória e emoções. Esta interação entre o tempo e a consciência, mediada pelos mecanismos cerebrais, é um campo fértil para futuras pesquisas e oferece uma janela fascinante para compreender melhor o tecido da nossa experiência vivida.

No labirinto da percepção temporal e da consciência, nos deparamos com um mosaico de maravilhas e mistérios, onde cada pedaço revela uma faceta única e complexa. Por esses corredores de tempo e mente, onde a ciência encontra a poesia, a realidade se entrelaça com o enigma.

Começamos com a integração multissensorial, um balé de estímulos que dança ao ritmo de uma orquestra cerebral. Aqui, a luz e o som, o tato e o aroma, todos se fundem em uma sinfonia temporal, criando uma experiência do tempo que é mais rica do que a soma de suas partes. A questão que se levanta é: como essas diferentes notas sensoriais se harmonizam para formar nossa percepção do tempo?

Continuamos com emoções e o tempo, onde cada segundo pode esticar-se como uma eternidade ou encolher-se em um instante. Aqui, no palco das emoções, o medo e a alegria tocam suas próprias melodias temporais, desafiando nossa compreensão linear do tempo. O coração acelerado, a respiração suspensa – cada um desses momentos é uma pincelada na tela do tempo emocional.

Nas variações individuais e culturais, formamos um mosaico de relógios internos, cada um ajustado de acordo com ritmos e tradições únicos. Essa diversidade de relógios biológicos e culturais nos leva a perguntar: como a percepção do tempo se molda e se adapta ao nosso ambiente, influenciando tudo, desde a linguagem que falamos até a forma como nos lembramos do passado?

No envelhecimento e na percepção temporal, os anos parecem acelerar, transformando infâncias longas em tardes breves. Investigamos como os ponteiros do relógio interno mudam com a idade e como isso afeta nossa experiência de vida, nossa memória e nossa antecipação do futuro.

Nas desordens do tempo, exploramos um labirinto onde os relógios estão desalinhados. Do TDAH à disfunção do córtex pré-frontal, cada desvio oferece uma visão crítica de como o cérebro mede e responde ao tempo. Aqui, cada história é uma lição sobre a delicadeza e a complexidade do mecanismo temporal do cérebro.

As novas tecnologias de neuroimagem são nossos telescópios modernos, permitindo-nos espiar dentro do cosmos do cérebro. Com elas, descobrimos novas estrelas no universo da percepção temporal, revelando os segredos da matéria cinzenta e abrindo novos caminhos para tratamentos inovadores.

Na consciência e o tempo subjetivo, um enigma desafia tanto filósofos quanto cientistas. Aqui, navegamos nas correntes da experiência subjetiva, buscando compreender como nossos momentos internos se alinham – ou divergem – da realidade objetiva.

Por fim, nas implicações filosóficas e éticas, refletimos sobre o que significa viver em um mundo onde o tempo é tão maleável, tão pessoal, e ainda assim tão universal. Como equilibramos a humildade de nossa pequenez temporal com a grandeza de nossa busca por significado?

Cada capítulo desta exploração é um chamado para contemplar, para questionar e, acima de tudo, para apreciar a maravilha de estar consciente em um universo regido pelo tempo. É uma viagem que nos leva do infinitesimal ao infinito, do batimento cardíaco ao pulso do cosmos, em uma busca eterna para entender não apenas o que significa o tempo, mas o que significa ser humano no teatro do tempo.

RESUMO

1. **Natureza Efêmera do Tempo**: Aponta para a dificuldade de entender o papel do tempo na existência humana, apresentando-o como um maestro invisível que rege o ritmo de nossas vidas.
2. **Percepções Temporais**: Navega pelas percepções complexas do tempo e suas implicações para a consciência.
3. **Perspectivas sobre o Tempo**: Discute desde o determinismo, que vê o futuro como predestinado, até a mecânica quântica, onde o futuro é uma tela em branco sujeita à influência de nossas ações, sugerindo um equilíbrio entre determinismo e livre-arbítrio.

Reflexões Propostas:

1. **Natureza do Tempo**: Como a percepção do tempo influencia a consciência e a experiência da realidade?
2. **Determinismo vs. Livre-Arbítrio**: Qual o impacto das diferentes visões sobre o tempo na compreensão da consciência?
3. **Tempo e Mecânica Quântica**: Como as interpretações quânticas do tempo podem expandir nossa compreensão da consciência?

Bibliografia Sugerida:

1. "The Fabric of the Cosmos" por Brian Greene: Explora conceitos de tempo e espaço na física moderna.
2. "Time Reborn: From the Crisis in Physics to the Future of the Universe" por Lee Smolin: Oferece uma perspectiva inovadora sobre a natureza do tempo.

3. "The Order of Time" por Carlo Rovelli: Discute a relatividade e a natureza do tempo.

4. "Life's Ratchet: How Molecular Machines Extract Order from Chaos" por Peter M. Hoffmann: Aborda a ordem e a entropia no universo.

5. "The End of Time: The Next Revolution in Physics" por Julian Barbour: Questiona a existência do tempo com uma teoria radical.

SOBRE OS OMBROS DE GIGANTES

A Teoria da Inferencia Ativa, desenvolvida principalmente pelo neurocientista Karl Friston, é uma das abordagens mais intrigantes e abrangentes na tentativa de entender a mente e a matéria. Esta teoria se enraíza em um princípio fundamental: a ideia de que todos os seres vivos, desde as células mais simples até os cérebros humanos complexos, estão impulsionados por um imperativo subjacente - minimizar a surpresa ou a incerteza em relação ao seu ambiente.

Friston propõe que o cérebro está constantemente engajado em um processo de ajustar suas crenças internas para corresponder às informações que recebe do mundo exterior. Este processo é guiado pelo princípio de minimização da energia livre, que é uma medida técnica de incerteza ou surpresa. Em termos simples, a energia livre aqui não se refere à energia no sentido físico, mas à diferença entre o que o cérebro espera acontecer e o que realmente ocorre. É a energia livre informacional.

Um aspecto crucial da teoria é a ideia de que o cérebro constrói e atualiza constantemente modelos preditivos do mundo. Estes modelos são representações internas que o cérebro usa para antecipar os estímulos sensoriais. São informações acumuladas ao longo da existência e constituem o nosso segredo, tesouro ou vergonha, mas apenas nosso. Quando a realidade externa se desvia das previsões que temos, as que nos dão as melhores chances de sucesso ou sobrevivência, surge a surpresa ou erro de predição. O cérebro, então, trabalha para reduzir este erro, ajustando seus modelos ou mudando o ambiente através de ações.

A beleza da Teoria da Inferencia Ativa reside em sua aplicabilidade abrangente. Ela fornece insights não apenas sobre a percepção e a cognição, mas também sobre o comportamento, a aprendizagem, e até mesmo os estados patológicos da mente. Por exemplo, em doenças como a esquizofrenia, os erros na minimização da surpresa podem levar a crenças e percepções distorcidas.

Existem duas categorias de seres curiosos na busca de respostas. Querem a mesma coisa, tem os mesmos anseios e são igualmente inteligentes. Apenas diferem na maneira que escolhem para a busca. São os "neats" e os "scruffies".

A dicotomia entre os "neats" e os "scruffies" reflete duas filosofias de pesquisa distintas. Enquanto os "scruffies" se concentram na multiplicidade e singularidade de fenômenos, explorando a riqueza dos detalhes e a variedade das experiências individuais, os "neats" como Friston, buscam uma elegância simples (não simplista), onde regras gerais podem explicar uma diversidade de fenômenos. Esta abordagem "neat" é atraente por sua elegância e potencial para unificar campos aparentemente distintos sob um conjunto comum de princípios.

A abordagem de Friston representa um esforço notável para sintetizar uma vasta gama de fenômenos biológicos e cognitivos sob um único princípio unificador, um exemplo clássico da abordagem "neat" na ciência. Ao contrário dos "scruffies", que mergulham nas peculiaridades e detalhes peculiares de cada processo individual, os "neats" como Friston buscam padrões e leis gerais que podem explicar uma ampla variedade de comportamentos e fenômenos.

Em sua teoria, ele se afasta da necessidade de explicar cada fenômeno cognitivo ou biológico como um caso único. Em vez disso, ele se volta para os "primeiros princípios" - noções fundamentais que podem ser aplicadas universalmente. Neste caso, o princípio da minimização da energia livre serve como uma regra geral que governa tudo, desde a função celular até o comportamento humano complexo. É um esforço para encontrar um denominador comum que transcende as divisões tradicionais da biologia, psicologia e neurociência.

Esta abordagem foca fortemente no conceito de energia livre informacional. Aqui, 'energia livre' não se refere à energia física, mas à diferença entre as expectativas do cérebro e a realidade percebida. Este conceito está intrinsecamente ligado à criação e atualização de modelos preditivos pelo cérebro, fundamentais para nossa interação com o ambiente. Ao prever e responder às mudanças ambientais, estamos constantemente ajustando nossos modelos internos para alinhá-los com o mundo externo, um processo que está no coração da cognição e da percepção.

A aplicabilidade desta teoria se estende além da compreensão da percepção e cognição normais. Ela oferece insights valiosos em contextos patológicos, como na esquizofrenia, onde desvios na minimização da surpresa podem levar a distorções na percepção e no pensamento. Ao compreender as doenças mentais através deste prisma, podemos começar a ver padrões e conexões que antes estavam ocultos.

Além disso, oferece uma perspectiva única sobre a natureza da consciência. Segundo esta teoria, a consciência pode ser vista como o resultado de modelos internos altamente complexos que estão continuamente sendo ajustados para se alinharem com a realidade externa. Isso nos leva a considerar a consciência não apenas como uma experiência do mundo, mas como um processo ativo de interpretação e ajuste.

A consciência é mais do que uma mera resposta passiva ao ambiente; é um processo dinâmico de interpretação e adaptação. O cérebro, constantemente, constrói e atualiza modelos preditivos, fazendo previsões sobre o mundo. Em vez de simplesmente reagir aos estímulos, ele antecipa ativamente eventos e experiências.

Um elemento chave desta abordagem é o papel da atenção. O cérebro não processa todos os estímulos sensoriais de forma igual; ele seletivamente foca em aspectos do ambiente que são considerados relevantes ou surpreendentes. Esta seletividade é crucial para a eficiência do processamento cerebral, permitindo-nos concentrar recursos cognitivos onde são mais necessários.

Nos mecanismos "bottom-up", ou seja, aqueles que seriam processados de baixo para cima, o que corresponderia a uma sequência iniciada nos estímulos sensoriais, a atenção seria dirigida principalmente pela natureza destes. Seriam os aspectos mais básicos e imediatos da percepção. O cérebro receberia tudo que está disponível e por feedback das estruturas cognitivas, faria a seleção dos estímulos relevantes.

Diferentemente do processamento "bottom-up", os mecanismos "top-down", de cima para baixo, são guiados por expectativas, experiências passadas e conhecimento prévio. Aqui, a atenção é direcionada de acordo com os objetivos e intenções do indivíduo. Por exemplo, ao procurar um amigo em uma multidão, você foca na cor da roupa que ele está usando, ignorando outros estímulos. Este tipo de processamento permite uma maior flexibilidade e adaptação, pois o cérebro pode ajustar seu foco de atenção com base em mudanças nos objetivos ou no ambiente.

O cérebro humano utiliza uma combinação de ambos os mecanismos para navegar eficientemente no mundo. Dependendo da situação, podemos alternar entre um foco mais reativo ("bottom-up") e um mais intencional e planejado ("top-down"). O cérebro é capaz de processar múltiplas informações simultaneamente, utilizando tanto as entradas sensoriais imediatas quanto as estruturas cognitivas de alto nível. A capacidade de mudar entre esses dois modos de processamento permite ao ser humano se adaptar rapidamente a diferentes contextos e situações, maximizando a eficácia da percepção e da ação.

Na prática, os mecanismos top-down são os energeticamente mais vantajosos pois a maioria da energia seria voltada para os aspectos cognitivos e não apenas para feedback dos impulsos sensoriais.

Os mecanismos "top-down" priorizam o processamento cognitivo, como a atenção seletiva e a tomada de decisões baseadas em experiências passadas e expectativas. Isso permite que o cérebro conserve energia ao não responder a todos os estímulos sensoriais indiscriminadamente.

Ao utilizar modelos internos e previsões para guiar a percepção e a ação, o cérebro reduz a necessidade de processar extensivamente cada nova informação sensorial. Isso é energeticamente mais eficiente do que reagir passivamente a cada estímulo "bottom-up".

Esses mecanismos permitem que o cérebro se adapte rapidamente a novos contextos ou tarefas sem a necessidade de processar intensamente todas as informações sensoriais, economizando energia para funções cognitivas complexas.

Em situações de demanda cognitiva elevada ou em ambientes desafiadores, a capacidade de focar em aspectos relevantes e ignorar distrações irrelevantes é crucial para manter a eficiência cognitiva e energética e ainda aumentar a chance de sobrevivência. Não se esqueça, somos animais.

Portanto, a interpretação de que os mecanismos "top-down" são energeticamente mais vantajosos por focarem nos aspectos cognitivos é correta e reflete um aspecto crucial da eficiência cerebral. Isso está em linha com a ideia de que nosso cérebro evoluiu para maximizar o desempenho cognitivo ao mesmo tempo em que minimiza o gasto energético.

A ideia de um loop sensório-ação atualizado constantemente é central para minimizar a surpresa ou erro preditivo. Quando há uma discrepância entre as previsões do modelo e a realidade sensorial, o cérebro procura reduzir essa diferença. Isso é feito tanto ajustando os modelos internos (processo cognitivo) quanto modificando o ambiente através de ações (processo motor).

Esta perspectiva oferece insights profundos sobre a natureza da consciência. Ela sugere que a consciência é um estado emergente resultante da interação contínua entre nossos modelos internos e o mundo externo. Esta interação não é estática, mas uma constante troca que molda tanto a nossa percepção do mundo quanto as nossas respostas a ele.

A aplicação desta teoria abre caminho para uma melhor compreensão dos transtornos da consciência, onde os processos de atenção, previsão e ação podem estar desregulados. Além disso, oferece um quadro para explorar como a consciência se desenvolve e se adapta ao longo do tempo, tanto em termos de desenvolvimento individual quanto na escala evolutiva.

A Teoria da Inferência Ativa de Karl Friston baseia-se fortemente no conceito de cérebro bayesiano, o qual utiliza as regras de Bayes para processar informações. Para entender isso, primeiro precisamos explorar quem foi Thomas Bayes e a essência de seu trabalho.

Thomas Bayes foi um matemático e ministro presbiteriano inglês do século XVIII. Ele é mais conhecido pelo teorema que leva seu nome, embora muito do que sabemos sobre seu trabalho venha de escritos publicados postumamente. Bayes fez contribuições significativas para a teoria da probabilidade. Seu trabalho mais famoso, o "Teorema de Bayes", foi publicado postumamente em 1763 no trabalho "An Essay towards solving a Problem in the Doctrine of Chances".

Este teorema fornece uma forma de atualizar nossas crenças (probabilidades) à luz de novas evidências. Matematicamente, ele relaciona a probabilidade condicional de um evento, dada uma evidência, com sua probabilidade inversa. Por probabilidade condicional entenda-se a probabilidade de ocorrer um evento A, desde que outro evento, B, tenha ocorrido. Por exemplo, a probabilidade de chover hoje, desde que tenha chovido ontem.

O Teorema de Bayes é uma forma de atualizar o quanto acreditamos na verdade de uma determinada hipótese com base em novas informações ou evidências.

Basicamente, ele nos ajuda a entender como a probabilidade de uma hipótese ser verdadeira muda após observarmos algumas evidências. Ele compara a probabilidade de uma hipótese antes de termos a nova evidência (chamada de probabilidade a priori) com a probabilidade após considerarmos a evidência (chamada de probabilidade a posteriori).

O teorema leva em consideração a probabilidade de observar a evidência se a hipótese for verdadeira, e a probabilidade geral de observar essa evidência, independentemente da hipótese.

Por exemplo, se você está tentando determinar se deve levar um guarda-chuva quando sai de casa, o Teorema de Bayes ajuda a atualizar a sua crença na probabilidade de chover (hipótese) com base na evidência que você tem (como o céu nublado).

Este teorema é aplicado em muitos campos, como medicina (para interpretar resultados de testes), finanças (para avaliar riscos), e ciência de dados (para fazer previsões com base em dados anteriores).

O teorema é usado para atualizar a probabilidade de uma hipótese à medida que mais informações se tornam disponíveis. Isso é feito ajustando a probabilidade a priori da hipótese com base na nova evidência.

Karl Friston usa o teorema de Bayes para fundamentar sua Teoria da Inferência Ativa. Segundo Friston, o cérebro está constantemente fazendo inferências sobre o mundo, atualizando suas crenças com base nas informações sensoriais que recebe.

O cérebro cria modelos preditivos do mundo, que são atualizados à medida que novos dados são recebidos, de acordo com as regras de Bayes. Este processo é contínuo e forma a base para a percepção e a ação.

A teoria sugere que o cérebro procura minimizar a surpresa (ou incerteza) ao ajustar seus modelos para corresponder melhor à realidade percebida. Ao combinar as ideias de Bayes com a neurociência, Friston oferece uma abordagem poderosa para entender como o cérebro processa informações e interage com o mundo. Esta abordagem não apenas explica aspectos da percepção e cognição, mas também tem implicações para compreender desordens psicológicas e neurológicas. Estamos apenas começando.

E, tudo isso, usando um teorema interessante, descoberto (ou inventado?) por um clérigo matemático no século XVII. Que coisa.

A percepção, nesse contexto, é vista como um ajuste rápido e momentâneo às informações sensoriais, enquanto a aprendizagem é um processo mais lento e deliberado de calibração desses modelos internos. A percepção se ocupa do agora, respondendo instantaneamente a novos dados sensoriais. A aprendizagem, por outro lado, é a jornada de longo prazo, acumulando experiências e refinando previsões para uma navegação mais precisa no futuro. Sempre em busca da menor energia livre possível.

A especificidade da Inferência Ativa na atividade cerebral vem da aplicação de uma forma aproximada de inferência bayesiana, conhecida como esquema variacional. Este esquema é motivado por primeiros princípios - uma abordagem que busca explicar fenômenos complexos a partir de leis fundamentais e simples. Isso adiciona uma camada de especificidade à teoria, diferenciando-a de outras abordagens em neurociência computacional geralmente muito mais complicadas e dedicadas a fenômenos específicos e restritas a eles, sendo que outros fenômenos exigem novas abordagens igualmente difíceis e não extensíveis a novos problemas.

Ao se concentrar em princípios fundamentais e leis simples, a Inferência Ativa oferece uma explicação unificada que pode ser aplicada a uma ampla gama de fenômenos cognitivos e comportamentais. Isso contrasta com outras abordagens em neurociência computacional, que frequentemente se concentram em fenômenos isolados e necessitam de modelos específicos para cada nova situação ou problema. Essa especificidade e restrição podem levar a uma proliferação de modelos complexos e teorias que são difíceis de generalizar.

A Inferência Ativa, portanto, representa um esforço para trazer coesão e simplicidade ao campo da neurociência computacional, evitando a necessidade de constantemente criar teorias para cada fenômeno específico. Ao adotar um quadro teórico unificador, ela permite uma compreensão mais integrada e holística da atividade cerebral e do comportamento humano.

Além disso, a Inferência Ativa estende o alcance da abordagem inferencial a domínios da cognição que raramente são considerados. Ela especifica os tipos de modelos e processos inferenciais que podem ser implementados por cérebros biológicos, oferecendo novas perspectivas sobre como o cérebro processa informações e toma decisões.

Essa teoria encontra correspondência com modelos bem estabelecidos na neurociência computacional, como o "predictive coding" (codificação preditiva) e a "Helmholtz machine". O predictive coding, uma teoria que sugere que o cérebro está constantemente criando e atualizando um modelo do mundo para prever entradas sensoriais, é um exemplo de como a Inferência Ativa pode se alinhar com abordagens existentes, fornecendo uma base teórica mais abrangente.

A Inferência Ativa começa com a visão de Hermann von Helmholtz, que no século XIX propôs que a percepção é um processo de inferência inconsciente. Helmholtz sugeriu que o cérebro interpreta estímulos sensoriais baseando-se em experiências passadas e conhecimento prévio para construir nossa percepção da realidade. Esta ideia tem raízes também nas teorias de Immanuel Kant, que defendia que nossas percepções são moldadas por estruturas inatas da mente.

A abordagem de Helmholtz à percepção como um processo de inferência inconsciente representa uma mudança fundamental na forma como entendemos a cognição humana. No século XIX, Helmholtz, um físico e fisiologista alemão, desafiou a noção de que a percepção é direta e imediata. Em vez disso, ele propôs que o cérebro interpreta estímulos sensoriais usando experiências passadas e conhecimento prévio, efetivamente "adivinhando" o que esses estímulos significam. Isso implica que muito do que percebemos é, na verdade, uma construção do cérebro baseada em probabilidades e previsões, e não uma recepção passiva da realidade.

Helmholtz também foi pioneiro na aplicação de métodos matemáticos e científicos à fisiologia, abrindo caminho para a compreensão moderna da neurociência. Ele estava particularmente interessado em como interpretamos sensações visuais e auditivas, conduzindo experimentos que exploravam a percepção de profundidade e som. Seu trabalho nesse campo foi crucial para estabelecer a percepção como um campo de investigação científica.

Por outro lado, Immanuel Kant, um filósofo da era do Iluminismo, um dos filósofos mais influentes da história ocidental, nasceu em 22 de abril de 1724, na cidade de Königsberg, que naquela época fazia parte do Reino da Prússia (hoje Kaliningrado, na Rússia). Kant passou toda a sua vida em Königsberg, uma cidade cosmopolita e intelectualmente vibrante na época. forneceu um alicerce filosófico crucial para a ideia de percepção como inferência. Kant argumentava que o nosso entendimento do mundo é moldado por estruturas inatas da mente. Segundo ele, a mente não é uma lousa em branco que é preenchida pela experiência; ao invés disso, ela possui uma série de "categorias" a priori que dão forma e estrutura à nossa experiência. Estas categorias incluem conceitos como tempo, espaço e causalidade, que não são derivados da experiência, mas são ferramentas essenciais que nossa mente usa para compreender o mundo.

Kant acreditava que, embora nunca possamos conhecer as coisas como elas são em si mesmas (o "noumenal"), podemos conhecer as coisas como aparecem para nós (o "fenomenal"), graças a essas estruturas mentais. Essa abordagem teve um impacto profundo na filosofia e foi fundamental para o desenvolvimento da epistemologia moderna, a teoria do conhecimento. Lembre-se do espectro eletromagnético visível para nós, e que reside no espaço fenomenal. Enquanto todo o espectro, na sua maioria invisível, pertence ao noumenal.

No entanto, é importante notar que esta analogia tem limitações. A ciência moderna, através de instrumentos e tecnologias, é capaz de detectar e medir muitas partes do espectro eletromagnético que estão além da percepção humana direta. Isso sugere que, ao contrário do que Kant propôs sobre o mundo noumenal, podemos de fato acessar e compreender aspectos da realidade que não são diretamente perceptíveis. Kant estava preocupado com fundamentos metafísicos e epistemológicos. O mundo noumenal, segundo Kant, refere-se às coisas como elas são em si mesmas, independentes da experiência humana e da percepção. Este mundo seria inacessível ao conhecimento humano direto. Lembre-se que Kant viveu no século dezoito. Mas, ainda hoje, a possibilidade da existência de uma incompletude naquilo que podemos conhecer persiste.

Embora a ciência tenha avançado significativamente desde o tempo de Kant, a questão de se podemos conhecer a realidade tal como ela é em si mesma ainda permanece. A ciência amplia nosso entendimento da realidade, mas frequentemente o faz através de representações e modelos que podem ou não corresponder exatamente ao que é "real". Por exemplo, teorias científicas frequentemente oferecem modelos que são incrivelmente eficazes para prever fenômenos, mas podem não ser descrições literais da realidade subjacente.

Assim, Helmholtz e Kant, cada um à sua maneira, contribuíram significativamente para nossa compreensão da percepção. Enquanto Helmholtz enfocava a fisiologia e a experiência sensorial, Kant se concentrava em estruturas mentais inatas. Ambas as abordagens, apesar de suas diferenças, convergem na ideia de que a percepção é um processo ativo de interpretação e inferência, e não uma mera recepção passiva da realidade.

A teoria da Inferência Ativa de Friston vai além da percepção e aplica a lógica da inferência bayesiana a outros aspectos da cognição, como ação, planejamento e aprendizagem. Ela trata esses processos não apenas como funções cerebrais separadas, mas como partes de um problema unificado de inferência.

A Inferência Ativa usa a "aproximação variacional" para resolver problemas de inferência que seriam, de outra forma, demasiado complexos para serem computados diretamente. Isso implica em simplificar o modelo de como o cérebro processa informações, mantendo sua precisão e eficácia.

A aproximação variacional, uma peça central na teoria é uma ferramenta poderosa para simplificar problemas complexos de inferência. Essa técnica é fundamental no contexto da neurociência computacional, pois permite que modelos de como o cérebro processa informações sejam computacionalmente viáveis sem perder a essência de sua precisão e eficácia.

Em termos leigos, a aproximação variacional pode ser comparada a usar um mapa simplificado em vez de uma representação detalhada de todo o território. Em vez de tentar calcular todas as variáveis e interações possíveis em um modelo do cérebro, a aproximação variacional se concentra em aspectos essenciais que permitem fazer inferências úteis sobre como o cérebro funciona.

No contexto da Inferência Ativa, essa técnica é usada para construir modelos simplificados, mas eficazes, do mundo e de como o cérebro interage com ele. Por exemplo, em vez de modelar cada sinapse em um circuito neural, a aproximação variacional pode se concentrar em padrões mais amplos de atividade neural que são cruciais para a percepção, ação ou aprendizagem. Isso permite que os cientistas façam previsões úteis sobre como o cérebro processa informações sem se perderem em detalhes inextricáveis.

Um aspecto crucial da aproximação variacional na Inferência Ativa é que ela permite que o cérebro faça previsões eficientes sobre o ambiente com base em informações limitadas. Por exemplo, ao interagir com o mundo, não precisamos processar cada detalhe sensorial; em vez disso, nossos cérebros usam informações passadas e atuais para formar uma previsão geral do que esperar, ajustando-se conforme necessário.

Imagine que você entra em sua cozinha de manhã. Seu cérebro não precisa analisar detalhadamente cada objeto para reconhecer que você está na cozinha. Baseando-se em experiências passadas, ele já tem um modelo mental do que esperar: a localização da geladeira, o fogão, as xícaras etc. Esse modelo pré-existente permite que você navegue e interaja com o ambiente de forma eficiente.

Ao entrar na cozinha, você percebe um objeto novo - digamos, uma torradeira nova em um local onde normalmente não fica nada. Seu cérebro rapidamente atualiza suas expectativas (o modelo mental da cozinha) para incorporar essa nova informação. Esta atualização ocorre sem a necessidade de reavaliar todos os outros aspectos do ambiente, como a posição dos armários ou a cor das paredes.

Essa abordagem é especialmente útil para explicar fenômenos como a percepção ilusória ou as respostas adaptativas em ambientes incertos. Por exemplo, em situações em que as informações sensoriais são ambíguas ou incompletas, o cérebro usa modelos internos para "preencher as lacunas", o que pode levar a percepções que não correspondem exatamente à realidade objetiva, mas são eficientes para a ação e tomada de decisão.

A aproximação variacional na Teoria da Inferência Ativa de Friston é uma forma de simplificar a complexidade inerente ao processamento cerebral, mantendo a precisão e a eficácia do modelo. Ela oferece uma lente poderosa através da qual podemos entender melhor como o cérebro interpreta e interage com o mundo, enfatizando a ideia de que a cognição é um processo ativo de interpretação e ajuste contínuos.

A ideia de que o cérebro é uma "máquina preditiva" ou um órgão estatístico que infere e prevê estados externos do mundo é uma tradição longa e rica na neurociência e na psicologia. Essa concepção remonta à noção de Hermann von Helmholtz de "percepção como inferência inconsciente", uma ideia que se transformou na hipótese do "cérebro bayesiano". Essa perspectiva desafia a visão tradicional da percepção como um processo puramente ascendente (bottom-up) de transdução de estados sensoriais em representações internas do que está "lá fora".

Na realidade, a percepção é um processo inferencial que combina informações prévias (top-down) sobre as causas mais prováveis das sensações com estímulos sensoriais (bottom-up). Esses processos inferenciais operam em representações probabilísticas dos estados do mundo e seguem a regra de Bayes, que prescreve a atualização ótima à luz das evidências sensoriais.

A percepção, portanto, não é um processo passivo de extração de informações de impressões em nossos epitélios sensoriais vindas de "fora". É, em vez disso, um processo construtivo de dentro para fora, no qual as sensações são usadas para confirmar ou refutar hipóteses sobre como elas foram geradas. Este conceito de percepção como um processo ativo e construtivo, em que o cérebro cria hipóteses e as testa contra a entrada sensorial, é apoiado por diversos teóricos, incluindo Donald MacKay, Richard Gregory, Alan Yuille e Peter Kersten, Ulric Neisser e Andy Clark.

Esse entendimento de percepção como inferência ativa tem implicações profundas para como compreendemos a mente e o cérebro. Ele sugere que nossa experiência do mundo não é uma simples recepção passiva de informações do ambiente, mas uma interpretação ativa baseada em modelos internos do mundo. Esses modelos são continuamente ajustados e refinados à medida que novas informações sensoriais são recebidas, permitindo que o cérebro faça previsões mais precisas e eficientes sobre o ambiente.

Além disso, essa abordagem destaca a importância do contexto e das experiências passadas na formação de nossas percepções. O que percebemos é profundamente influenciado por nossas expectativas e conhecimento prévio, moldando a maneira como interpretamos e interagimos com o mundo ao nosso redor.

A percepção como inferência ativa, fundamentada no princípio da minimização da energia livre e na hipótese do cérebro bayesiano, oferece uma visão rica e dinâmica de como o cérebro processa informações e interage com o mundo, revelando a complexidade e a adaptabilidade da cognição humana.

RESUMO

O "Décimo Ato" do livro foca na Teoria da Energia Livre de Karl Friston, uma abordagem abrangente para entender a mente e a matéria. A teoria se baseia no princípio de minimizar a surpresa ou incerteza em relação ao ambiente. Principais pontos:

1. **Minimização da Surpresa**: A teoria propõe que o cérebro está constantemente ajustando suas crenças internas para corresponder às informações do mundo externo, um processo guiado pela minimização da energia livre.

2. **Modelos Preditivos**: O cérebro constrói e atualiza continuamente modelos preditivos do mundo, usando-os para antecipar estímulos sensoriais. Quando a realidade externa diverge das previsões, surge a surpresa ou erro de predição, levando o cérebro a ajustar seus modelos.

3. **Atenção e Processamento Cerebral**: A teoria destaca a importância da atenção na eficiência do processamento cerebral, com o cérebro focando seletivamente em aspectos relevantes ou surpreendentes do ambiente.

Reflexões Propostas:

1. **Minimização da Energia Livre**: Como esse princípio ajuda a entender o funcionamento do cérebro e a percepção?

2. **Modelos Preditivos**: Qual é a importância desses modelos na maneira como processamos informações e reagimos ao ambiente?

3. **Atenção e Processamento Cerebral**: Como a seletividade da atenção contribui para a eficiência do processamento cerebral?

   Bibliografia Sugerida:

   1. "Surfing Uncertainty: Prediction, Action, and the Embodied Mind" por Andy Clark: Explora ideias sobre previsão e ação na cognição.
   2. "The Predictive Mind" por Jakob Hohwy: Detalha a ideia do cérebro como uma máquina preditiva.
   3. "Bayesian Brain: Probabilistic Approaches to Neural Coding" por Kenji Doya, Shin Ishii, Alexandre Pouget e Rajesh P. N. Rao: Discute abordagens bayesianas para codificação neural.
   4. "Free Energy Principle: A Unified Brain Theory?" por Karl Friston: Oferece uma visão detalhada da Teoria da Energia Livre.
   5. "How Emotions Are Made: The Secret Life of the Brain" por Lisa Feldman Barrett: Relaciona-se com a construção de modelos internos e a percepção.

UMA TENTATIVA DE DIÁLOGO

Este capítulo tentará fornecer um diálogo entre duas das mais influentes teorias da consciência contemporâneas, destacando tanto suas sinergias quanto os desafios de tal integração.

Em nossa busca para desvendar os mistérios da mente e da consciência, como já vimos, nos deparamos com a Teoria da Inferência Ativa, uma abordagem profunda e inovadora desenvolvida pelo neurocientista Karl Friston. Esta teoria oferece uma perspectiva abrangente sobre como o cérebro opera e como a consciência emerge de suas complexas interações. Ao mergulharmos nos detalhes da Inferência Ativa, estamos nos preparando para explorar suas possíveis conexões com outra teoria revolucionária, a Teoria da Informação Integrada (IIT), proposta por Giulio Tononi, que tambem já vimos anteriormente.

A Teoria da Inferência Ativa nos apresenta um cérebro que é muito mais do que um simples receptor de estímulos externos. Ela descreve o cérebro como uma entidade que está constantemente em busca de minimizar a surpresa ou incerteza. Este objetivo é alcançado através do processo de minimização da energia livre, um conceito que, nesta teoria, transcende a ideia tradicional de energia física para se tornar uma medida de incerteza ou surpresa, relacionada à diferença entre as expectativas do cérebro e as informações sensoriais que realmente recebe.

Central para a Inferência Ativa é a noção de que o cérebro constrói e ajusta continuamente modelos preditivos do mundo. Esses modelos são representações internas que o cérebro usa para antecipar os estímulos sensoriais, baseando-se em informações acumuladas ao longo da vida. Quando a realidade externa difere das previsões do cérebro, surgem surpresas ou erros de predição, levando o cérebro a trabalhar na redução desses erros, seja ajustando seus modelos ou mudando o ambiente através de ações.

Ao mesmo tempo, a Inferência Ativa aborda a maneira como a atenção é direcionada e como as ações são escolhidas. O cérebro não processa todos os estímulos sensoriais igualmente; ele seleciona ativamente aspectos do ambiente que considera relevantes ou surpreendentes. Esta seletividade é fundamental para a eficiência do processamento cerebral, permitindo-nos concentrar nossos recursos cognitivos onde mais são necessários.

Essa teoria nos oferece uma nova visão sobre a natureza da consciência. Sob a luz da Inferência Ativa, a consciência é vista como o resultado de modelos internos altamente complexos, continuamente ajustados para se alinharem com a realidade externa. Isso sugere que a consciência é mais do que apenas uma experiência do mundo; é um processo ativo de interpretação e ajuste.

Conforme exploramos essa teoria, nos preparamos para integrá-la com a IIT, que foca em como a integração e diferenciação de informações contribuem para a experiência consciente. Juntas, essas teorias podem oferecer um entendimento mais completo da consciência, fornecendo insights sobre como ela emerge do processamento cerebral e como é moldada pela interação constante entre o cérebro e o mundo que nos rodeia. Este capítulo, portanto, é mais do que uma simples exploração teórica; é uma jornada em direção a uma compreensão mais profunda da mente humana e da misteriosa natureza da consciência.

Ao aprofundarmos nossa compreensão da Teoria da Inferência Ativa, começamos a vislumbrar o potencial de uma ponte conceitual entre esta teoria e a Teoria da Informação Integrada (IIT). Ambas as teorias, apesar de suas origens e enfoques distintos, convergem na tentativa de explicar a consciência.

A IIT, proposta por Giulio Tononi, nos apresenta um quadro onde a consciência é o produto da integração e diferenciação de informações em um sistema. Ela propõe que a consciência corresponde ao nível de integração de informação em um sistema – quanto mais integrado e diferenciado um sistema é, mais consciente ele se torna. Esta teoria coloca um grande foco na conectividade e na complexidade de interações dentro de um sistema, como o cérebro humano, para explicar a emergência da experiência subjetiva. Internamente o elemento fundamental é o conceito de informação, uma entidade física e matemática que conecta a IIT ao mundo físico, e a aproxima do problema difícil.

Por outro lado, a Inferência Ativa, com seu foco na minimização da energia livre, proporciona um modelo para entender como o cérebro processa informações e responde ao ambiente. Esta teoria nos mostra um cérebro ativamente envolvido na construção de modelos preditivos do mundo, ajustando-se continuamente em resposta a novas informações. Essa capacidade de prever e responder ao ambiente é um aspecto fundamental da consciência, conforme sugerido pela Inferência Ativa.

O que torna fascinante a possibilidade de integração entre essas duas teorias é a maneira como elas complementam uma à outra. Enquanto a IIT oferece uma estrutura para entender a estrutura e a conectividade necessárias para a consciência, a Inferência Ativa fornece um mecanismo dinâmico pelo qual essas estruturas processam informações e se adaptam. Juntas, elas podem fornecer um quadro mais abrangente, que não apenas explica a natureza da consciência, mas também como ela se manifesta e opera no cérebro humano.

Por exemplo, a ideia de modelos preditivos na Inferência Ativa pode ser vista como uma forma de integração de informações. A capacidade do cérebro de integrar informações passadas e presentes para fazer previsões sobre o futuro é um exemplo de como a informação é integrada de forma complexa e significativa. Da mesma forma, o conceito de diferenciação na IIT pode ser refletido na forma como o cérebro atualiza e ajusta seus modelos preditivos em resposta a novas informações, garantindo uma resposta adaptativa e individualizada ao ambiente.

Além disso, ambas as teorias abordam, de maneiras diferentes, a questão da flexibilidade e adaptabilidade da consciência. A Inferência Ativa, com seu foco na minimização da energia livre, destaca como o cérebro se adapta para manter a coerência entre suas previsões e a realidade sensorial. Enquanto isso, a IIT, ao enfatizar a importância da integração de informações, sugere que um sistema consciente deve ser capaz de combinar e reorganizar informações de forma flexível.

Neste sentido, a integração da IIT com a Inferência Ativa poderia proporcionar uma visão holística da consciência, uma que leva em conta tanto a estrutura quanto a dinâmica do processamento cerebral. Tal síntese poderia ser a chave para desbloquear ainda mais os segredos da mente humana, oferecendo novas perspectivas sobre como a consciência emerge e opera, e abrindo novas possibilidades para explorar as profundezas do nosso ser.

Explorando a conexão entre a Inferência Ativa e a Teoria da Informação Integrada (IIT), podemos ver que ambas as abordagens, apesar de suas origens distintas, convergem na ideia de que a consciência emerge de processos complexos de integração e processamento de informações.

A Inferência Ativa, com seu enfoque em modelos preditivos, nos mostra como o cérebro constrói e refina constantemente suas expectativas sobre o mundo. Este processo de previsão e atualização não é estático, mas dinâmico e integrador, absorvendo e sintetizando informações de múltiplas fontes sensoriais e cognitivas. Em essência, a Inferência Ativa descreve um cérebro que está sempre aprendendo, ajustando-se e formando uma representação coerente e unificada da realidade.

Por outro lado, a IIT enfatiza a importância da integração de informações como a chave para a consciência. Segundo essa teoria, é a capacidade de um sistema de processar informações de maneira altamente integrada, mas diferenciada, que dá origem à experiência consciente. A IIT sugere que a consciência é tanto mais rica quanto mais integradas e complexas são as interações dentro de um sistema.

Unindo essas duas perspectivas, podemos ver os modelos preditivos da Inferência Ativa como mecanismos pelos quais a integração proposta pela IIT é realizada. Ao prever e responder a estímulos, o cérebro não está apenas processando informações de maneira isolada; está criando uma teia de conexões e interações que formam a base para uma experiência consciente rica e multifacetada.

Esta sinergia entre Inferência Ativa e IIT pode também abrir novas portas para entender como diferentes estados de consciência podem surgir de variações na integração de informações. Por exemplo, em estados de sonho ou em algumas condições patológicas, as mudanças na forma como as informações são integradas e processadas podem levar a experiências conscientes qualitativamente diferentes.

Além disso, essa abordagem integrada pode oferecer insights sobre os mecanismos subjacentes a condições como a esquizofrenia ou o autismo, onde a percepção e a integração de informações podem ser alteradas. Ao entender melhor como os modelos preditivos funcionam nestas condições, e como eles se relacionam com a integração de informações, podemos começar a desenvolver terapias e intervenções mais eficazes.

Avançando na análise da intersecção entre a Inferência Ativa e a Teoria da Informação Integrada (IIT), vale a pena analisar as contribuições de outros pensadores que podem enriquecer nossa compreensão destas teorias e suas implicações.

Um dos pensadores relevantes é Anil Seth, cujas pesquisas em neurociência da consciência oferecem insights valiosos. Seth argumenta que a consciência é um processo ativo de "predição perceptual", no qual o cérebro gera constantemente e atualiza suas hipóteses sobre o mundo externo. Esta visão está em harmonia com a Inferência Ativa de Friston, sugerindo que o cérebro está constantemente em um estado de antecipação e ajuste.

Seth, com suas ideias sobre "predição perceptual", nos oferece uma visão da consciência que ecoa fortemente com a Inferência Ativa de Friston. A abordagem de Seth reforça a noção de que a consciência é um processo ativo e contínuo, não um mero receptáculo passivo para o mundo exterior. Ele nos induz a compreender a consciência como uma série de hipóteses em constante evolução sobre o mundo ao nosso redor, um cenário que ressoa com a ideia de Friston de que o cérebro está em um estado perene de antecipação e ajuste.

Por outro lado, a IIT de Tononi oferece um complemento valioso a essa visão. A teoria de Tononi sugere que a consciência emerge de redes altamente integradas e diferenciadas de informações. A ideia de Seth de um processo contínuo de predição e atualização de hipóteses se encaixa bem aqui, sugerindo que a integração e diferenciação de informações são componentes cruciais na dança da consciência.

No entanto, a abordagem de Seth, apesar de sua elegância teórica, enfrenta desafios significativos. Ela carece da quantificação que a IIT oferece, tornando-se mais subjetiva e menos mensurável. Isso pode ser um obstáculo ao tentarmos aplicar sua teoria em contextos práticos, como o desenvolvimento de tecnologias de interface cérebro-computador ou o tratamento de distúrbios da consciência. A falta de um quadro quantitativo claro pode limitar a aplicabilidade prática da teoria de Seth, um problema que a IIT aborda mais diretamente.

Essas reflexões nos levam a um entendimento mais profundo e matizado da consciência. Por um lado, temos a dinâmica ativa e preditiva da Inferência Ativa e as percepções de Seth, ressaltando a natureza proativa da consciência. Por outro lado, a IIT nos oferece um método para quantificar a experiência consciente, destacando a importância da integração de informações. Juntas, essas teorias e ideias formam um mosaico complexo, ilustrando como a consciência é tanto um fenômeno ativo e dinâmico quanto um que pode ser quantificado e medido.

Da mesma forma, a obra de Antonio Damasio fornece uma perspectiva complementar, focando no papel das emoções e do corpo na formação da experiência consciente. Damasio propõe que as emoções são respostas integradas do corpo que desempenham um papel crucial no processamento da informação e na tomada de decisões. Isso se alinha com a ideia de que a consciência emerge de processos complexos de integração de informações, como sugerido pela IIT.

A contribuição de Antonio Damasio ao estudo da consciência oferece uma nova dimensão à nossa compreensão deste fenômeno complexo. Através de sua ênfase no papel das emoções e do corpo, Damasio realça uma faceta frequentemente negligenciada na discussão sobre a mente e a consciência: a importância inegável do somático no cognitivo.

Damasio nos leva a uma jornada que explora a intrincada relação entre as respostas emocionais e corporais e a experiência consciente. Ele argumenta que as emoções não são apenas reações passageiras, mas componentes integrantes que desempenham um papel crucial na maneira como processamos informações e tomamos decisões. Esta perspectiva se encaixa harmoniosamente com a Teoria da Informação Integrada, que enfatiza a integração de informações como a chave para a consciência. Damasio, ao destacar o papel do corpo e das emoções, sugere que esta integração não ocorre apenas no nível neural, mas também através de uma interação contínua entre mente e corpo.

Ao considerar a teoria de Damasio juntamente com a Inferência Ativa e a IIT, começamos a ver a consciência como um fenômeno que transcende a mera atividade neural. Ela se torna um processo que envolve a totalidade do nosso ser - não apenas nossas mentes, mas também nossos corpos e nossas emoções. Este entendimento holístico pode abrir caminho para abordagens mais integradas e holísticas no tratamento de distúrbios da consciência e na compreensão da experiência humana.

No entanto, a teoria de Damasio, embora rica e provocativa, também enfrenta seus próprios desafios. A dificuldade em medir e quantificar experiências emocionais e respostas somáticas de forma objetiva pode ser um obstáculo para a integração plena de suas ideias com as teorias mais quantitativas da consciência. Além disso, existe o desafio de conectar de forma coerente as respostas emocionais e somáticas com os processos neurais subjacentes de integração de informações.

Apesar destes desafios, a abordagem de Damasio expande nossa visão da consciência para além do puramente cognitivo ou neural. A consciência é um fenômeno enraizado em nossa experiência corpórea e emocional, um aspecto essencial que não pode ser ignorado se quisermos entender verdadeiramente a natureza da experiência humana.

Christof Koch, outro importante pesquisador no campo da consciência, também contribui para este diálogo. Koch explora a ideia de que certas estruturas cerebrais, desempenham um papel fundamental na coordenação e integração de informações no cérebro. Essa visão pode ser vista como um ponto de convergência entre as teorias, destacando a importância das estruturas cerebrais específicas na facilitação da experiência consciente integrada.

A contribuição de Koch ao campo da consciência é marcada por uma busca incansável para entender as estruturas neurais específicas que são fundamentais na experiência consciente. Em suas investigações, coloca um foco especial no claustrum, uma estrutura cerebral que ele acredita ser crucial na coordenação e integração das informações processadas pelo cérebro.

Ao explorar o papel do claustrum, Koch aprofunda a noção de como as estruturas neurais específicas facilitam a experiência consciente. Ele sugere que, além dos processos gerais de integração de informações e predição, a consciência depende também da coordenação eficiente entre diferentes regiões cerebrais. Isso ressoa com a ideia da IIT de que a consciência emerge da integração complexa de informações, ao mesmo tempo em que se alinha com a ênfase da Inferência Ativa na importância dos modelos preditivos.

A pesquisa de Koch destaca a complexidade da arquitetura cerebral e como cada componente, não importa quão pequeno, pode ter um papel significativo na geração da consciência. Essa abordagem detalhada oferece uma nova perspectiva sobre como as estruturas neurais específicas contribuem para o fenômeno da consciência e como elas se integram aos modelos mais abrangentes propostos pela Inferência Ativa e pela IIT.

No entanto, há desafios na integração das ideias de Koch com as teorias mais abrangentes da consciência. Uma questão fundamental é como as funções específicas do claustrum podem ser incorporadas nos modelos preditivos e na integração de informações de uma maneira que complemente e enriqueça nossa compreensão da consciência. Além disso, Koch enfrenta o desafio de estabelecer conexões claras e mensuráveis entre as atividades do claustrum e a experiência consciente, um desafio que é central para a pesquisa em neurociência da consciência.

Além disso, as pesquisas sobre a "teoria do cérebro preditivo" fornecem um contexto adicional para nossa discussão. Esta teoria, que se alinha com a Inferência Ativa, sugere que o cérebro está constantemente gerando e testando hipóteses sobre o ambiente. Os trabalhos de Lisa Feldman Barrett sobre emoções como construções do cérebro fornecem um exemplo vívido de como as percepções internas e externas são integradas para formar a experiência consciente.

Segundo Barrett, as emoções não são reações automáticas e universais a estímulos externos, mas sim construções do cérebro, criadas a partir de uma mistura de percepções sensoriais, experiências passadas e contextos sociais. Esta ideia ressoa com a Inferência Ativa, sugerindo que a consciência é um processo ativo e dinâmico de interpretação e significação, onde as emoções desempenham um papel central.

Barrett argumenta que o cérebro utiliza suas experiências passadas para gerar previsões sobre o que sentir em determinadas situações. Quando estas previsões se alinham com a realidade percebida, sentimos emoções que consideramos apropriadas para o momento. No entanto, quando há uma discrepância entre a previsão e a percepção real, o cérebro ajusta suas previsões, o que pode levar a mudanças em nossas emoções.

Essa abordagem oferece uma nova perspectiva sobre como as emoções são formadas e como elas influenciam nossa experiência consciente. Ao ver as emoções como construções ativas do cérebro, em vez de reações passivas, podemos começar a entender melhor a complexidade da mente humana e a natureza fluida da consciência.

A integração dessas ideias com a IIT apresenta novas possibilidades. Se a IIT nos diz que a consciência surge da integração complexa e diferenciada de informações, então as emoções, como construções do cérebro, podem ser vistas como parte essencial dessa integração. Elas não são apenas respostas a estímulos, mas elementos cruciais no processo pelo qual o cérebro interpreta e dá sentido ao mundo.

Essa perspectiva abre novas vias para a pesquisa em neurociência da consciência, sugerindo que, para entender plenamente a consciência, precisamos considerar como as emoções são formadas e integradas no processo cognitivo mais amplo. Ao fazer isso, podemos começar a compreender melhor não apenas como percebemos o mundo, mas também como vivenciamos e interagimos com ele em um nível emocional.

O assunto ganha profundidade e nuances com as contribuições de Daniel Dennett. Sua abordagem, entrelaçando modelos intencionais e a natureza emergente da consciência, nos oferece um prisma pelo qual podemos vislumbrar a complexidade desse fenômeno.

Dennett nos guia por um labirinto onde a consciência é entendida não como uma entidade estática, mas como um processo dinâmico de "elaboração múltipla". Esta visão ressoa com a teoria da Inferência Ativa, onde o cérebro é visto como um modelador preditivo, constantemente construindo e ajustando suas expectativas e narrativas internas para se alinhar com o mundo exterior. Aqui, a consciência emerge não apenas como um subproduto da complexidade cerebral, mas como um processo ativo e contínuo de interpretação e integração de informações.

A metáfora de Dennett do "centro de gravidade narrativo" se torna particularmente intrigante. Ele sugere que a consciência é como uma história contínua que o cérebro conta a si mesmo, um fluxo constante de autonarrativa, onde múltiplas interpretações e narrativas são geradas e re-geradas. Essa perspectiva é um eco da Teoria da Informação Integrada, que enfatiza a importância da integração de informações como chave para a experiência consciente. Dennett, assim, propõe uma consciência que é simultaneamente um contador de histórias e um ouvinte, tecendo e retecendo seu entendimento do mundo em uma tapeçaria complexa e sempre em mudança.

Dennett também desafia nossas intuições sobre a consciência, questionando a noção de um "eu" central e coeso. Ele argumenta que o que percebemos como "eu" é uma construção do cérebro, uma ideia que se alinha com a visão da IIT de que a consciência é um fenômeno emergente, resultante de processos complexos e integrativos. Essa compreensão implica que a consciência, longe de ser um simples reflexo do mundo externo, é uma construção ativa, uma tapeçaria tecida a partir dos fios da experiência, percepção e memória.

Sua abordagem sugere que a consciência é um fenômeno dinâmico, um diálogo contínuo entre o cérebro e o mundo, onde cada novo estímulo, cada nova experiência, é uma oportunidade para revisar, refinar e reimaginar nossa compreensão da realidade.

A contribuição de Susan Blackmore para o entendimento da consciência oferece uma perspectiva valiosa, especialmente ao considerar fenômenos como a meditação e experiências fora do corpo. Suas investigações exploram as fronteiras da consciência, desafiando-nos a considerar estados de consciência além da experiência cotidiana e como eles se relacionam com os processos de inferência ativa e integração de informações.

Blackmore nos conduz a uma exploração dos estados alterados de consciência, onde a percepção usual do mundo e de nós mesmos é transformada. Nestes estados, como durante a meditação profunda ou experiências fora do corpo, as percepções e sensações podem divergir drasticamente da realidade consensual. Isso nos obriga a questionar a natureza da consciência e a forma como ela emerge dos processos cerebrais.

As experiências de meditação, por exemplo, podem oferecer insights sobre como a atenção focada e a minimização de estímulos externos afetam a percepção e o processamento de informações. Isto ressoa com a ideia da Inferência Ativa, que sugere que a consciência emerge como resultado de modelos preditivos do cérebro, ajustando-se continuamente para minimizar a surpresa. A meditação pode ser vista como um estado onde estes modelos preditivos são simplificados ou temporariamente suspensos, proporcionando uma experiência de consciência diferente, menos ancorada em predições contínuas sobre o ambiente externo.

Por outro lado, as experiências fora do corpo desafiam ainda mais nossa compreensão da consciência. Elas apontam para a possibilidade de que a consciência possa ser experimentada como dissociada do corpo físico, sugerindo uma flexibilidade nas representações internas do cérebro sobre nós mesmos e o mundo. Este fenômeno pode ser interpretado através das lentes da IIT, que considera a consciência como o produto da integração complexa de informações. As experiências fora do corpo poderiam representar um estado onde essa integração é alterada, permitindo formas de consciência que parecem transcender as limitações físicas do corpo.

Blackmore também nos lembra da importância de abordar a consciência com uma mente aberta e um espírito de investigação. Suas pesquisas sugerem que para compreender completamente a consciência, devemos estar dispostos a explorar e integrar uma gama diversificada de experiências humanas e estados de ser. Ao fazer isso, podemos começar a desvendar o mistério da consciência, vendo-a não apenas como um produto da atividade cerebral, mas como uma experiência que é moldada, e às vezes transformada, por uma variedade de influências internas e externas.

A inclusão de Blackmore nesta discussão enriquece nossa compreensão, mostrando que a consciência é um fenômeno multifacetado e misterioso, que se estende além dos limites do processamento cerebral para incluir uma ampla gama de experiências e estados. Suas ideias nos encorajam a considerar a consciência não apenas como um fenômeno biológico, mas como um campo de experiência humano vasto e ainda largamente inexplorado.

Mergulhando mais fundo no enigma da consciência, encontramos as contribuições de Olaf Sporns e Andy Clark, cada um trazendo uma perspectiva única que se entrelaça com as complexidades da Inferência Ativa e da Teoria da Informação Integrada.

Olaf Sporns, com sua visão pioneira em conectômica, nos guia através do labirinto de redes cerebrais, revelando como a intrincada tapeçaria de conexões neurais facilita a integração de informações e modelos preditivos.

Imagine o cérebro como uma metrópole vibrante, onde cada neurônio é um cidadão, cada sinapse uma rua, e cada rede neural um bairro pulsante. Sporns nos mostra que a consciência emerge deste mapa neural dinâmico, onde a informação não apenas flui, mas também é tecida em um padrão complexo e contínuo de atividade. Esta visão ressoa com a Inferência Ativa, destacando como nossas percepções e ações são o resultado de redes neurais constantemente atualizando seus modelos do mundo.

A analogia da metrópole neural não é apenas poética, mas também profundamente ilustrativa da dinâmica da consciência. Cada neurônio, sinapse e rede neural contribui para um panorama mais amplo, onde a consciência emerge como um fenômeno não só integrado, mas também distribuído.

Neste cenário, a teoria da Inferência Ativa ganha novas dimensões. Não é apenas um processo que ocorre dentro dos limites de uma estrutura neural isolada, mas um fenômeno que se manifesta através da interação de toda a rede. Como um sistema de transporte que conecta diferentes partes da cidade, os modelos preditivos no cérebro se adaptam e respondem com base na constante troca de informações entre essas redes neurais. A consciência, portanto, torna-se um produto emergente desta interação complexa, um padrão que surge da sinergia entre inúmeras atividades neurais.

Por outro lado, Andy Clark nos convida a expandir nossa visão da mente além do crânio. Com sua teoria da mente estendida, Clark argumenta que o cérebro não é um órgão isolado, mas um sistema aberto, em constante interação com seu ambiente. Nossos cérebros, segundo ele, são mestres preditivos, não apenas reagindo ao mundo, mas ativamente dialogando com ele, moldando e sendo moldados em retorno. Esta ideia complementa perfeitamente a Inferência Ativa, sugerindo que a consciência não é apenas um fenômeno interno, mas um processo dinâmico que inclui nosso corpo, a tecnologia e o ambiente.

Clark também nos faz repensar o papel da tecnologia e do ambiente na formação da experiência consciente. Em um mundo onde estamos cada vez mais interligados com dispositivos e sistemas digitais, Clark sugere que nossa consciência pode se estender para esses artefatos, transformando nossa percepção da realidade e de nós mesmos. Esta ideia se encaixa bem na Teoria da Informação Integrada, que considera a consciência como um produto da complexidade e integração de informações, independentemente de sua origem ser biológica ou artificial.

Imagine, por um momento, que nossos smartphones e laptops não são apenas ferramentas, mas extensões de nossas mentes, como um novo lóbulo cerebral high-tech. É como se estivéssemos em um episódio de ficção científica, onde cada tweet e cada postagem no Instagram se tornam neurônios digitais em nosso cérebro expandido.

Essa visão futurista, que pode soar como um roteiro para o próximo grande sucesso de Hollywood, encaixa-se perfeitamente na Teoria da Informação Integrada. Se a consciência é o resultado da complexidade e integração de informações, por que limitá-la aos confins do nosso crânio? Nesse cenário, o mundo digital não é apenas um palco para exibirmos nossas selfies, mas um ecossistema cognitivo vibrante, interagindo e se entrelaçando com nossa consciência biológica.

E aqui, a linha entre humano e máquina começa a se borrar. Enquanto digitamos em nossos teclados e deslizamos nas telas de toque, estamos, de certa forma, expandindo nossa consciência, tecendo uma teia de interações e informações que desafia as fronteiras tradicionais do que significa ser consciente. É uma visão que pode deixar alguns entusiasmados e outros um tanto apreensivos, mas, de uma forma ou de outra, é impossível negar que estamos caminhando em direção a uma nova era da consciência, uma era onde a mente humana e a tecnologia dançam juntas em um ritmo cada vez mais sincronizado.

Em um nível mais prático, essa compreensão tem implicações significativas para o campo da neurociência clínica. Distúrbios como a esquizofrenia, o autismo e até mesmo condições relacionadas ao trauma podem ser reexaminados sob esta nova luz. Por exemplo, na esquizofrenia, os padrões anormais de integração de informações e processos de inferência podem levar a experiências conscientes distorcidas. Entender esses processos em termos de modelos preditivos e integração de informações pode abrir caminhos para terapias mais eficazes e personalizadas.

Além disso, essa abordagem integrativa oferece uma nova perspectiva sobre o desenvolvimento da consciência em crianças e sua evolução ao longo da vida. À medida que as crianças crescem e aprendem, seus cérebros estão constantemente atualizando e refinando seus modelos do mundo. Esta dinâmica de aprendizagem e adaptação pode ser crucial para entender como a consciência se desenvolve e muda com o tempo.

No coração desta convergência teórica está a noção de que a consciência é uma experiência emergente, surgindo da complexa orquestração de processos cerebrais. Ao abraçar tanto os aspectos preditivos da Inferência Ativa quanto a integração e diferenciação enfatizadas pela IIT, estamos nos aproximando de uma compreensão holística da mente humana.

A noção de emergência não apenas explica a complexidade da experiência consciente, mas também nos dá pistas sobre como diferentes estados de consciência podem ser modulados e influenciados. O entrelaçamento da Inferência Ativa e da IIT sugere que mudanças nos processos de integração e predição podem resultar em variações significativas na experiência consciente, desde o sonho lúcido até estados alterados provocados por doenças neurológicas ou substâncias psicoativas.

Este ponto de vista é particularmente revelador quando consideramos o papel da consciência em distúrbios neuropsiquiátricos. Por exemplo, nas condições de psicose, pode haver uma desregulação na maneira como o cérebro infere e integra informações, levando a experiências de realidade alterada. Compreender a interação entre os processos preditivos e a integração de informações pode, portanto, abrir novos caminhos para terapias que visam restabelecer um equilíbrio saudável na atividade cerebral.

Além disso, a convergência de teorias tem implicações para a maneira como compreendemos a aprendizagem e a memória. A capacidade do cérebro de atualizar continuamente seus modelos preditivos, em conjunto com a integração de informações complexas, é fundamental para a forma como aprendemos e retemos conhecimentos. A consciência, neste contexto, é não só uma testemunha passiva, mas um participante ativo no processo de aprendizagem, permitindo uma interação mais profunda e significativa com o mundo ao nosso redor.

Essa união das teorias de Inferência Ativa e IIT também pode fornecer insights sobre o desenvolvimento da consciência em diferentes estágios da vida. Desde o nascimento, os seres humanos estão em um processo constante de ajustar e refinar suas percepções e compreensões do mundo. Este processo de maturação da consciência, visto através da lente dessas teorias integradas, oferece uma fascinante janela para o entendimento de como a mente humana se desenvolve e evolui ao longo da vida.

A jornada pelo terreno enigmático da consciência é, sem dúvida, uma aventura intelectual fascinante, repleta de descobertas surpreendentes e desafios inesperados. Em um momento, estamos em terreno firme, cercados por teorias e conceitos bem estabelecidos que parecem fornecer respostas claras e convincentes. Estamos confiantes, pisando em um solo de certezas e convicções, guiados pelas luzes brilhantes da ciência e da filosofia.

No entanto, essa jornada muitas vezes nos leva a um território mais ambíguo e traiçoeiro. Aqui, o solo firme dá lugar a um pântano de incertezas, onde cada passo parece nos afundar mais em questões complexas e sem respostas fáceis. É um lugar onde as teorias se entrelaçam e se contradizem, criando um labirinto de ideias que desafiam nossa compreensão. Os crocodilos famintos do ceticismo e da dúvida espreitam sob as águas turvas, prontos para desafiar nossas crenças mais arraigadas.

Mas é exatamente aqui que a verdadeira aventura começa. Não podemos nos dar ao luxo de ficar parados, presos nas armadilhas da incerteza. Precisamos desatolar, afastar os crocodilos da dúvida com a força de nossa curiosidade e persistência. É necessário seguir em frente, munidos com as ferramentas do pensamento crítico, da pesquisa rigorosa e de uma mente aberta e inquisitiva.

Ao fazermos isso, descobrimos que, embora o pântano da consciência possa ser desafiador, ele também é incrivelmente rico e diverso. Cada nova ideia, cada teoria, cada descoberta é como um raio de luz que ilumina nosso caminho, ajudando-nos a mapear a paisagem complexa da mente humana. E, mesmo que não encontremos respostas definitivas, o próprio processo de busca e questionamento se torna uma recompensa, ampliando nossa compreensão e apreciação deste mistério maravilhoso que é a consciência.

Portanto, vamos seguir em frente, com coragem e curiosidade, sabendo que cada passo que damos nos aproxima um pouco mais do coração enigmático da consciência humana. É uma jornada que exige resiliência e flexibilidade, mas que promete ser uma das mais emocionantes e transformadoras que podemos empreender.

RESUMO

O "Décimo Primeiro Ato" do livro cria um diálogo entre duas teorias influentes da consciência: a Teoria da Inferência Ativa de Karl Friston e a Teoria da Informação Integrada (IIT) de Giulio Tononi. Estas teorias oferecem perspectivas complementares sobre como a consciência emerge do processamento cerebral e da interação constante entre o cérebro e o mundo:

1. **Teoria da Inferência Ativa**: Descreve o cérebro como uma entidade constantemente buscando minimizar a surpresa ou incerteza, ajustando modelos preditivos do mundo. A consciência é vista como resultado desses modelos complexos.
2. **Teoria da Informação Integrada (IIT)**: Foca em como a integração e diferenciação de informações contribuem para a experiência consciente. A IIT sugere que quanto mais integrado e diferenciado um sistema, mais consciente ele se torna, com ênfase na conectividade e complexidade das interações cerebrais.

Reflexões Propostas:

1. **Integração de Teorias**: Como a integração da Teoria da Inferência Ativa com a IIT pode proporcionar uma compreensão mais completa da consciência?
2. **Modelos Preditivos e Consciência**: De que maneira os modelos preditivos do cérebro influenciam nossa experiência consciente?
3. **Conectividade e Consciência**: Qual é o papel da conectividade e complexidade cerebral na emergência da consciência, conforme sugerido pela IIT?

Bibliografia Sugerida:

1. "Surfing Uncertainty: Prediction, Action, and the Embodied Mind" por Andy Clark: Explora a teoria da Inferência Ativa e sua relação com a cognição.

2. "Consciousness and the Brain: Deciphering How the Brain Codes Our Thoughts" por Stanislas Dehaene: Discute a codificação neural da consciência.

3. "Phi: A Voyage from the Brain to the Soul" por Giulio Tononi: Apresenta a Teoria da Informação Integrada de forma acessível.

4. "The Predictive Brain" por Jakob Hohwy: Aprofunda-se na teoria da Inferência Ativa e seus aspectos preditivos.

5. "The Feeling of Life Itself: Why Consciousness Is Widespread but Can't Be Computed" por Christof Koch: Explora a consciência e suas complexidades.

COMPREENDENDO A DELICADEZA DA CONSCIÊNCIA. ESTADOS DE COMA

Quando pensamos na experiência humana, frequentemente nos concentramos nas nuances das emoções, nas reflexões profundas ou nas alegrias simples do dia a dia. Mas, em certos momentos da vida, algumas pessoas encontram-se em situações em que a essência da consciência, aquilo que nos define como seres pensantes e sensíveis, fica envolta em mistério e incerteza. Imagine por um momento estar preso dentro de sua própria mente, consciente, mas incapaz de se comunicar com o mundo exterior. Ou, inversamente, estar tão distante da consciência usual que você existe em um limiar entre o ser e o não ser.

A consciência, com sua rica mistura de sensações, pensamentos e emoções, é muitas vezes tomada como garantida. Mas para aqueles em situações de saúde extremas, a linha que separa a consciência da inconsciência pode se tornar tênue, alterando profundamente sua relação com o mundo. Pense no sutil perfume de uma flor, a melodia de uma canção ou o calor reconfortante de uma mão amiga; agora imagine ser privado da capacidade de perceber, processar ou responder a essas experiências. Esta é a realidade sombria de muitos indivíduos que se encontram nestes estados limiares.

O peso da situação torna-se ainda mais profundo quando consideramos que, em muitos desses casos, a mente continua a operar em algum nível, embora possa estar desconectada ou desvinculada das vias normais de comunicação.

Essas não são meras reflexões filosóficas ou teóricas, mas realidades palpáveis enfrentadas por indivíduos em estados de coma, estados vegetativos persistentes/síndrome do despertar inconsciente, estados de consciência mínima, e aqueles com a síndrome do encarceramento. Por trás de cada termo médico, há uma história humana – uma família esperando, um paciente tentando alcançar, e uma série de perguntas não respondidas que desafiam nossa compreensão da consciência.

Como sociedade, como podemos começar a entender essas complexidades? Como podemos comunicar nossa empatia, oferecer apoio, e ao mesmo tempo navegar pelas incertezas que esses estados apresentam? Essas são questões que nos convidam a refletir profundamente sobre a fragilidade e a resiliência do espírito humano. À medida que mergulhamos nessas águas desconhecidas, é crucial abordar o tema com delicadeza, compreensão e, acima de tudo, compaixão. Porque, no final das contas, trata-se de reconhecer e honrar a dignidade inerente a cada experiência humana, por mais incompreensível que possa parecer à primeira vista.

O sol se punha com tons dourados e alaranjados, iluminando as ruas da cidade e os campos distantes que podiam ser vistos naquele bairro nos limites urbanos. Daniel, um jovem de 24 anos, acabara de adquirir sua nova motocicleta e estava ansioso para dar uma volta. Com o vento em seu rosto e a liberdade da estrada, ele sentia uma sensação de euforia. No entanto, o inesperado aconteceu: uma van fez uma conversão repentina sem sinalizar, e Daniel, sem tempo para frear, colidiu violentamente contra o veículo. Automóveis, pedestres, motocicletas e bicicletas habitam mundos diferentes. Lembrem-se das realidades e de suas nuances. No tráfego, existem relações temporo-espaciais rígidas e que o cérebro deve reconhecer. No carro a velocidade e as relações no entorno são definidas pelas características e pela história informacional dos momentos passados, quase presentes, pois o presente é efêmero. O mesmo ocorre nas motos e bicicletas, cada um com um padrão de história e entorno. Todos incompatíveis, mas que coexistem. O motorista do caminhão se comporta de acordo com as suas previsões e dinâmica. E não tem como reconhecer a dinâmica dos outros. O trânsito se desenvolve em espaços de fase multidimensionais. Daí, em situações propicias, as dinâmicas entram em conflito e o acidente ocorre.

O barulho do impacto chamou a atenção dos transeuntes, que rapidamente se aglomeraram ao redor da cena. Uma senhora pegou seu celular e ligou imediatamente para o SAMU, informando o acidente e a aparente gravidade da situação. Enquanto aguardavam a chegada do socorro, algumas pessoas tentavam confortar Daniel, que estava imóvel no asfalto, sem resposta a estímulos.

Em minutos, a sirene do SAMU podia ser ouvida se aproximando. A equipe rapidamente avaliou a cena e iniciou os primeiros socorros. Daniel apresentava sinais de trauma grave: respiração irregular, pulso fraco e ausência de resposta a estímulos dolorosos. Rapidamente, ele foi imobilizado, recebendo oxigênio e sendo preparado para transporte ao hospital mais próximo.

Ao chegar no pronto-socorro, Daniel foi recebido por uma equipe de médicos e enfermeiros prontos para a abordagem inicial dos politraumatizados, seguindo o protocolo ATLS (Advanced Trauma Life Support). Priorizando as vias aéreas, respiração e circulação, a equipe trabalhou de forma coordenada para estabilizar sua condição. Os sinais vitais foram monitorados enquanto uma avaliação neurológica rápida indicava um estado de coma.

Um dos instrumentos mais cruciais nesse cenário é a Escala de Coma de Glasgow (ECG), uma ferramenta padrão utilizada globalmente para avaliar o nível de consciência de um paciente após um trauma cranioencefálico.

A Escala de Coma de Glasgow baseia-se em três parâmetros principais: resposta ocular, resposta verbal e resposta motora. Cada um desses parâmetros recebe uma pontuação, e a soma total pode variar de 3 (profundamente inconsciente) a 15 (totalmente consciente). No caso de Daniel, sua pontuação foi assustadoramente baixa.

Ele não apresentava resposta ocular, mantendo os olhos fechados independentemente dos estímulos. Sua resposta verbal era inexistente, sem qualquer som ou murmúrio. E sua resposta motora, ao receber estímulos dolorosos, era mínima, apenas movimentos reflexos. Com uma pontuação tão reduzida na ECG, ficou evidente para a equipe médica que Daniel estava em um estado de coma profundo.

Diante desse quadro e considerando a necessidade de proteger as vias aéreas e garantir uma oxigenação adequada ao cérebro, a decisão de realizar a intubação orotraqueal foi imediata. A intubação não apenas permite que o paciente respire de forma adequada, mas também previne possíveis aspirações de secreções ou vômito, que poderiam complicar ainda mais o quadro.

Após a estabilização inicial, Daniel foi levado para a tomografia computadorizada. As imagens revelaram uma extensa lesão axonal difusa, pontos de contusão cerebral e um significativo edema. Essas lesões, típicas de traumas de alta energia, são frequentemente associadas a acidentes de motocicleta devido à falta de proteção inerente ao veículo. Na lesão axonal difusa os axônios da substância branca sofrem lesões de graus variados causados principalmente pelo seu estiramento no momento que o cérebro desacelera bruscamente. Já a contusão ocorre pelo impacto do cérebro contra o crânio no mesmo momento de desaceleração. São fenômenos que podem ocorrer concomitantemente. A equipe médica sabia que a recuperação seria um desafio, e cada segundo contava na luta para salvar sua vida e preservar o máximo possível de sua função cerebral. Nesses casos, o atendimento inicial pode ser a diferença entre a vida e a morte, entre a recuperação e a presença de sequelas graves.

A gravidade da condição de Daniel requeria uma abordagem multidisciplinar e intensiva. Assim que estabilizado, ele foi transferido para a Unidade de Terapia Intensiva (UTI), o lugar mais adequado do hospital para monitorar e tratar pacientes com situações críticas como a dele.

Na UTI, a prioridade era controlar a pressão intracraniana (PIC) de Daniel. Traumas cerebrais, como o que ele sofreu, podem causar inchaço cerebral, ou edema, que aumenta a PIC. Altos níveis de PIC podem resultar em danos cerebrais adicionais, complicando ainda mais a recuperação do paciente. Lembre-se que o crânio é rígido. Se o cérebro inchar, a pressão inevitavelmente poderá subir, apesar de existirem mecanismos que podem, por algum tempo, controlá-la. Quando esses mecanismos são vencidos, a pressão sobe exponencialmente e isso pode ser fatal.

Para monitorar essa pressão de perto, a equipe neurocirúrgica decidiu inserir sensores intracranianos. Sob condições estéreis, um pequeno orifício foi perfurado no crânio de Daniel, e um sensor delicado foi inserido no tecido cerebral. Esse dispositivo fornece leituras contínuas da PIC, permitindo à equipe médica responder rapidamente a quaisquer mudanças prejudiciais.

Daniel, ainda intubado, estava ligado a um ventilador mecânico. O aparelho não apenas garantia que ele recebesse oxigênio adequado, mas também permitia que a equipe controlasse a quantidade e a pressão do oxigênio, um componente crucial para ajudar a gerenciar a PIC. Para reduzir a possibilidade de agitação ou desconforto, bem como para controlar melhor sua PIC e outras variáveis fisiológicas, Daniel foi mantido sob sedação profunda. Esse estado sedado garantiria que ele não sentisse dor e que seu cérebro tivesse o ambiente mais estável possível para se recuperar.

A sala da UTI estava em um silêncio controlado, com monitores bipando e máquinas zumbindo suavemente. A equipe de intensivistas, neurologistas, enfermeiros e técnicos trabalhavam de forma coordenada, monitorando cada aspecto da condição de Daniel. Naquele momento, cada segundo era crucial, e o foco intenso era garantir que Daniel tivesse a melhor chance possível de recuperação.

Teve sorte. Na maioria dos hospitais brasileiros essa vaga de uti habitualmente não está disponível no momento. Daniel ficaria numa sala de emergência, intubado, mas sem a totalidade dos cuidados necessários. Estamos perdendo a luta para as doenças e os traumas. O sistema de saúde hospitalar encolheu brutalmente nas últimas décadas... mas, esse não eh o nosso assunto. Da vontade de desabafar, clamar, mas os responsáveis estão longe, muito bem remunerados, e com acesso garantido aos melhores hospitais do país. Que lhes reste alguma consciência, não exatamente a que estamos estudando...

E aqui, uma pausa para reflexão: por que, em um país tão rico e diversificado como o Brasil, permitimos que nossa infraestrutura de saúde se deteriore a esse ponto? A saúde, um direito inalienável de todos, tornou-se, para muitos, um privilégio. As promessas políticas, frequentemente repetidas em campanhas eleitorais, de melhoria e expansão dos serviços de saúde, soam cada vez mais vazias para aqueles que enfrentam a dura realidade dos corredores lotados e da escassez de recursos.

A situação de Daniel é mais um lembrete da fragilidade da vida e da importância de sistemas de saúde robustos e bem administrados. Mas, infelizmente, sua história não é única. São inúmeros "Daniels" por todo o país, esperando por uma chance, por um leito, por um atendimento digno.

Então, Daniel agora está calmo. Seu cérebro machucado começa a reagir. A circulação do sangue é um balé intricado nesse momento: em certas áreas, pode haver um fluxo excessivo, enquanto em outras pode faltar. Esse equilíbrio é delicado e essencial. As próximas horas serão decisivas para determinar o curso de sua recuperação. O que acontece com sua consciência nesse estado? O que é possível saber?

O estado de coma, por sua natureza, é uma condição que apresenta uma profunda ausência de resposta ao ambiente e, por definição, uma ausência total de consciência. Em um indivíduo em coma, não há resposta a estímulos, seja um toque gentil, uma palavra ou uma luz forte. Seus olhos permanecem fechados e não há evidência de ciclos de sono ou vigília. O cérebro, nesse estado, não processa informações da forma como o conhecemos. As redes neurais, que normalmente zumbem com atividade, estão, em grande medida, silenciosas ou desorganizadas.

No caso de Daniel, os medicamentos sedativos adicionam outra camada de complexidade. Ao reduzir a atividade cerebral, esses medicamentos suprimem ainda mais a possibilidade de consciência. Mas, à medida que a sedação é diminuída ou metabolizada, é possível observar alguma agitação ou movimento involuntário. Isso pode ser reflexo de uma recuperação neural ou simplesmente respostas reflexas do corpo. Entretanto, uma agitação repentina não indica necessariamente um retorno da consciência. Pode ser apenas uma resposta primitiva do sistema nervoso a estímulos ou mudanças em sua condição.

O delicado equilíbrio entre a sedação e o potencial retorno da consciência é uma dança complicada. Mesmo que haja sinais de agitação, não se pode pressupor que Daniel esteja percebendo o mundo ao seu redor ou que tenha qualquer percepção de si mesmo. Em suma, o coma é uma fronteira enigmática da experiência humana, onde a essência daquilo que nos torna conscientes está suspensa, aguardando, talvez, um sinal para retornar.

À medida que Daniel permanece nessa fronteira silenciosa entre a consciência e sua ausência, surgem reflexões mais amplas sobre o que realmente significa estar consciente. Para muitos filósofos e cientistas, a consciência é a pedra angular da experiência humana, a luz que ilumina nosso entendimento do mundo. Sem ela, somos apenas cascas vazias, autômatos biológicos sem propósito ou direção. Mas, em um estado de coma, onde essa luz é ofuscada ou extinta, o que resta da pessoa? Daniel ainda é, intrinsecamente, Daniel?

Alguns argumentariam que sim, sustentando a ideia de que a essência de uma pessoa não está apenas em sua capacidade de perceber e interagir com o mundo, mas na soma total de suas memórias, experiências e no potencial para o futuro. Outros poderiam debater que a consciência é o que nos define, e sem ela, perdemos nossa humanidade essencial.

E as crenças religiosas e espirituais? Em muitas tradições, a alma ou o espírito é visto como imortal e independente do corpo físico. Se essa perspectiva for verdadeira, o "eu" de Daniel poderia estar em algum lugar além, observando, esperando ou talvez até interagindo em planos que a ciência atual não consegue perceber.

E se pudéssemos, de alguma forma, comunicar-nos com Daniel? Há relatos, embora raros e muitas vezes contestados, de pessoas que emergem de estados profundos de coma relatando experiências, sonhos ou sensações que tiveram enquanto estavam "ausentes". Se isso for possível, o que isso sugere sobre a natureza da consciência? Poderia ela existir de forma atenuada, como uma chama fraca em um canto escuro, mesmo quando todas as evidências externas sugerem o contrário?

O dilema de Daniel nos confronta com as questões mais fundamentais sobre a natureza da existência. Na interseção da medicina, filosofia e espiritualidade, somos lembrados da fragilidade e do mistério da vida consciente. E enquanto a ciência avança, oferecendo novos insights e tratamentos, a verdadeira natureza da consciência, e o que acontece quando ela é interrompida, pode permanecer como um dos últimos grandes enigmas da existência humana.

Em meio à complexidade do estado de coma, há nuances fascinantes que frequentemente escapam ao olhar superficial. Imagine, por um momento, que a consciência de Daniel não esteja totalmente apagada, mas suspensa em uma espécie de limbo - uma dimensão onde o tempo, o espaço e a identidade se fundem de maneiras que a mente desperta acharia incompreensível. Pense em um sonho lúcido prolongado, onde realidade e ficção se confundem, e talvez você esteja se aproximando dessa dimensão.

O coma é uma manifestação de profunda inconsciência, onde o indivíduo não pode ser despertado e não responde a estímulos externos. Este estado é um reflexo da complexidade e fragilidade do nosso cérebro, que depende de um equilíbrio extremamente delicado para funcionar corretamente. Quando ocorre uma interrupção significativa na atividade cerebral normal, seja por trauma, falta de oxigênio, inchaço ou distúrbios químicos e metabólicos, o resultado pode ser o coma.

Dentro do nosso cérebro, há uma estrutura chamada formação reticular no tronco cerebral que desempenha um papel vital na manutenção da nossa consciência, regulando o ciclo sono-vigília e nosso nível de alerta. Se essa área for danificada ou comprometida, a consequência pode ser o coma. Além disso, nossos hemisférios cerebrais, que processam a maioria das nossas informações sensoriais, motoras e cognitivas, também são cruciais. Se ambas as regiões forem afetadas, a consciência pode ser perdida.

No nível mais microscópico, o coma pode ser entendido como uma interrupção na comunicação entre os neurônios, as células fundamentais do cérebro. Eles se comunicam através de sinais elétricos e químicos, e quando essa comunicação é perturbada, as funções normais do cérebro, incluindo a consciência, podem ser afetadas. A função cerebral também é profundamente influenciada pelo equilíbrio de substâncias químicas, como glicose, eletrólitos e neurotransmissores. Qualquer desequilíbrio, seja devido a problemas de órgãos como os rins ou fígado, intoxicações ou outras condições, pode levar ao coma.

A complexidade do coma, em sua essência celular, deriva da perturbação na comunicação entre os neurônios. Danos dispersos nos axônios, junto a instabilidades químicas e interrupções no fluxo sanguíneo, atuam como regentes invisíveis que guiam a majestosa sinfonia cerebral a um silêncio inesperado. Esse delicado diálogo neuronal, fundamento da nossa existência, quando desafiado, transforma a tapeçaria da nossa mente, tornando opaco o luminar da consciência.

É crucial refletir também sobre o papel do equilíbrio metabólico e a homeostase no frágil ballet da consciência. O cérebro, uma sinfonia de sinapses pulsantes, vive sob a batuta de substâncias como a glicose, eletrólitos e neurotransmissores. Desarmonias neste equilíbrio, resultantes de falências orgânicas, intoxicações ou alterações metabólicas, podem instigar uma queda abrupta na consciência, levando ao advento do coma.

Ao avaliar um paciente em coma, o exame neurológico completo é um componente vital do processo diagnóstico. Ele não apenas identifica as áreas de comprometimento cerebral, mas também fornece pistas valiosas sobre possíveis causas do coma e guia as etapas subsequentes de investigação.

Além das respostas motoras, reflexos e respostas pupilar e ocular, outros aspectos como a respiração (que pode mudar de acordo com a localização e gravidade da lesão cerebral), padrões de movimento espontâneo, e a resposta a estímulos dolorosos são avaliados. Por exemplo, uma resposta de postura de descerebração, na qual os braços estão estendidos e as pernas esticadas, pode indicar danos nas regiões do mesencéfalo ou do diencéfalo, muito graves e potencialmente fatais.

A Escala de Coma de Glasgow (ECG) tem sido uma ferramenta inestimável neste processo. Desenvolvida em 1974 pelos neurocirurgiões Graham Teasdale e Bryan J. Jennett, na Universidade de Glasgow, esta escala foi concebida inicialmente para avaliar o nível de consciência em pacientes com lesões cerebrais traumáticas. Ela se concentra em três áreas principais: resposta ocular (E), resposta verbal (V) e resposta motora (M), com um escore total variando de 3 (menor pontuação) a 15 (pontuação máxima). Pacientes com escores mais baixos estão em coma mais profundo ou têm comprometimento cerebral mais grave. Existem modificações recentes, mas a estrutura permanece a mesma.

O desenvolvimento histórico da ECG ilustra a evolução das práticas médicas e a necessidade contínua de ferramentas padronizadas para avaliar os pacientes. Antes da introdução da ECG, a avaliação do coma era mais subjetiva, com descrições frequentemente vagas e imprecisas do estado do paciente. A ECG trouxe uma linguagem comum para os profissionais de saúde, permitindo uma avaliação consistente e replicável.

Hoje, a Escala de Coma de Glasgow é usada em todo o mundo e é uma parte essencial da avaliação inicial em unidades de terapia intensiva, prontos-socorros e cenários de trauma. Ela também orienta a tomada de decisão clínica e prognóstica. Além disso, a sua simplicidade e eficácia têm incentivado a criação de outras escalas e instrumentos de avaliação em várias especialidades médicas.

Na avaliação de um paciente em coma, uma combinação de exame clínico e investigações complementares se faz necessária. A tomografia computadorizada (TC) é frequentemente a primeira ferramenta de imagem utilizada para tais pacientes. Ela oferece uma visão detalhada da anatomia cerebral e é fundamental para identificar hemorragias, tumores, edema cerebral ou outras anormalidades estruturais que podem estar causando o coma. A capacidade da TC de detectar rapidamente sangramentos ou inchaços é uma de suas principais vantagens, permitindo intervenções imediatas quando necessárias.

Paralelamente, a eletroencefalografia (EEG) avalia a atividade elétrica do cérebro, sendo útil para determinar se convulsões não detectadas ou um estado epiléptico podem ser a causa do coma. A EEG pode mostrar padrões elétricos específicos associados a diferentes causas de coma, como os causados por determinadas toxinas ou medicamentos.

Enquanto isso, a Ressonância Magnética (RM) é menos usada na avaliação inicial, devido ao tempo que demanda e à instabilidade potencial do paciente durante o exame. No entanto, pode oferecer detalhes anatômicos superiores à TC em certos cenários, destacando-se especialmente em lesões mais sutis ou patologias da substância branca do cérebro.

A ressonância magnética funcional (fMRI), por sua vez, é uma ferramenta emergente que identifica áreas cerebrais ativadas durante tarefas específicas. Ainda que seu uso na avaliação de pacientes em coma não seja rotineiro, a fMRI demonstra potencial, principalmente quando se trata de estados de consciência alterada mais prolongados, como estados vegetativos/ síndrome do despertar inconsciente ou estados de consciência mínima. No paciente em coma já se desenham as metodologias e procedimentos que serão utilizados depois, quando se declarar que a pessoa não está mais em coma, mas sim num daqueles estados em que aparentemente dormem ou parecem acordadas, mas sem comunicação.

Historicamente, muitas culturas viam o coma e outros estados alterados de consciência como portais para reinos espirituais ou dimensionais. Xamãs, místicos e curandeiros acreditavam que, nessas circunstâncias, a alma podia viajar para outros mundos, buscando conhecimento, cura ou redenção. Embora essa visão possa parecer arcaica para a mentalidade moderna, ela nos lembra da nossa tendência ancestral de procurar significados mais profundos nas fronteiras da experiência humana.

Além disso, a neurociência contemporânea tem se debruçado sobre os mistérios da mente em estados alterados, desde meditação profunda até alucinações induzidas por substâncias psicodélicas. E se o estado de coma de Daniel, em vez de ser um vazio completo, fosse uma espécie de "viagem" interna, onde ele explorasse camadas ocultas de sua psique, reavaliasse memórias e confrontasse medos e desejos profundos?

E há ainda outra questão: como o ambiente ao redor de Daniel - as conversas que ele "ouve", a música que talvez alcance seus ouvidos, o toque de um ente querido - influencia essa jornada interna? Há evidências anedóticas de pacientes que, após emergirem de um coma, lembram-se vagamente de fragmentos de conversas ou de músicas tocadas ao seu lado. Isso sugere que, mesmo em um estado aparentemente desconectado, ainda há uma fina linha de comunicação entre o mundo interior e o exterior.

Tais ponderações, embora estejam no campo da especulação, instigam-nos a repensar o caráter do coma e da própria consciência, mas temos que manter o compromisso com as evidências cientificas e discussões filosóficas pertinentes e consoantes com as realidades físicas muito bem compreendidas.

À medida que os dias se transformam em semanas, a situação de Daniel começa a mostrar sinais promissores. Gradualmente, os parâmetros clínicos começam a se estabilizar, e a equipe médica decide reduzir a sedação. Primeiro, percebe-se uma sutil movimentação dos dedos, depois um apertar de olhos contra a luminosidade do quarto. Uma manhã, ao som de vozes familiares, ele finalmente abre os olhos e, embora pareça desorientado, fixa o olhar naqueles ao seu redor. As emoções que preenchem a sala variam do alívio à alegria, do espanto à gratidão.

Daniel passa pelas etapas clássicas de recuperação. Primeiro, há a fisioterapia, auxiliando na regeneração dos músculos atrofiados e na reeducação motora. A fala, inicialmente arrastada, vai se tornando mais clara com o apoio da terapia ocupacional e da fonoaudiologia. Mas, a parte mais desafiadora da jornada de Daniel é a readaptação psicológica e cognitiva.

Aos poucos, familiares e amigos notam mudanças sutis em sua personalidade. O jovem que antes era impulsivo e extrovertido agora se mostra mais reservado, com momentos de introspecção profunda. Algumas lembranças parecem turvas e ele enfrenta desafios em reter novas informações. Atividades que antes eram rotineiras, como ler um livro ou acompanhar uma série, tornam-se tarefas que exigem mais esforço e concentração.

Conversas com o neurologista revelam a presença de lesões frontobasais, áreas do cérebro associadas ao comportamento, tomada de decisões e personalidade. Daniel agora precisa aprender a viver com essa nova versão de si mesmo. Ele descobre que a estrada da recuperação não é apenas física, mas profundamente emocional e psicológica. Cada passo é acompanhado de introspecção, de autoconhecimento e, sobretudo, de aceitação.

Ao longo do tempo, Daniel e aqueles ao seu redor adaptam-se à sua nova realidade. Com a ajuda de terapias e uma rede de apoio sólida, ele começa a reconstruir sua vida.

Os estados de coma são potencialmente reversíveis, mas sempre trazem possibilidades de sequelas, que podem ser facilmente percebidas, como dificuldades motoras, auditivas, visuais, mas as vezes totalmente imperceptíveis no início, e que aos poucos se revelam em mudanças comportamentais, perdas de memória, enfim, na mudança da estrutura cognitivo-comportamental, em graus variados e com diferentes impactos nas relações interpessoais e no trabalho. A consciência retorna na sua plenitude, porém o 'qualia', o que nos define como indivíduos pode ser outro, outro eu, não exatamente aquele que decidiu dar uma volta de motocicleta num dia bonito e convidativo.

A noção de consciência, frequentemente entendida como a experiência subjetiva de percepção, pensamento e emoção, não é apenas o simples "ligar" ou "desligar" do sistema nervoso. A consciência envolve uma intricada rede de funções cerebrais interligadas que, juntas, nos dão uma sensação contínua de ser e perceber. Mesmo após a recuperação do coma, o cérebro pode continuar a passar por um processo de reorganização, buscando estabelecer novas conexões para compensar as áreas que foram danificadas.

O conceito de "qualia" refere-se às experiências subjetivas e individuais que cada um de nós tem – a "vermelhidão" do vermelho, a "dor" de um corte, a "emoção" da alegria. Essas qualidades intrínsecas e intransmissíveis são o que tornam nossa experiência pessoal e única. Se o cérebro é alterado, mesmo que de forma sutil, o modo como percebemos e interpretamos o mundo – nossos qualia – também pode mudar.

A literatura médica e neuropsicológica é rica em relatos de indivíduos que, após lesões cerebrais, passaram por transformações significativas em sua personalidade, interesses e até mesmo valores. A lesão do lobo frontal, por exemplo, pode levar a mudanças no julgamento, inibição e controle dos impulsos. Áreas mais profundas do cérebro, como o sistema límbico, estão relacionadas às emoções e à memória, e seu comprometimento pode resultar em mudanças emocionais e de comportamento.

Por outro lado, os relatos autobiográficos de pessoas que se recuperaram de comas muitas vezes descrevem uma sensação de renovação ou despertar. Algumas se sentem profundamente transformadas, não necessariamente de forma negativa, mas com uma apreciação renovada pela vida e uma sensação alterada de propósito ou prioridade.

No entanto, o impacto dessas mudanças não se restringe apenas ao indivíduo. Família, amigos e colegas também precisam se adaptar e compreender essa "nova" pessoa que retorna de um coma. A jornada de adaptação e entendimento é coletiva, e frequentemente requer suporte psicológico, paciência e, acima de tudo, empatia.

No final das contas, as histórias de recuperação de coma nos confrontam com questões profundas sobre a natureza do eu, a maleabilidade da identidade e o mistério da consciência.

RESUMO

O "Décimo Segundo Ato" do livro foca na delicadeza da consciência, especialmente em estados alterados como o coma. Principais pontos abordados:

1. **Estados de Coma e Consciência**: Reflete sobre a experiência humana e a fragilidade da consciência, destacando histórias de pessoas em estados de coma, estados vegetativos persistentes, estados de consciência mínima e síndrome do encarceramento.

2. **Realidade Sombria dos Estados Limiares**: Explora a complexidade de estar preso dentro da própria mente ou distante da consciência usual, existindo num limiar entre ser e não ser.

3. **Impacto na Sociedade**: Aborda como esses estados afetam a sociedade e questiona como podemos compreender e oferecer apoio a pessoas nesses estados.

4. **Dignidade e Compaixão**: Enfatiza a importância de tratar essas experiências com compreensão e compaixão, reconhecendo a dignidade inerente a cada experiência humana.

Reflexões Propostas:

1. **Fragilidade e Resiliência do Espírito Humano**: Como os estados limiares de consciência nos fazem refletir sobre a fragilidade e a resiliência do espírito humano?

2. **Empatia e Apoio**: Como podemos oferecer apoio e compreensão efetivos a indivíduos e famílias enfrentando tais desafios?

3. **Consciência e Identidade**: Como os estados alterados de consciência desafiam nossa compreensão da identidade e do "eu"?

Bibliografia Sugerida:

1. "Into the Gray Zone: A Neuroscientist Explores the Border Between Life and Death" por Adrian Owen: Discute a experiência de pacientes em estados limiares de consciência.

2. "The Mind of a Mnemonist: A Little Book about a Vast Memory" por Alexander Luria: Explora a relação entre memória, consciência e identidade.

3. "Consciousness and the Brain: Deciphering How the Brain Codes Our Thoughts" por Stanislas Dehaene: Investigação sobre como o cérebro codifica pensamentos e consciência.

4. "Being Mortal: Medicine and What Matters in the End" por Atul Gawande: Reflexões sobre mortalidade, medicina e a dignidade humana em situações de saúde extrema.

5. "The Man Who Mistook His Wife for a Hat" por Oliver Sacks: Coleção de histórias sobre pacientes com condições neurológicas únicas, explorando os limites da experiência humana.

EM DIRECÃO AO SAGRADO: UNIVERSOS PARALELOS E O MISTÉRIO DA CONSCIÊNCIA

A física quântica nos oferece uma visão intrigante: a ideia de que existem universos paralelos, cada um seguindo seu próprio curso de eventos. Estes universos, intricadamente entrelaçados no nível subatômico, divergem com cada escolha feita, com cada bifurcação do destino. Em um desses universos, o nosso, Daniel acorda de seu coma, retoma sua vida e, talvez, sofre alterações sutis em sua personalidade. Mas, em um universo paralelo, as coisas tomam um rumo diferente.

A física quântica emerge como uma contadora de histórias esotérica, revelando segredos que desafiam nossas noções convencionais de existência. Ela propõe uma teoria, audaciosa e ao mesmo tempo fascinante, que sugere que inúmeros universos coexistem simultaneamente, cada um tecendo seu próprio enredo baseado nas infinitas possibilidades das escolhas e acontecimentos.

Nestes universos paralelos, que podem ser tão infinitos quanto as estrelas no céu, as partículas subatômicas dançam em harmonias diferentes, moldando realidades que se desviam a cada decisão tomada, a cada caminho escolhido. Cada bifurcação do destino pode criar uma ramificação, uma nova realidade onde o que é "e se" em um universo torna-se "o que é" em outro.

Imagine, por um momento, que em uma dessas incontáveis realidades, Daniel, depois do acidente, supera todas as probabilidades e acorda de seu coma. Aqui, ele ri, chora, ama e vive; talvez enfrentando desafios de uma personalidade ligeiramente alterada, mas ainda assim vivendo plenamente. Seu sorriso é o testemunho da resiliência da vida humana, da capacidade do corpo e da mente de se regenerar.

Porém, em outra realidade paralela, um universo onde as partículas se moveram de forma um pouco diferente, o destino de Daniel muda dramaticamente. Aqui, o equilíbrio entre a vida e a consciência foi deslocado de maneira que não podemos entender totalmente. As escolhas feitas, as circunstâncias enfrentadas, os momentos vividos e perdidos convergem para criar uma história de Daniel que contrasta, de maneira incrível, com a de seu eu desperto em outro universo.

Após o acidente, neste universo alternativo, a dança delicada dos neurônios de Daniel foi mais gravemente afetada. O mesmo sol que iluminou sua jornada de moto também testemunhou a transição de seu coma para um estado vegetativo persistente. Aqui, os corredores do hospital ecoam com um silêncio diferente. Não o silêncio da recuperação, mas o silêncio do mistério, do não conhecido, do sagrado.

Neste universo paralelo, o tempo e o espaço parecem ressoar com um timbre mais sutil, mais etéreo. O cérebro de Daniel, uma vez fervilhante de atividade e pensamento, agora reside em um limiar, um espaço entre a consciência plena e o vazio absoluto. Embora seu coração continue a bombear e seus pulmões a respirar, a essência do que o tornava "Daniel" parece estar suspensa, flutuando em algum espaço intangível, não capturado pelos monitores ou pela medicina.

Os entes queridos que passam por sua cama não veem a centelha familiar em seus olhos. Em vez disso, são saudados por um olhar distante que parece olhar através deles, para algum lugar além. Eles seguram sua mão, esperando por algum sinal, alguma reação, mas a pele que tocam é quente e estranhamente indiferente.

O hospital, que uma vez vibrou com a esperança de recuperação e renovação, agora parece abraçar Daniel com uma reverência silenciosa. Cada passo nos corredores, cada sussurro entre os médicos, carrega uma gravidade, um peso de contemplação. Porque aqui, no reino deste universo alternativo, Daniel não é apenas um paciente, mas um portal para as maiores questões da humanidade sobre a consciência, a alma e o sagrado desconhecido.

A família de Daniel, sempre esperançosa, visita-o todos os dias. Eles seguram sua mão, falam com ele, reproduzem suas músicas favoritas e contam histórias, na esperança de que, em algum lugar profundo dentro dele, uma centelha de Daniel ainda permaneça, ouvindo e sentindo. Eles se perguntam: "Será que, em algum nível, ele está ciente? Ele sonha? O que é a consciência em tal estado?"

Neste universo, os médicos têm as mesmas ferramentas e técnicas, mas as leituras e os resultados contam uma história diferente. A ressonância magnética revela um padrão cerebral alterado, e o eletroencefalograma, embora mostre atividade, não apresenta os padrões típicos da vigília.

A ciência nos diz que a consciência de Daniel está obscurecida neste universo, mas a espiritualidade e a filosofia nos desafiam a olhar mais profundamente, a questionar o que realmente sabemos. Pois, enquanto a ciência busca entender o mecanismo da consciência, o sagrado nos lembra que há mistérios que talvez nunca sejam totalmente compreendidos.

Nas profundezas da mente humana, as neurociências se esforçam para decifrar os intricados padrões que dão origem à consciência. Elas nos mostram um cérebro plástico, adaptável, mas também vulnerável. Ao mesmo tempo, filósofos debatem há séculos sobre o que nos torna "nós mesmos". E se a essência de Daniel não reside apenas em sua atividade cerebral, mas em algo mais intangível, algo que alguns poderiam chamar de alma?

As tradições religiosas do mundo nos oferecem perspectivas sobre a alma, muitas vezes vista como a verdadeira essência do ser separada das adversidades do corpo físico. Para muitos, a alma de Daniel pode ainda estar em uma jornada, mesmo que seu corpo pareça estar em repouso.

Neste cruzamento entre a ciência, a filosofia e a religião, a história de Daniel em universos paralelos nos convida a refletir: O que realmente significa ser consciente? E o que significa existir, na multiplicidade das dimensões que o universo, em sua infinita complexidade, pode oferecer?

Enquanto nos perdemos nas vastidões da teoria quântica e contemplamos a condição de Daniel através da lente da filosofia, é a medicina que nos oferece uma compreensão mais concreta e palpável de sua condição. O estado vegetativo persistente ou a síndrome do despertar inconsciente, essa condição clínica que Daniel enfrenta, é uma paisagem complexa de sinais e silêncios, de movimentos sem propósito e de profunda quietude.

Neste estado, uma pessoa como Daniel mantém funções vitais básicas. Seu coração bate, seus pulmões inflam e desinflam, e o sangue flui através de suas veias. No entanto, embora haja sinais de vida, os elementos que associamos à consciência parecem estar adormecidos ou, em alguns casos, silenciados. Os olhos podem se abrir, as mãos podem se mover, mas não como uma reação ao mundo ao seu redor. Não é uma resposta a um chamado, a um toque, a um som; são movimentos espontâneos, desvinculados de estímulos externos.

De forma paradoxal, embora pareçam despertos, observando seus arredores com olhos abertos, eles não demonstram reconhecimento do mundo exterior. Eles estão, em muitos aspectos, presos em um limbo entre o sono profundo e a vigília.

E o que a ciência nos diz sobre o cérebro de Daniel? Mantém-se um nível básico de atividade, aquele mínimo necessário para funções vitais. A intricada rede de neurônios, que uma vez fervilhou com pensamentos, memórias e emoções, agora opera em um modo muito mais básico. As análises, como o eletroencefalograma, retratam isso claramente. Os padrões elétricos são básicos, carecendo da complexidade que um cérebro consciente exibe.

O diagnóstico dessa condição é um processo meticuloso. Não é uma conclusão precipitada, mas o resultado de observações prolongadas, testes neurofisiológicos e exames de imagem.

O cérebro humano é uma estrutura incrivelmente complexa, composta por bilhões de neurônios interligados em uma rede intricada. Para entender o estado vegetativo persistente/síndrome do despertar inconsciente, é necessário olhar para essa rede sob duas lentes: a estrutura anatômica e a funcionalidade fisiológica.

Anatomicamente, o cérebro está dividido em várias regiões, cada uma desempenhando funções específicas. O tronco cerebral, localizado na base, é responsável por muitas das funções autônomas e vitais, como a respiração, o ritmo cardíaco e a regulação da temperatura corporal. É aqui que reside a explicação para a manutenção das funções vitais em pacientes em estado vegetativo. Em Daniel, essa região está majoritariamente intacta, garantindo que seu coração continue a bater e seus pulmões a respirar, mesmo quando outras áreas mais elevadas do cérebro mostram atividade reduzida ou ausente.

Já o córtex cerebral, a camada externa e enrugada do cérebro, é onde ocorrem muitos dos processos cognitivos superiores: pensamento, percepção, memória, linguagem e consciência. Em um estado vegetativo, imagens avançadas, como a ressonância magnética funcional, frequentemente mostram uma significativa redução da atividade nesta região. Essa diminuição da atividade cortical é, em grande parte, responsável pelo aparente "desligamento" do mundo exterior, a ausência de resposta a estímulos e a falta de sinais de consciência.

Fisiologicamente, a complexa dança de sinais elétricos e químicos entre os neurônios é o que nos permite sentir, pensar e agir. Em alguém como Daniel, essa atividade é drasticamente alterada. As sinapses, as pequenas fendas entre os neurônios onde os sinais são passados, ainda ocorrem, mas em uma taxa e padrão diferentes dos observados em um cérebro saudável e alerta.

É aqui que o eletroencefalograma (EEG) desempenha um papel crucial. Ele capta e registra a atividade elétrica do cérebro, mostrando os padrões e ritmos das ondas cerebrais. Em muitos pacientes em estado vegetativo, o EEG revela padrões anormais ou empobrecidos. A atividade elétrica pode ser esporádica ou mostrar ritmos lentos e regulares, refletindo a baixa conectividade entre as regiões cerebrais.

Entretanto, é importante ressaltar que a ausência de atividade em certos testes não significa, necessariamente, uma ausência total de consciência. Há casos documentados em que pacientes, anteriormente diagnosticados em estado vegetativo, demonstraram, através de técnicas avançadas de imagem, uma resposta a estímulos ou até mesmo uma consciência interna.

Em um cenário clínico, o estado vegetativo persistente/síndrome do despertar inconsciente tem sido alvo de intensa pesquisa. Adrian Owen e sua equipe fizeram avanços consideráveis no campo ao utilizar técnicas de neuroimagem funcional, como a fMRI, para avaliar a consciência em pacientes neste estado. Em um estudo revelador, descobriu-se que uma paciente, apesar de sua condição aparente, conseguia responder a comandos mentais. Ao pedirem que ela imaginasse atividades específicas, como jogar tênis, os cientistas observaram atividades cerebrais consistentes com essas instruções, sugerindo um nível de consciência anteriormente inexplorado.

À medida que a pesquisa avançou, outras descobertas fascinantes vieram à tona. Métodos inovadores foram desenvolvidos para detectar o que foi nomeado "comunicação covert" em pacientes em estado vegetativo. Usando tanto EEG quanto fMRI, pesquisadores identificaram sinais cerebrais que indicavam respostas de "sim" ou "não" a perguntas específicas. Esta revelação significava que, para alguns desses pacientes, havia um nível de consciência que permitia uma forma rudimentar de comunicação, mesmo que seus corpos permanecessem inertes.

O campo da neurociência também começou a explorar a estimulação magnética transcraniana (EMT) como meio de avaliar e, em certos casos, modular a atividade cerebral destes pacientes. Em um experimento realizado por uma equipe de pesquisadores italianos, descobriu-se que a aplicação de EMT em pacientes em estado vegetativo, em alguns casos, aumentava temporariamente os níveis de consciência. Estes resultados não apenas lançaram luz sobre a adaptabilidade e neuroplasticidade do cérebro, mas também deram esperança de possíveis intervenções terapêuticas no futuro.

Apesar dessas descobertas promissoras, a natureza complexa do estado vegetativo persistente trouxe consigo desafios diagnósticos. A distinção entre estado vegetativo/síndrome do despertar inconsciente, estado de consciência mínima e síndrome do encarceramento requer uma avaliação meticulosa. Uma revisão abrangente dos critérios de diagnóstico enfatizou a importância de uma avaliação rigorosa, combinada com técnicas avançadas de imagem. Esta abordagem é crucial não apenas para evitar diagnósticos errôneos, mas também para compreender a vasta gama de estados de consciência e o que realmente significa "estar ciente".

O estado de consciência mínima (ECM) e a síndrome do despertar inconsciente (SDI), anteriormente conhecida como estado vegetativo, são duas condições distintas que se manifestam em pacientes com distúrbios de consciência. No estado de consciência mínima, os pacientes exibem sinais de consciência, embora mínimos e inconsistentes. Eles podem demonstrar comportamentos intencionais, como seguir objetos com os olhos, responder emocionalmente de maneira apropriada a estímulos ou até mesmo realizar gestos ou movimentos específicos em resposta a estímulos ambientais. Em alguns casos, a comunicação não verbal limitada também é observada. Estes sinais indicam que, apesar da gravidade de sua condição, os pacientes com MCS retêm algum grau de consciência de si e do ambiente ao seu redor.

Em contraste, a síndrome do despertar inconsciente é caracterizada pela completa ausência de sinais de consciência. Os pacientes podem apresentar ciclos de sono e vigília e parecer acordados, como evidenciado pela abertura dos olhos, mas não há resposta intencional ao ambiente. Eles não demonstram comportamento intencional, comunicação ou reações emocionais que indicariam qualquer grau de consciência. Esta condição reflete um estado de consciência mais severamente comprometido, onde a conexão com o mundo externo parece estar completamente ausente.

A distinção entre o estado de consciência mínima e a síndrome do despertar inconsciente é crucial para o diagnóstico e tratamento adequados desses pacientes. Enquanto o EMC sugere a possibilidade de alguma recuperação e interação com o mundo, a SDI geralmente indica um prognóstico mais reservado. Entender as diferenças entre estas condições ajuda os profissionais de saúde a fornecer cuidados mais direcionados e a tomar decisões mais informadas sobre o tratamento e a gestão dos pacientes com distúrbios de consciência.

Essas pesquisas e descobertas, entrelaçadas com a história de Daniel, mostram a fronteira em constante evolução entre a ciência e o entendimento humano sobre a consciência. Em um mundo onde a atividade cerebral pode ser mapeada, mas os pensamentos e emoções ainda permanecem em grande parte um mistério, a busca por compreender o estado vegetativo persistente se torna um reflexo mais amplo da busca da humanidade pelo entendimento da mente e da alma.

Permitam-me um aparte. Ele vem de forma intuitiva e penso que cabe nesse momento da reflexão. Em que mundo pode estar Daniel? Assisto, por acaso... Será mesmo por acaso... o vídeo do momento do encontro de uma equipe de exploradores brancos com indivíduos de uma tribo isolada da Nova Guiné em 1993. O branco sabe exatamente o que está acontecendo. É culturalmente diferente. Notem que não ouso dizer superior. Um dos indígenas, carrega utensílios de madeira e tem um pedaço de madeira, ou osso, não sei, transfixando o septo nasal anterior. Duas penas adornam seu cabelo crespo. Tem pele escura. Ele olha desconfiado para o branco, e nos arredores. Está calmo, mas vigilante. O branco tem uma caixa de fósforos e acende o palito. Aos poucos eles se enturmam e surgem toques mútuos nos braços, cabelos e mãos. Se havia medo, e certamente havia algum, ele se dissipou. Desconheço, quando escrevo, o que aconteceu com a tribo depois do encontro. Tenho maus pressagios. Aqui, quero apenas refletir sobre o cérebro, a consciência, o qualia.

Todos nós temos um modelo do mundo que vai se desenvolvendo a partir do nascimento, e talvez antes, no útero. Esse modelo está de acordo com o ambiente, com as relações que aos poucos desenvolvemos com ele, com as pessoas, com os animais, com os conceitos. E vejam como existem camadas de relações, das físicas às intelectuais, como camadas de complexidade. Já discutimos isso.

Bactérias têm um modelo do mundo. Sabem reconhecer características do ambiente e fogem dos ambientes hostis quando seus quimiorreceptores o percebem. O cérebro age sempre tentando minimizar a surpresa. As bactérias também. Os silvícolas do vídeo não sabiam que ser era aquele. Não fazia parte do modelo de mundo deles. Mas, aos poucos, foram atualizando o seu modelo e compatibilizando-o com o modelo antigo, que estará definitivamente mudado a partir daquele encontro.

E que consciência tem o branco explorador e o silvícola? Alguma é melhor? Deve o silvícola se tornar um gênio da matemática, estudando nossos livros? Ou deve o branco aprender os detalhes da selva, seus riscos, suas cores verdes em inimagináveis tons que jamais seremos capazes de reconhecer? Existe consciência melhor?

Claro, estamos falando de normalidades e não de estados cerebrais patológicos. Assim mesmo, temos que pensar em como ajudar quem tem consciência, mesmo de difícil percepção para nós, e inventar um jeito de compreendê-la. Nossa missão não é fácil, mas temos que insistir.

Se quisermos avançar um pouco, podemos refletir sobre três termos que nos levarão, como botes seguros a navegar nas águas turbulentas da consciência. A primeira palavra é informação. Não estou falando da informação com a empregamos no dia a dia. Que tem mais a ver com qualidades daquilo que vemos, ouvimos e pensamos. A informação que ouvi no rádio, li no jornal. Aquela me refiro é um conceito físico e matemático. Sua compreensão se deve em grande parte a Shannon, que estudou o assunto na década de 40 do século passado.

Imagine que você e algumas pessoa decidem cortar um queijo de 3 quilos em pedaços pequenos. Cada um com uma faca, vão aos poucos reduzindo o queijo em centenas de pedaços. Seus pesos e formas serão muito variados. Então, ao fim do processo teremos uma pilha de pedaços de queijo em incontáveis formas diferentes e pesos também, embora aproximados.

A informação sobre o queijo naquela pilha será o número de possibilidades diferentes de pesos e formas. Quanto maior a variedade, maior a surpresa ao pegar um dos pedaços. Agora, imagine que em vez de cortarmos alegremente o queijo cada um do seu jeito, coloquemo-lo em uma máquina, extremamente eficaz que o cortará em pedaços absolutamente iguais, pelo menos nos limites da visão, e com pesos muitíssimo semelhantes.

No final, com exceção de pedaços das beiradas ou alguns outro, a pilha será composta de pedaços quase iguais. O número de possibilidades será pequeno. A informação será pequena. Agora vamos em frente.

Daquela pilha, esteiras diferentes apontadas para várias direções começarão a distribuir o queijo para outras máquinas que foram programadas para processar aquele queijo em outros produtos baseados na forma e no peso dos pedaços. Cada tipo de forma provocará uma receita diferente.

Quando as esteiras se movem elas promovem a integração do sistema, ou seja, levam o queijo para suas estações. Lá, ocorrerá a diferenciação, a terceira palavra-chave. Ela será o resultado do trabalho das estações, que por sua vez estará subordinado aos pedaços de queijo. Se a informação for rica, muita variedade de tamanhos e pesos, teremos incontáveis receitas diferentes.

Por outro lado, no caso dos pedaços cortados pela máquina, teremos três ou quatro receitas. Pobreza de diferenciação. E que tem o cérebro a ver com queijos? Tudo. Quando estimulamos uma região cerebral, ela inicia um processo de integração com várias e incontáveis regiões próximas e distantes, que por sua vez deverão diferenciar, processar, aumentar, diminuir, para que todo o conjunto possa emergir em conteúdo e consciência. Portanto, informação, integração e diferenciação são as palavras chaves para que possamos nos aventurar nesse rio turbulento.

Agora vamos nos concentrar no que realmente nos interessa. Queremos usar tudo que sabemos para poder ajudar Daniel. Precisamos ancorar o barco nas águas turbulentas para que tenhamos estabilidade e condições de pescar. Em movimento, poderemos bater nas pedras ou perder o rumo. Mesmo balançando, o barco ancorado é o melhor modo de pescar, ou na nossa história e nas suas analogias, usar algo teórico, já submetido a pesquisas, com validade interna e externa, com bagagem ética e humana para usar em Daniel e tentar compreender o que está acontecendo.

Medicina não é apenas uma ciência. Não pode ser reduzida a fórmulas, equações e procedimentos técnicos, por mais cruciais que sejam. Por trás da fachada impessoal dos hospitais, equipamentos de imagem e consultórios estéreis, jaz o universo imensurável da experiência humana. E é esse o coração pulsante da medicina: a experiência do paciente, a interação humana, o toque reconfortante e a conversa honesta.

Daniel, como tantos outros, não é apenas um conjunto de sintomas, sinais e imagens de ressonância magnética. Ele é um ser humano com uma história, sonhos, medos e esperanças. E enquanto nos esforçamos para compreender os intricados mecanismos do cérebro, a verdadeira questão é: como podemos aliviar o sofrimento, proporcionar conforto e, se possível, restaurar alguma forma de consciência ou cognição?

E aqui, volto ao encontro entre os exploradores e a tribo isolada. A capacidade de reconhecer o outro, de superar medos e preconceitos, de se comunicar além das palavras, é o que nos torna fundamentalmente humanos. Da mesma forma que os exploradores e os indígenas encontraram uma linguagem comum através do gesto, do toque e da observação, os médicos, familiares e pacientes também devem encontrar meios de se comunicar e compreender uns aos outros.

A medicina contemporânea, com toda a sua maravilhosa tecnologia e avanços científicos, muitas vezes corre o risco de perder essa conexão humana essencial. Somos rápidos em prescrever, diagnosticar e intervir, mas às vezes lentos em ouvir, compreender e consolar. O desafio é equilibrar os dois: aplicar a ciência sem perder a empatia.

E, como no encontro entre culturas, há sempre o risco de mal-entendidos e conflitos. Mas também há a promessa de descoberta, aprendizado e crescimento mútuo. Talvez a verdadeira lição aqui seja a de que, independentemente de quão avançada seja a nossa tecnologia ou quão profundo seja o nosso conhecimento, a cura real reside na conexão humana, no respeito mútuo e na capacidade de ver o outro não como um estranho, mas como um igual.

No caso de Daniel e de tantos outros em estados similares, é imperativo não apenas buscar soluções médicas, mas também abordar a experiência humana. Isso significa envolver-se profundamente com a família, entender seus medos e esperanças, e trabalhar em colaboração para encontrar o melhor caminho a seguir.

No final das contas, o ato médico é, em sua essência, um ato de amor, compaixão e empatia. E enquanto buscamos respostas nas estrelas e nos microscópios, talvez a verdadeira cura esteja na maneira como tocamos, olhamos e falamos uns com os outros.

A pessoa responsável por isso será o seu médico neurologista, neurocirurgião ou algum outro médico altamente capacitado. Estamos tratando de medicina, uma arte transformada em ciência, que se estende milenarmente, enraizada em literatura, práticas e filosofia perfeitamente estabelecidas. Suas epistemologia e ontologia únicas a distinguem e a definem. No entanto, percebo que esbarro em um território delicado e, até por respeito ao leitor, sinto que não posso me esquivar do assunto.

Existem outras profissões, talvez mais recentes na história, que, assim como a medicina, se fundamentam em suas próprias epistemologias e ontologias. Com suas literaturas, práticas e bases filosóficas, essas profissões abordam aspectos do ser humano que se sobrepõem e por vezes convergem com os domínios da medicina. No entanto, é preciso cautela. Como Ludwik Fleck, um dos pioneiros na sociologia da ciência, apontou, o conhecimento científico não é meramente objetivo, mas é moldado por uma "estilística de pensamento" particular de uma "coletividade de pensamento". Portanto, mesmo quando profissionais de campos distintos discutem um tema comum, como depressão ou dor crônica, podem estar operando sob diferentes paradigmas ou "estilos de pensamento", como

Thomas Kuhn também argumentaria em "A Estrutura das Revoluções Científicas".

Desta forma, não se trata apenas de proteger territórios profissionais ou de reivindicar domínios. A questão é: quando profissionais de diferentes áreas utilizam terminologias semelhantes, mas baseadas em perspectivas epistemológicas distintas, como podemos garantir que estamos alinhados em nossa compreensão? Como ter certeza de que estamos pensando e falando da mesma coisa, e não apenas operando sob o mesmo vernáculo, mas com compreensões substancialmente diferentes?

A interdisciplinaridade na área da saúde, embora promissora e necessária, requer, acima de tudo, uma comunicação clara e aberta entre os profissionais envolvidos. A colaboração só pode ser verdadeiramente eficaz quando acompanhada de respeito mútuo e um entendimento profundo das bases conceituais e práticas de cada profissão envolvida.

Nesse contexto, a comunicação eficiente e o entendimento mútuo entre os diferentes profissionais envolvidos são cruciais. Cada profissão na área da saúde contribui com uma perspectiva única e especializada, e o valor de cada uma não deve ser subestimado. A tomada de decisões, especialmente aquelas que são complexas e desafiadoras, é mais bem realizada através de um esforço colaborativo, onde o conhecimento e a experiência de todos são valorizados e considerados.

É essencial que, ao trazer à mesa diferentes abordagens e conhecimentos, mantenhamos o respeito pelas distintas competências e pela diversidade de contribuições. O diálogo aberto, o entendimento profundo das limitações e potencialidades de cada profissão, e o compromisso com um objetivo comum são elementos fundamentais para assegurar que a interdisciplinaridade seja, de fato, benéfica para os pacientes.

Dessa forma, ao valorizar a riqueza da diversidade profissional e promover a integração de saberes, podemos construir um ambiente de cuidado mais harmonioso e eficaz, em que o bem-estar do paciente está no centro das nossas ações e decisões.

Entretanto, é inegável que, dada a amplitude e profundidade de sua formação, os médicos frequentemente carregam uma responsabilidade singular na definição da conduta clínica. Este papel não é uma questão de autoridade, mas um reflexo do compromisso da medicina com sua longa tradição e herança. Em todos os momentos, contudo, a colaboração e o respeito mútuo entre as profissões são indispensáveis.

Estamos observando Daniel. Seus olhos, frequentemente abertos, parecem focar o vazio. Há raros movimentos em sua mão direita, mas essas ações parecem carecer de propósito. No momento, o diagnóstico ainda está pendente. A questão principal é determinar se ele está em estado vegetativo persistente (EVP) - também se movendo para a denominação mais moderna e humanizada de "síndrome do despertar inconsciente" - ou se está em um estado de consciência mínima (ECM).

O exame neurológico, é a primeira linha de avaliação. Embora intrinsecamente subjetivo, é fundamental para identificar qualquer sinal de resposta ou reatividade. Como destacado por Posner no "Neurological Examination of the Comatose Patient", que todo especialista deve ter lido, este exame inicial é vital para determinar a extensão e localização das lesões cerebrais e orientar investigações adicionais.

O CRS-R (Coma Recovery Scale-Revised) é uma ferramenta meticulosamente desenvolvida para avaliar e monitorar a recuperação de pacientes com alterações da consciência. Criada com o intuito de identificar sinais sutis de consciência em pacientes que, à primeira vista, possam parecer estar em um estado vegetativo persistente, esta escala pode revelar que alguns destes indivíduos estão, de fato, em um estado de consciência mínima.

Ao utilizar o CRS-R, diferentes aspectos da função neurológica são avaliados. Começa-se examinando a função auditiva do paciente, avaliando sua capacidade de responder a comandos verbais simples ou de reconhecer sons familiares. Em seguida, a função visual é testada para verificar se o paciente pode rastrear objetos, reconhecer imagens ou objetos familiares, ou até responder a ameaças visuais. A função motora não fica de fora, e os avaliadores buscam movimentos que podem ser desde simples respostas a comandos até a capacidade de pegar um objeto de forma funcional.

Para além dos aspectos físicos, a escala também examina a capacidade verbal, buscando qualquer forma de vocalização ou tentativa de comunicação oral. Em paralelo, a comunicação em geral é avaliada para entender se o paciente consegue se comunicar através de gestos ou outros meios. Por último, mas não menos importante, há uma análise da excitabilidade, que identifica se o paciente tem reações anormais, como posturas estranhas ou movimentos repetitivos.

A interpretação dos resultados da CRS-R é tão crucial quanto sua aplicação. Cada componente possui uma pontuação específica que, quando somada, pode alcançar um total de 23 pontos. Os pacientes em estado vegetativo persistente, sem evidência de consciência autoconsciente ou do ambiente, tendem a ter pontuações muito baixas, refletindo respostas principalmente reflexas ou automáticas. Por outro lado, pacientes em estado de consciência mínima exibem evidências, ainda que mínimas, de consciência. Eles podem ter respostas motoras específicas, seguimento visual, ou reações a estímulos auditivos, o que é refletido em pontuações mais altas na escala.

A verdadeira força do CRS-R reside em sua capacidade de fornecer um retrato detalhado da função neurológica do paciente. Ao empregá-la de maneira consistente e observar as pontuações ao longo do tempo, os profissionais de saúde podem traçar um panorama do progresso ou regresso do paciente e, consequentemente, adaptar os planos de tratamento.

O EEG, ou eletroencefalograma, é uma ferramenta que mede a atividade elétrica do cérebro. Ele capta as flutuações elétricas na superfície do cérebro através de eletrodos posicionados no couro cabeludo. Essas flutuações são consequência da atividade sináptica de populações de neurônios e são classificadas em diferentes frequências ou ritmos, como delta, teta, alfa, beta e gama.

Na avaliação de pacientes com alterações da consciência, o EEG pode revelar padrões específicos. Por exemplo, um padrão "delta difuso" pode ser visto em pacientes em estado vegetativo persistente, enquanto ritmos mais rápidos, como alfa e beta, podem indicar algum grau de consciência.

Os potenciais evocados são uma variante do EEG. Diferentemente do EEG padrão, que observa a atividade cerebral contínua, os potenciais evocados medem a resposta cerebral a um estímulo específico ou a uma tarefa. São muitas as possibilidades. Existem diferentes tipos de potenciais evocados, cada um focado em um sentido específico - visual, auditivo ou somatossensorial.

Por exemplo, os potenciais evocados visuais são obtidos ao apresentar ao paciente estímulos visuais repetitivos, enquanto o EEG registra a resposta do cérebro a esses estímulos. Estas respostas refletem a integridade das vias neurais específicas e podem indicar se informações sensoriais estão sendo processadas pelo cérebro. Um dos mais usados é a P300, uma onda que ocorre aproximadamente trezentos milissegundos após um evento cognitivo, geralmente a contagem e um estímulo sonoro infrequente, misturado com outro estímulo diferente e mais frequente, mas que não precisa ser contado.

A avaliação da atividade cerebral, particularmente no contexto de determinar estados de consciência, requer ferramentas precisas e métodos que possam desvendar a complexidade intrínseca das redes neurais. Dentro do universo do EEG, a análise da coerência emerge como uma ferramenta fundamental, permitindo o estudo das relações de fase entre diferentes áreas cerebrais. Isso nos dá uma visão de como essas regiões podem estar 'sincronizadas', com altos níveis de coerência muitas vezes sugerindo uma comunicação eficaz entre áreas distantes do cérebro.

Por outro lado, a entropia mútua apresenta uma abordagem complementar, focada em quantificar a informação que uma parte do sinal EEG pode revelar sobre outra. Ao fazer isso, proporciona uma visão profunda da complexidade e interdependência das redes cerebrais, destacando-se por sua abordagem não linear. Enquanto a coerência analisa a conexão direta e linear entre as regiões cerebrais, a entropia mútua vai além, investigando as interações complexas e não lineares.

Ambas as medidas, embora diferentes em sua metodologia, convergem para o mesmo objetivo: entender as conectividades funcionais do cérebro. Esta compreensão é vital, especialmente em situações clínicas desafiadoras, onde discernir os sutis padrões da atividade cerebral pode ser a chave para um diagnóstico preciso e um tratamento eficaz.

A análise da coerência e da entropia mútua foi usada em estudos para examinar a relação entre diferentes áreas do cérebro em pacientes com alterações da consciência. Foi mostrado que essas medidas podem ajudar a distinguir entre diferentes estados de consciência e fornecer insights valiosos sobre a possibilidade de recuperação.

A ressonância magnética nuclear (RMN), mais comumente referida como ressonância magnética (RM), é uma técnica avançada de imagem que tem se destacado como uma das mais sensíveis na detecção de lesões cerebrais. Ao contrário da tomografia computadorizada, que utiliza radiação X para produzir imagens transversais do cérebro, a RM utiliza campos magnéticos e ondas de rádio. Isso resulta em imagens detalhadas, de alta resolução, que podem identificar lesões sutis e anormalidades microscópicas nos tecidos cerebrais.

Muitas vezes, lesões que são invisíveis ou ambiguamente identificadas em tomografias convencionais tornam-se evidentes na RM, especialmente ao se considerar imagens ponderadas em T2 e FLAIR, que são particularmente sensíveis a alterações patológicas, como edema e gliose.

Além disso, a RMN evoluiu para além da simples visualização anatômica. A ressonância magnética funcional (fMRI) é uma técnica que permite visualizar e inferir a atividade cerebral, medindo alterações no fluxo sanguíneo relacionadas à atividade neural. Isso é baseado no princípio BOLD (Blood Oxygen Level Dependent), que se refere à alteração nas propriedades magnéticas do sangue de acordo com o nível de oxigenação. Nas regiões cerebrais mais ativas ocorre um sutil aumento da oferta de sangue arterial. Então, o oxigênio é extraído e essa mudança na hemoglobina pode ser percebida pelo equipamento e registrada.

Quando aplicada ao estudo de estados de consciência mínima, a fMRI pode identificar áreas do cérebro que ainda retêm alguma funcionalidade e responsividade. Diversos paradigmas têm sido desenvolvidos para investigar a presença de consciência em pacientes com comprometimento cerebral. Entenda-se por paradigma o tipo de experiencia que será realizada durante o exame. Por exemplo, o trabalho de Owen et al. (2006) demonstrou que pacientes em estado vegetativo poderiam, em alguns casos, exibir atividade cerebral em resposta a instruções para imaginar certas tarefas, como jogar tênis ou caminhar por sua casa. Esses resultados sugerem que alguns pacientes, apesar de aparentemente inconscientes, podem ainda reter alguma forma de consciência interna.

Outros paradigmas incluem a exposição a estímulos familiares ou emocionalmente carregados, como vozes de familiares, com a ideia de que esses estímulos podem desencadear atividade cerebral em áreas associadas ao processamento emocional ou de memória.

Tanto a RM convencional quanto a fMRI desempenham papéis fundamentais na avaliação detalhada do cérebro, permitindo não apenas a detecção de lesões anatômicas, mas também insights valiosos sobre a função e atividade cerebral residuais em pacientes com comprometimento da consciência.

Tononi e Massimini desenvolveram uma abordagem inovadora para avaliar a consciência humana, ao integrar duas técnicas bem estabelecidas: a estimulação magnética transcraniana (TMS) e a eletroencefalografia (EEG). Esta combinação permite avaliar a capacidade do cérebro de responder a uma perturbação externa de forma tanto complexa quanto integrada. Eles desenvolveram o que chamaram de Indice de Complexidade Perturbada (ICP).

O procedimento é iniciado com a aplicação de um pulso de TMS sobre o couro cabeludo. Esta estimulação magnética induz, momentaneamente, um campo elétrico no tecido cerebral subjacente, causando uma breve interrupção na atividade neural da área alvo. Este "knockdown" inicial serve como um eco silencioso que reverbera temporariamente, pausando a atividade normal daquela porção cerebral.

A resposta cerebral subsequente à perturbação é então registrada pelo EEG. O que se observa após o pulso TMS é um retrato da capacidade consciente do cérebro. Em vez de meramente exibir uma resposta local ao estímulo, cérebros conscientes revelam um padrão de atividade neural que é notavelmente complexo e diversificado. Importante destacar que essa resposta é altamente casual; o cérebro não segue uma sequência pré-determinada de reações. Ao invés disso, reorganiza-se de forma espontânea e essa reorganização se manifesta tanto localmente quanto em regiões cerebrais distantes.

Dois aspectos cruciais da consciência são revelados por essa reatividade: integração e diferenciação. A integração é evidenciada pela coordenação da resposta entre regiões distantes do cérebro, mostrando uma operação conjunta e sincronizada. Já a diferenciação se manifesta pela maneira única como cada área cerebral se reorganiza após o pulso, refletindo funções e características específicas daquela região. Embora de forma simplificada, essa técnica aproxima-se da mensuração do PHI descrito por Tononi. E, mesmo que a teoria por trás dela ainda esteja em processo de validação, já provou ser extremamente valiosa, sobretudo em casos como o de Daniel.

E, notem, esse procedimento avalia exatamente o circuito tálamo-cortical, aquele que, lá atrás dissemos que provavelmente é o circuito mais provável de hospedar a consciência. Aos poucos teoria e experimentação se complementam e se modificam, num balé contínuo, as vezes belo e as vezes sinistro, mas inexoravelmente para a frente, pois os fenômenos emergentes são impulsionados no mesmo sentido do tempo e da sua seta. As custas de aumento de entropia, rumo talvez ao nada cósmico, a morte do universo, ou do seu renascimento. Enquanto isso, na borda do caos, a vida se desenvolve, existimos e estamos, incrivelmente, tentando compreender a consciência.

Estas respostas integradas e diferenciadas, captadas pelo ICP, são vitais para decifrar o nível de consciência de um paciente, oferecendo uma perspectiva única sobre a funcionalidade cerebral remanescente e, potencialmente, sobre possíveis trajetórias de recuperação. Certamente terão impacto clínico e serão aperfeiçoadas aos poucos.

O neurologista descobre que o cérebro de Daniel mostra, na ressonância magnética, inúmeras regiões com sinais inequívocos de insulto, onde podem existir perdas neuronais e gliais expressivas. São dispersas, umas maiores, outras menores. Mas, pelo juízo clínico, o médico, com sua experiência de outros casos similares, pensa que já viu muitos pacientes com esse grau de lesão e que despertaram para um estado de plena consciência. O EEG está lento e se assemelha aos esperados nos estados vegetativos. Os potenciais evocados estão ausentes. As conectividades não estão totalmente ausentes, sugerindo algum tráfego de informação.

Então, decidem estabelecer o índice da complexidade perturbada. E, bingo! O índice está muito acima do limiar que divide os estados conscientes dos estados inconscientes. Mas, Daniel permanece imóvel, de olhar vago e indiferente ao que se passa ao seu redor. O valor do CRS-R é decepcionantemente baixo.

Se o quadro clínico aparente e os exames clássicos apontam para um estado vegetativo, o Índice de Complexidade Perturbada (ICP) sinaliza para um estado de consciência plena, totalmente internalizado, exclusivo, privado, na mais completa solidão imaginável. O que fazer nesse cenário paradoxal?

De todos os testes disponíveis, o ICP se destaca como o mais sensível e específico. Ele é capaz de identificar os verdadeiros positivos, ou seja, detectar a consciência onde ela existe, e excluir os verdadeiros negativos, detectando a ausência de consciência quando esta de fato não está presente. Este método avançado oferece uma janela única para o funcionamento interno do sistema tálamo-cortical, considerado um dos hospedeiros principais da consciência.

A despeito desses avanços tecnológicos, somos confrontados com as limitações inerentes ao estudo da mente. Mesmo com um alto índice de complexidade perturbada, indicando claramente que o sistema tálamo-cortical está ativo e saudável, permanecemos às escuras sobre a natureza das experiências mentais e, mais profundamente, sobre o qualia - as experiências subjetivas e pessoais que constituem a essência da consciência.

Nesse cenário, a pesquisa avança inexoravelmente, explorando as fronteiras do conhecimento humano. Neurocientistas como Adrian Owen têm empregado técnicas inovadoras, como a ressonância magnética funcional (fMRI), para estabelecer comunicação com pacientes em estados aparentemente inconscientes. O trabalho de Owen e de outros na área tem revelado a presença de consciência em indivíduos anteriormente considerados inalcançáveis.

Enquanto isso, a ascensão das Interfaces Cérebro-Computador (BCIs) sugere futuros promissores. Essa tecnologia emergente busca estabelecer uma linha de comunicação direta entre o cérebro e dispositivos externos, oferecendo uma luz de esperança para pacientes em estados alterados de consciência e aqueles trancados em seu próprio corpo.

As Interfaces Cérebro-Computador (BCIs) representam um dos avanços mais significativos na interseção da neurociência e da tecnologia, superando as fronteiras tradicionais da comunicação humana e da interação com o mundo. Estes sistemas inovadores permitem uma conexão direta entre o cérebro e dispositivos eletrônicos, transcendendo as limitações físicas impostas por deficiências motoras ou condições neurológicas.

No campo terapêutico, as BCIs têm demonstrado um potencial notável na reabilitação e assistência a pessoas com deficiências motoras severas. Estudos mostram como pacientes com tetraplegia, por exemplo, conseguem controlar membros robóticos com seus pensamentos, abrindo novos horizontes de interação e independência. Além disso, para indivíduos em estados de consciência alterada ou com síndrome de encarceramento, as BCIs oferecem um meio vital de comunicação, permitindo-lhes expressar pensamentos e necessidades, apesar de suas severas limitações físicas.

Além das aplicações práticas, as BCIs também são uma ferramenta valiosa para pesquisas avançadas em neurociência. Elas oferecem insights sobre como os sinais cerebrais podem ser interpretados e convertidos em comandos para dispositivos externos, fornecendo informações essenciais sobre as redes neurais e a plasticidade cerebral. Essa linha de pesquisa está expandindo nosso entendimento sobre o funcionamento intricado do cérebro humano.

Olhando para o futuro, as possibilidades das BCIs vão além das aplicações médicas, estendendo-se ao potencial de melhorar as capacidades humanas, incluindo o aprimoramento cognitivo e interfaces de realidade aumentada. Essa perspectiva futurística, no entanto, traz consigo importantes questões éticas relacionadas à privacidade cerebral e às implicações de alterar ou aumentar as capacidades cognitivas.

Diante desse horizonte, somos compelidos a continuar a investigação, a procurar formas de comunicação com aqueles que se encontram na borda do conhecido e do desconhecido. A intersecção da neurociência, filosofia e engenharia proporciona um terreno fértil para o desenvolvimento de novas perspectivas e possibilidades, enquanto tentamos desvendar os mistérios da mente e buscar formas de aliviar o sofrimento humano.

RESUMO

O "Décimo Terceiro Ato" do livro, intitulado "Em Direção ao Sagrado: Universos Paralelos e o Mistério da Consciência", explora a interseção entre física quântica, consciência e a ideia de universos paralelos, utilizando a história de Daniel, um personagem em coma, para explorar as possibilidades quânticas e as diferentes realidades que podem coexistir. Principais pontos abordados:

1. **Universos Paralelos**: Considera universos paralelos onde cada decisão e evento levam a realidades distintas. Em um universo, Daniel desperta do coma, enquanto em outro, transita para um estado vegetativo persistente.
2. **Física Quântica**: Apresenta a física quântica como uma janela para múltiplos universos, cada um com sua própria cadeia de eventos e consequências.
3. **Limites da Consciência**: Reflete sobre os limites da consciência e a interconexão entre corpo, mente e alma, usando o estado de Daniel em coma para explorar os mistérios da consciência.
4. **Futuro Biônico**: Explora a possibilidade de interações cérebro-máquina cada vez mais eficazes.

Reflexões Propostas:

1. **Universos Paralelos e Consciência**: Como a noção de universos paralelos pode expandir nossa compreensão da consciência e da existência humana?
2. **Realidades Alternativas**: O que as diferentes trajetórias de vida de Daniel nos dizem sobre destino, escolha e consciência?
3. **Natureza do Sagrado**: Como estados alterados de consciência, como o coma, desafiam nossa percepção do sagrado e do desconhecido?

Bibliografia Sugerida:

1. "The Hidden Reality: Parallel Universes and the Deep Laws of the Cosmos" por Brian Greene: Explora a teoria dos universos paralelos na física quântica.
2. "Consciousness Explained" por Daniel Dennett: Aborda diferentes aspectos da consciência de uma perspectiva filosófica e científica.
3. "The Grand Design" por Stephen Hawking e Leonard Mlodinow: Discute conceitos de física quântica e realidades alternativas.
4. "Quantum Enigma: Physics Encounters Consciousness" por Bruce Rosenblum e Fred Kuttner: Investiga a relação entre física quântica e consciência.

5. "Into the Gray Zone: A Neuroscientist Explores the Border Between Life and Death" por Adrian Owen: Explora os limites da consciência e experiências em estados como o coma.

6. "Sizing Up Consciousness: Towards an Objective Measure of the Capacity for Experience" por Marcello Massimini e Giulio Tononi.

7. "Brain-Computer Interfaces: Principles and Practice" por Jonathan Wolpaw e Elizabeth Winter Wolpaw.

ENTÃO A NEURODIVERSIDADE

Neste capítulo, nosso foco será discutir as experiências subjetivas, tanto em seu estado normal quanto patológico, e como essas teorias nos ajudam a decifrar os enigmas da mente humana.

A teoria da inferência ativa propõe uma visão da consciência como um processo dinâmico, onde o cérebro constantemente busca minimizar a surpresa e o erro preditivo. Nossa percepção do mundo é o resultado de um modelo interno que o cérebro constrói e continuamente atualiza, com base nas informações sensoriais que recebe. Esta abordagem fornece uma explicação robusta para a estabilidade e previsibilidade de nossas experiências subjetivas, mesmo diante da complexidade e variabilidade dos estímulos externos.

Por outro lado, a teoria da informação integrada de Tononi aborda a consciência como um fenômeno emergente da integração de informações dentro de um sistema. Nesta perspectiva, as experiências subjetivas são vistas como o produto de muita integração e diferenciação de informação no cérebro, o que confere uma natureza integrada e unificada à nossa experiência consciente.

Através deste capítulo, investigaremos como essas teorias iluminam nossa compreensão das experiências subjetivas normais, como percepções sensoriais, pensamentos e emoções, e como elas podem ser aplicadas para entender estados alterados da consciência, como os observados em condições patológicas. Além disso, abordaremos o desafio de definir o que é considerado "normal" em termos de consciência, uma questão crucial tanto do ponto de vista filosófico quanto médico.

Ao abordar o conceito de normalidade em relação à consciência, entramos em um terreno complexo que abrange tanto a filosofia quanto a medicina. No contexto filosófico, a normalidade é frequentemente discutida em termos de experiências e percepções subjetivas que são consideradas "típicas" ou "padronizadas" dentro de um contexto cultural ou social. Este conceito filosófico é intrinsecamente ligado às noções de realidade, percepção e experiência humana.

Dentro da filosofia, um dos argumentos centrais é que a normalidade não é uma qualidade intrínseca à consciência, mas sim uma construção social e cultural. Por exemplo, o que é considerado uma experiência consciente normal em uma cultura pode ser visto como atípico em outra. Filósofos como Michel Foucault argumentaram que as noções de normalidade estão frequentemente atreladas ao poder e ao controle social, moldando o que é aceitável ou esperado em um determinado contexto.

Aprofundando esse entendimento filosófico, é importante considerar como a ideia de normalidade influencia não apenas as práticas sociais, mas também o nosso entendimento da própria consciência. Esta visão é apoiada por argumentos filosóficos que veem a consciência não apenas como um fenômeno isolado, mas como algo profundamente enraizado no contexto social e cultural.

Outro filósofo que contribui significativamente para essa discussão é Thomas Kuhn, conhecido por sua teoria sobre as revoluções científicas e a estrutura das revoluções científicas. Kuhn argumenta que até mesmo os paradigmas científicos são influenciados por fatores sociais e culturais, o que implica que nossas compreensões da "normalidade" em qualquer campo, incluindo a consciência, são moldadas por esses paradigmas. Isso sugere que o que consideramos como uma experiência consciente normal é, em parte, um produto das crenças e expectativas científicas vigentes em uma determinada época.

Além disso, filósofos existencialistas, como Jean-Paul Sartre e Friedrich Nietzsche, desafiaram as noções tradicionais de normalidade ao argumentar que a autenticidade e a individualidade são aspectos cruciais da experiência humana. Seguir cegamente as normas sociais sem questionamento pode levar a uma vida inautêntica ou mesmo à alienação do verdadeiro eu. Isso tem implicações diretas para a compreensão da consciência, pois sugere que as experiências conscientes que desviam das normas sociais não são necessariamente anormais, mas podem ser expressões autênticas do ser.

Outra perspectiva relevante vem da filosofia da mente e da psicologia fenomenológica, que enfatizam a importância da experiência subjetiva. Husserl, por exemplo, argumentava que a realidade da consciência está na forma como as coisas são vivenciadas pelo sujeito. Isso implica que a normalidade não pode ser plenamente compreendida sem considerar as variações individuais na experiência subjetiva.

No campo da ética e da filosofia moral, há um debate contínuo sobre as implicações de rotular certas experiências conscientes como anormais. Filósofos como John Stuart Mill e Immanuel Kant exploraram a ideia de que a liberdade de pensamento e expressão é fundamental para a sociedade e o progresso humano. Isso levanta questões sobre a ética de considerar certas formas de consciência como desviantes ou inaceitáveis.

A filosofia da mente explora como percebemos e interpretamos o mundo ao nosso redor. Da perspectiva fenomenológica, filósofos como Edmund Husserl e Martin Heidegger enfatizam a importância da experiência subjetiva e como esta molda nossa compreensão do que é considerado normal. Segundo eles, nossa experiência do mundo é filtrada através de nossa consciência, e é essa experiência subjetiva que determina nossa noção de realidade.

Outra abordagem filosófica relevante é o existencialismo, que sugere que a normalidade é uma escolha pessoal, enfatizando a liberdade e a responsabilidade individual na definição da própria realidade. Pensadores como Jean-Paul Sartre e Friedrich Nietzsche argumentaram que as noções de normalidade são construções humanas que podem limitar a liberdade e autenticidade individuais. Entretanto, a vida como ela é não permite que esses conceitos possam ser usados sem restrições. Em primeiro lugar as convenções sociais e a variedade cognitiva entre as pessoas, forçosamente determinam regras de convivências e de comportamentos. Não se foge disso.

Essas diferentes perspectivas filosóficas demonstram que o conceito de normalidade é multifacetado e não pode ser facilmente definido ou categorizado. Elas sugerem que a normalidade é mais do que apenas um padrão médico ou estatístico; é também um conceito profundamente enraizado em contextos culturais, sociais e pessoais que influenciam nossa percepção da realidade e da experiência consciente.

Este entendimento filosófico da normalidade proporciona um pano de fundo crucial para explorar como as teorias da inferência ativa e da IIT se aplicam às experiências subjetivas, tanto em estados considerados normais quanto em estados alterados de consciência. Ao considerar essas perspectivas filosóficas, podemos começar a entender a complexidade e a riqueza da experiência consciente humana.

Na discussão sobre experiências subjetivas normais no contexto da consciência, nos deparamos com uma rica variedade de fenômenos que inclui percepções sensoriais, pensamentos e emoções. Cada um desses elementos representa uma faceta crucial da nossa experiência consciente, e juntos, eles formam a base do que consideramos a vida consciente "normal".

As percepções sensoriais são talvez o aspecto mais imediato e palpável da nossa consciência. Elas são as janelas através das quais interagimos com o mundo: a visão, audição, tato, olfato e paladar. Cada um desses sentidos nos oferece uma perspectiva única sobre o mundo ao nosso redor, filtrando e interpretando os estímulos externos para criar uma experiência coerente e significativa. Por exemplo, ao observarmos um pôr do sol, não apenas percebemos as cores e formas com nossos olhos, mas também experienciamos uma gama de emoções e pensamentos que são evocados por essa visão.

Os pensamentos, por outro lado, são a voz interna da nossa consciência. Eles podem ser reflexões sobre o passado, considerações sobre o presente ou planejamentos para o futuro. Os pensamentos são notavelmente fluidos e dinâmicos, mudando de um tema para outro com grande facilidade. Eles são também incrivelmente diversos, variando desde ponderações filosóficas profundas até considerações práticas do dia a dia. Um exemplo disso pode ser o momento em que planejamos nossa agenda diária, um processo que envolve a lembrança de compromissos, a avaliação de prioridades e a antecipação de futuras necessidades e desafios.

As emoções, entrelaçadas com percepções e pensamentos, são o substrato colorido da nossa experiência consciente. Elas podem ser intensas e avassaladoras, como o amor ou a raiva, ou mais sutis e efêmeras, como a nostalgia ou a satisfação. As emoções frequentemente agem como o motor que impulsiona nossas ações e decisões. Um exemplo vívido disso é a sensação de alegria que sentimos ao encontrar um velho amigo, uma experiência que combina elementos sensoriais (ver e ouvir o amigo), cognitivos (lembrar experiências passadas com essa pessoa) e emocionais (a alegria da reunião).

Todas essas experiências - percepções, pensamentos e emoções - são normalmente integradas de maneira fluida em nossa vida diária, formando a estrutura contínua da nossa consciência. Elas são moldadas não apenas por nossos processos biológicos internos, mas também por nossos contextos sociais e culturais. Por exemplo, a forma como interpretamos uma determinada situação ou reagimos emocionalmente a ela pode ser fortemente influenciada por nossas experiências de vida, nossas crenças culturais e nossos valores pessoais.

Ao contemplarmos as experiências subjetivas normais da consciência, nos deparamos com um mundo interno ricamente texturizado, composto por percepções sensoriais que nos conectam com o mundo externo, pensamentos que nos permitem refletir e planejar, e emoções que colorem e dão significado à nossa existência. Essa interação complexa e dinâmica entre percepções, pensamentos e emoções constitui o cerne da nossa experiência consciente, revelando a incrível profundidade e riqueza do que significa ser um ser consciente.

Mirando na ideia da neurodiversidade, nos deparamos com uma redefinição radical do que consideramos normal na consciência humana. Esta perspectiva nos convida a ver condições como autismo e TDAH não como desvios de um padrão normativo, mas como expressões naturais e valiosas da diversidade cognitiva humana. Ela nos permite apreciar a riqueza e a complexidade das diferentes maneiras de pensar e perceber o mundo.

Por exemplo, embora o autismo possa trazer desafios em termos de comunicação e interação social, ele também pode oferecer uma capacidade única para padrões de pensamento detalhados, foco intenso e habilidades excepcionais em áreas como arte, matemática ou música. Da mesma forma, as pessoas com TDAH podem lutar com questões de foco e impulsividade, mas muitas vezes brilham com sua criatividade e pensamento inovador.

Esta abordagem tem implicações profundas para sistemas como educação e ambiente de trabalho, que geralmente são moldados em torno de um modelo de aprendizado e desempenho 'padrão'. Reconhecer e acomodar diferentes estilos cognitivos e de aprendizado pode levar a métodos mais inclusivos e eficazes, respeitando a singularidade de cada indivíduo. Em ambientes educacionais, por exemplo, isso poderia significar adaptar estratégias de ensino para incluir abordagens visuais ou cinestésicas, além dos métodos auditivos e verbais tradicionais. As avaliações de desempenho tambem teriam que ser repensadas, assim como os critérios de seleção para níveis educacionais superiores. Tarefa nada fácil.

A adoção de uma perspectiva de neurodiversidade nos ambientes educacionais, que acolhe abordagens de ensino visual e cinestésica além dos métodos auditivos e verbais tradicionais, representa apenas o início de uma transformação mais ampla. Esta mudança exige uma revisão profunda não só das metodologias de ensino, mas também das formas como avaliamos o desempenho e selecionamos estudantes para níveis educacionais superiores. De fato, é uma tarefa complexa, mas essencial para fomentar um ambiente verdadeiramente inclusivo.

As avaliações de desempenho, por exemplo, precisam ser repensadas para reconhecer e valorizar diferentes tipos de inteligência e habilidades. Em vez de se concentrar exclusivamente em testes padronizados que favoreçam certos tipos de aprendizagem, poderíamos desenvolver sistemas de avaliação mais holísticos. Estes sistemas poderiam incluir avaliações baseadas em projetos, apresentações orais, portfólios criativos e outras formas que permitem aos alunos demonstrar seu conhecimento e habilidades de maneiras que melhor se alinham com seus estilos cognitivos.

Além disso, os critérios de seleção para níveis educacionais superiores precisam ser ajustados para refletir essa nova abordagem. Em vez de basear a admissão principalmente em notas e pontuações em testes, as instituições poderiam considerar uma variedade mais ampla de critérios, incluindo realizações criativas, habilidades de liderança, pensamento crítico e outras competências que os testes padronizados muitas vezes não capturam.

Essa transformação também requer uma mudança na mentalidade dos educadores e administradores. Requer uma compreensão profunda de que a diversidade cognitiva não é um obstáculo a ser superado, mas um recurso valioso que enriquece a experiência educacional. Isso significa capacitar os professores com as ferramentas e o treinamento necessários para reconhecer e nutrir diferentes tipos de talentos e habilidades em seus alunos.

Além do ambiente educacional, essa mudança na percepção da neurodiversidade também tem implicações significativas para o local de trabalho. As empresas e organizações podem se beneficiar enormemente ao reconhecer e aproveitar a variedade de habilidades e perspectivas que os neurodiversos trazem. Isso pode envolver a criação de ambientes de trabalho mais flexíveis e adaptativos, bem como a valorização de diferentes abordagens para a resolução de problemas e inovação.

Abraçar a neurodiversidade é um passo crucial para construir uma sociedade mais inclusiva e justa. Requer uma reavaliação fundamental de como vemos e valorizamos diferentes formas de pensar e aprender, tanto na educação quanto no local de trabalho. Ao fazer isso, não só apoiamos melhor aqueles com variações cognitivas, mas também enriquecemos coletivamente nossa compreensão e apreciação da diversidade humana.

A neurodiversidade também nos convida a repensar nossas abordagens para o tratamento de condições neurológicas. Em vez de tentar 'corrigir' ou 'curar' essas diferenças, poderíamos nos concentrar em oferecer suporte e estratégias que permitam aos indivíduos prosperar com suas características únicas. Isso implica em terapias focadas na capacitação e adaptação, ao invés da conformidade com um padrão de normalidade.

Adotar a neurodiversidade pode conduzir a uma sociedade mais inclusiva e diversificada, onde diferenças são não apenas aceitas, mas celebradas. Isso significa quebrar estigmas e promover um entendimento mais profundo e respeitoso das variadas formas de experiência humana. Em essência, ao abraçar uma visão da neurodiversidade, estamos não apenas enriquecendo nossa compreensão das complexidades da mente humana, mas também nos movendo em direção a uma abordagem mais inclusiva e empática em relação às diversas experiências cognitivas e de vida.

Certamente, os obstáculos enfrentados na implementação da neurodiversidade são enormes. Estamos lidando com uma gama de desafios que vão desde preconceitos arraigados e ignorância, até mentes de comportamentos rígidos e inflexíveis, leis ultrapassadas, dificuldades práticas e incertezas profundas. Esta luta não é apenas contra sistemas e estruturas, mas também contra atitudes culturais e crenças enraizadas que resistem à mudança.

Pensadores como Judith Butler e Michel Foucault nos oferecem insights valiosos sobre como as normas culturais e sociais são construídas e mantidas, e como elas podem ser desafiadas e transformadas. Este conceito pode ser estendido para entender a neurodiversidade, argumentando que as noções de 'normalidade' cognitiva são igualmente construídas e podem ser desfeitas e reconstruídas.

Foucault, por outro lado, explora como o poder e o conhecimento são usados para definir e controlar o que é considerado 'normal'. Sua análise das instituições e do poder pode ser aplicada para entender como as normas de neurodiversidade são estabelecidas e mantidas e como podem ser desafiadas. Ele sugere que a mudança vem não apenas de grandes gestos políticos, mas também de micro-resistências e práticas cotidianas.

Estes obstáculos são também realçados pela nossa tendência natural de resistir à mudança. As mentes de comportamento rígido e inflexível, muitas vezes, têm dificuldade em aceitar conceitos que desafiam as noções estabelecidas. Isso é agravado por leis e políticas que são lentas para se adaptar às novas compreensões da neurodiversidade. Além disso, as dificuldades práticas de implementar mudanças em sistemas tão vastos e complexos como a educação e o local de trabalho não podem ser subestimadas.

Além disso, enfrentamos a incerteza inerente que acompanha qualquer mudança significativa. Como redefinir critérios de avaliação e seleção de uma maneira que seja justa e eficaz para todos? Como garantir que as necessidades de todos os alunos sejam atendidas em um sistema educacional diversificado? Como criar ambientes de trabalho que valorizem diferentes estilos de pensamento sem sacrificar a eficiência e a produtividade?

Para superar esses desafios, precisamos de uma abordagem multifacetada que envolva educação, legislação, mudanças na política e, talvez o mais importante, uma mudança na atitude cultural. Isso envolve educar o público sobre o que é neurodiversidade e porque é importante, bem como trabalhar para desmantelar os estigmas associados a diferentes condições neurológicas. Precisamos também de defensores e líderes que possam levar a luta adiante, pressionando por mudanças nas leis e políticas que apoiam a inclusão e o reconhecimento da neurodiversidade.

Em última análise, a jornada para uma plena aceitação e integração da neurodiversidade é longa e cheia de desafios. No entanto, é uma jornada essencial que tem o potencial de enriquecer profundamente nossa sociedade, trazendo uma compreensão mais profunda e uma valorização da riqueza da experiência humana. Ao enfrentar esses desafios com coragem, determinação e criatividade, podemos abrir caminho para um futuro mais inclusivo e diversificado.

A que, então, o novo se opõe? A regras morais e comportamentais, influenciadas por preconceitos, machismos, feminismos, religiões e influenciadores medíocres de mídias sociais.

O novo, nesse contexto de neurodiversidade e redefinição da normalidade, se opõe a uma miríade de normas e estruturas arraigadas que moldam nossa percepção da realidade. Essas normas incluem, mas não estão limitadas a regras morais e comportamentais influenciadas por preconceitos, sistemas patriarcais e matriarcais, doutrinas religiosas e a crescente influência de personalidades das mídias sociais que muitas vezes perpetuam ideias estereotipadas e simplistas.

Essa oposição ao novo também se manifesta no domínio da religião. Pensadores como Friedrich Nietzsche, em sua crítica à moralidade cristã, e Sigmund Freud, com sua análise da religião como uma neurose coletiva, destacam como as doutrinas religiosas podem impor limites rígidos ao pensamento e à experiência humana.

Além disso, vivemos em uma era onde as mídias sociais têm um poder sem precedentes de moldar normas e percepções. Influenciadores medíocres nas mídias sociais frequentemente perpetuam estereótipos e visões simplistas do mundo, reforçando ideias antiquadas sobre normalidade e desvio. Como destacado por teóricos da comunicação como Marshall McLuhan, o meio pelo qual consumimos informações - neste caso, as mídias sociais - tem um impacto significativo na maneira como processamos e entendemos essas informações.

A influência das mídias sociais na atualidade estende-se muito além do mero compartilhamento de informações e entretenimento; ela se tornou uma força poderosa na moldagem de normas, valores e percepções sociais. Influenciadores, muitas vezes equipados com mais carisma do que expertise, exercem um papel crucial nesse cenário, frequentemente perpetuando estereótipos e ideias simplistas que reforçam concepções ultrapassadas de normalidade e desvio. Predominam os interesses financeiros, ancorados em discursos interessantes, bem-organizados, com aparente base cientifica, porém totalmente enganosos na sua essência, já que visam apenas a autopromoção e o enriquecimento.

Esses influenciadores, que incluem uma gama de figuras desde médicos comerciantes até celebridades das mídias sociais, muitas vezes criam expectativas banais e até prejudiciais. Médicos e profissionais de saúde, por exemplo, ao promoverem produtos e estilos de vida específicos, podem inadvertidamente propagar noções limitadas de saúde e bem-estar, focando em padrões de beleza inatingíveis ou soluções de saúde "milagrosas" sem base científica. Isso pode levar a uma distorção perigosa do que significa estar saudável ou viver bem. Médicos implantam chips contendo hormônios em mulheres, sem que esses chips sejam validados plenamente por estudos bem conduzidos, mas as suas clientes quase sempre sabem disso e acreditam nos bons resultados que esperam alcançar. Crenças podem ser muito fortes.

Da mesma forma, influenciadores de estilo de vida e celebridades muitas vezes apresentam uma versão altamente curada e muitas vezes irreal de suas vidas, que pode criar expectativas irrealistas sobre felicidade, sucesso e autoimagem. Essa apresentação idealizada da vida, focada em bens materiais, aparência e status, pode levar a uma insatisfação crônica e a problemas de saúde mental entre seus seguidores, que se esforçam para atender a esses padrões inatingíveis.

Marshall McLuhan, com sua famosa declaração de que "o meio é a mensagem", já previa essa influência significativa dos meios de comunicação sobre como percebemos e interagimos com o mundo. No contexto das mídias sociais, isso se traduz em um poderoso efeito na maneira como concebemos a realidade, com esses meios não apenas transmitindo informações, mas também moldando ativamente nossas percepções e valores.

O que é particularmente preocupante é como, apesar dos danos potenciais, esses influenciadores continuam a ser admirados e seguidos por milhões. Isso revela uma faceta intrigante da natureza humana: nossa tendência a valorizar a aparência e o carisma sobre a substância e a autenticidade. A adoração desses influenciadores reflete um desejo coletivo de pertencer e ser aceito, muitas vezes às custas do nosso bem-estar e senso crítico.

Para combater essa influência nociva, é vital promover uma cultura de pensamento crítico e conscientização sobre a natureza e os efeitos das mídias sociais. Isso envolve educar as pessoas, principalmente as crianças e jovens, para serem consumidores mais críticos de informações e para questionarem as motivações e a autenticidade daqueles que seguem online. Além disso, precisamos de uma abordagem mais equilibrada e realista na representação de estilos de vida e sucesso, a autenticidade e o bem-estar genuíno acima da aparência e do status.

O desafio de transformar as normas culturais e sociais enraizadas exige um movimento que se atreva a transcender as limitações impostas por estruturas existentes. Esse movimento não se limita apenas a questionar as normas tradicionais em áreas como gênero, religião e mídia, mas também a estabelecer novos paradigmas de pensamento e ação.

Essencialmente, a proposta é criar uma espécie de "vacina mental" - uma fortificação do pensamento crítico na população, proporcionando uma resistência contra a desinformação e a superficialidade. Isso implicaria em uma educação focada no desenvolvimento da capacidade de distinguir entre conteúdo informativo e enganoso, promovendo a análise crítica e a avaliação cuidadosa da informação.

Paralelamente, a promoção de figuras de autoridade verdadeira no mesmo espaço midiático, é fundamental. Estes indivíduos, diferentemente de seus homólogos populistas, estariam equipados com conhecimento genuíno e comprometidos com a disseminação de informações valiosas. Eles poderiam ser acadêmicos, especialistas em várias áreas, ou pessoas com uma rica experiência de vida, utilizando as plataformas digitais para fomentar a compreensão profunda e o diálogo significativo.

Para efetivar essa mudança, seria necessário um esforço abrangente que engloba a reforma educacional e da mídia, além de uma alteração na cultura de consumo de informação. As instituições educacionais poderiam incorporar o ensino de habilidades de mídia e alfabetização informacional em seus currículos, enquanto as plataformas de mídia social poderiam ser motivadas ou reguladas a favorecer conteúdos mais ricos e menos sensacionalistas.

Além disso, é crucial criar canais que permitam aos verdadeiros sábios serem reconhecidos e acessíveis. Isso pode envolver novas plataformas de mídia ou um uso mais estratégico das plataformas atuais, assegurando que o conteúdo informativo de qualidade alcance um público amplo, em contraponto ao sensacionalismo que domina muitas dessas plataformas atualmente.

A ideia de neutralizar a influência de figuras midiáticas superficiais e promover a disseminação de informações autênticas e valiosas é um passo crucial para forjar uma sociedade mais informada e resiliente à desinformação. Este processo demanda não apenas mudanças individuais, mas também uma transformação sistemática em nossa abordagem ao consumo e valorização da informação na era digital.

Este desafio ao status quo não é apenas uma questão de rejeitar as velhas normas, mas de construir ativamente novas formas de entender a realidade. Isso significa criar espaços onde diversas vozes e experiências possam ser ouvidas e valorizadas. Ao fazer isso, abrimos caminho para uma sociedade que não apenas tolera, mas celebra a diversidade em todas as suas formas, criando um ambiente onde todos possam prosperar independentemente de suas diferenças neurológicas, religiosas ou sociais.

Enquanto discutimos a necessidade de um movimento cultural e intelectual para desafiar as normas e promover a neurodiversidade, é crucial considerar também as estratégias práticas para tornar essa visão uma realidade. A implementação dessas ideias no mundo real pode começar nos ambientes educacionais e de trabalho, onde a inclusão e valorização da diversidade cognitiva devem ser priorizadas.

Na educação, por exemplo, isso pode significar o desenvolvimento de currículos que sejam adaptáveis a diferentes estilos de aprendizagem, reconhecendo que cada aluno tem uma maneira única de processar informações. Isso pode envolver uma variedade de métodos de ensino, desde aulas interativas e projetos práticos até o uso de tecnologia educacional para personalizar a experiência de aprendizagem. Além disso, a formação de professores deve incluir componentes que os preparem para reconhecer e nutrir a neurodiversidade, equipando-os com as ferramentas e estratégias necessárias para apoiar todos os alunos.

No local de trabalho, promover a neurodiversidade implica criar um ambiente onde diferentes estilos de pensamento e abordagens de solução de problemas sejam não apenas aceitos, mas também valorizados. Isso pode incluir políticas de inclusão, treinamentos de conscientização sobre neurodiversidade e a adaptação do espaço de trabalho para atender às necessidades de todos os funcionários. Além disso, estratégias de recrutamento e avaliação devem ser revisadas para garantir que não excluam inadvertidamente pessoas com diferentes habilidades cognitivas.

Quanto ao desafio das mídias sociais, é necessário promover uma cultura de pensamento crítico e alfabetização midiática. Isso pode ser alcançado por meio de campanhas de conscientização e programas educacionais que ensinem as pessoas a questionar criticamente o conteúdo que consomem online. Além disso, as plataformas de mídia social poderiam ser incentivadas a implementar algoritmos que favoreçam conteúdo informativo e construtivo, reduzindo a prevalência de desinformação.

Essas estratégias práticas, embora desafiadoras, são essenciais para transformar as discussões teóricas em mudanças reais e positivas. Ao implementar essas mudanças, passo a passo, podemos começar a construir uma sociedade que verdadeiramente valoriza e celebra a diversidade em todas as suas formas, criando um mundo mais inclusivo e enriquecedor para todos.

RESUMO

Este capítulo explora a consciência humana em estados normais e patológicos, enfatizando a Teoria da Active Inference e a Integrated Information Theory (IIT). Principais pontos abordados:

1. **Teoria da Active Inference**: Descreve a consciência como um processo dinâmico, onde o cérebro busca minimizar surpresa e erro preditivo. A percepção do mundo é vista como resultado de um modelo interno, constantemente atualizado com base em informações sensoriais.

2. **Integrated Information Theory de Tononi**: Aborda a consciência como um fenômeno emergente da integração de informações dentro de um sistema. As experiências subjetivas são vistas como o produto de um alto grau de integração de informação no cérebro.

3. **Experiências Subjetivas Normais e Patológicas**: Investiga como essas teorias iluminam a compreensão das experiências subjetivas normais (percepções sensoriais, pensamentos, emoções) e como podem ser aplicadas para entender estados alterados da consciência em condições patológicas.

4. **Desafio de Definir "Normalidade" em Consciência**: Discute o desafio filosófico e médico de definir o que é considerado "normal" em termos de consciência.

5. **Normalidade como Construção Social e Cultural**: Explora a ideia de que a normalidade não é uma qualidade intrínseca à consciência, mas uma construção social e cultural.

6. **Impacto das Mídias Sociais e da Comunicação**: Discute as mídias em suas manifestações medíocres e potencial criativo e informativo, criando perspectivas e discutindo alternativas.

Reflexões Propostas:

1. **Consciência e Modelos Preditivos**: Como os modelos preditivos influenciam nossa experiência consciente e nossa interpretação do mundo?
2. **Integração de Informações**: De que forma a integração de informações no cérebro contribui para a emergência da consciência?
3. **Normalidade e Consciência**: Como diferentes culturas e sociedades definem o que é uma experiência consciente "normal"?

Bibliografia Sugerida:

1. "Surfing Uncertainty: Prediction, Action, and the Embodied Mind" por Andy Clark.
2. "Phi: A Voyage from the Brain to the Soul" por Giulio Tononi.
3. "The Conscious Mind: In Search of a Fundamental Theory" por David J. Chalmers.
4. "Consciousness Explained" por Daniel Dennett.
5. "The Embodied Mind: Cognitive Science and Human Experience" por Francisco J. Varela, Evan Thompson e Eleanor Rosch.
6. "The Medium is the Massage" por Marshall McLuhan.
7. "Amusing Ourselves to Death: Public Discourse in the Age of Show Business" por Neil Postman.
8. "Understanding Media: The Extensions of Man" por Marshall McLuhan.
9. "The Culture of Connectivity: A Critical History of Social Media" por José van Dijck.
10. "Digital Disconnect: How Capitalism is Turning the Internet Against Democracy" por Robert W. McChesney.
11. "The Shallows: What the Internet Is Doing to Our Brains" por Nicholas Carr.
12. "Networked: The New Social Operating System" por Lee Rainie e Barry Wellman.

13. "Media Control: The Spectacular Achievements of Propaganda" por Noam Chomsky.

14. "Convergence Culture: Where Old and New Media Collide" por Henry Jenkins.

15. "The Filter Bubble: What the Internet is Hiding from You" por Eli Pariser.

ALGUMAS QUESTÕES RELEVANTES

Em um mundo tecido com as cores e texturas da experiência humana, a arte, a religião e a ciência se destacam como manifestações do impulso inato de compreender, expressar e se conectar.

A arte é a voz da alma, um diálogo sem palavras que toca diretamente o coração. Transcendendo tempo e espaço, ela une-nos através de experiências compartilhadas. Cada pincelada, nota musical ou palavra escrita é uma busca pela beleza, pelo significado, pela expressão do indizível. A arte é um espelho da alegria e tristeza, do amor e dor, revelando a complexidade e simplicidade da vida. Ela nos ensina a ver o mundo não só como é, mas como poderia ser, abrindo portas para realidades além da imaginação.

A arte, em sua essência mais pura, é um oceano de emoções e pensamentos, um reino onde o impossível e o real se encontram e dançam juntos. Ela não conhece limites ou fronteiras, fluindo livremente entre culturas, épocas e almas. A arte é um convite para uma viagem para dentro de nós mesmos e para o universo ao nosso redor, desbravando territórios desconhecidos do coração e da mente.

Nas cores de um quadro, encontramos os reflexos de incontáveis amanheceres e crepúsculos, cada um contando uma história de esperança, renovação e despedida. Nas linhas e formas de uma escultura, sentimos a tensão e a harmonia do ser, um diálogo silencioso entre a matéria e o espírito. Na melodia de uma canção, navegamos por mares de sentimentos, onde cada nota é uma vela içada ao vento das emoções humanas.

Nas linhas e formas de uma escultura, encontramos a essência do tangível e intangível. Cada curva e aresta é um diálogo entre o concreto e o abstrato, entre o que é tocado e o que é sentido. As esculturas são como pensamentos congelados no tempo, emoções solidificadas em matéria, histórias contadas não através de palavras, mas através do espaço e da substância. Elas nos convidam a tocar e ser tocados, a sentir a frieza do mármore ou a calor da madeira, e, através desse contato, a conectar-nos com o artista, com a história e com nós mesmos em um nível mais profundo.

    Na melodia de uma canção, somos transportados por mares de sentimentos, cada nota uma vela que nos leva através das águas turbulentas e calmarias da experiência humana. Canções são como bálsamos para a alma, capazes de curar feridas com suas harmonias suaves ou de despertar paixões adormecidas com ritmos fervorosos. Elas são a linguagem universal que transcende palavras e fronteiras, unindo corações e mentes em um coro de emoções compartilhadas. Canções são histórias cantadas, sonhos musicados, desejos e medos transformados em sílabas e sons que, de alguma forma, falam diretamente ao núcleo do nosso ser.

    Em cada uma dessas expressões artísticas, há uma ousadia, uma vontade de ir além do comum, de explorar territórios desconhecidos da experiência humana. A arte é uma ponte entre o real e o imaginário, o material e o espiritual, o individual e o coletivo. Ela é uma celebração da capacidade humana de sentir, de sonhar e de criar, um lembrete constante de que, apesar de todas as nossas diferenças, compartilhamos uma linguagem comum de emoções, esperanças e anseios. A arte, em suas múltiplas formas, é um tributo à beleza da vida, uma ode ao espírito indomável que reside em cada um de nós.

    A arte é também um farol na escuridão, guiando-nos através das tempestades da vida. Ela oferece conforto nos momentos de solidão e desespero, lembrando-nos de que, mesmo nas horas mais sombrias, há beleza e significado a serem encontrados. Em suas mais diversas formas - pintura, música, literatura, dança, teatro - a arte é uma celebração da vida em toda a sua diversidade, um testemunho da capacidade humana de criar e transformar.

    Desafia nossa percepção da realidade, convidando-nos a questionar e refletir. A arte é uma janela para outras dimensões, onde o ordinário se torna extraordinário e o familiar revela faces nunca vistas. Ela é um diálogo entre o criador e o espectador, entre o individual e o coletivo, um espaço onde o pessoal se torna universal, e o universal, intimamente pessoal.

    No cerne da arte, reside a ousadia de sonhar, de imaginar mundos que nunca existiram e dizer coisas que nunca foram ditas. Ela é um ato de coragem, um salto no desconhecido, um desafio ao convencional. A arte é a expressão da alma humana em sua busca infinita por conexão, significado e transcendência. Ela é, em última análise, um testemunho da incansável busca do ser humano por beleza, verdade e amor, os eternos companheiros de nossa jornada através da vida consciente.

Nela, com sua ousadia de sonhar e de criar, jaz uma profunda conexão com a consciência humana. A arte é mais do que uma manifestação de criatividade; é um espelho da nossa própria consciência, uma forma de explorar e expressar as profundezas da mente e do espírito. Ela é um diálogo contínuo entre o interior e o exterior, entre o que sentimos e o que percebemos.

A consciência na arte se revela nas formas mais sutis e intricadas. Em cada obra, seja uma pintura, uma escultura ou uma composição musical, há um reflexo da consciência do artista - suas percepções, emoções e pensamentos. A arte nos permite entrar no reino da introspecção, oferecendo um espaço para refletir sobre quem somos, o que sentimos e como nos relacionamos com o mundo ao nosso redor. Ela é uma janela para o subconsciente, onde símbolos e metáforas se entrelaçam para contar as histórias escondidas nas profundezas de nossa mente.

Através da arte, exploramos os mistérios da consciência humana, seus enigmas e paradoxos. Artistas frequentemente se aventuram em territórios desconhecidos da psique, trazendo à luz aspectos de nossa experiência interior que, de outra forma, permaneceriam ocultos. A arte é, portanto, não apenas uma expressão de beleza, mas uma ferramenta de autoconhecimento e descoberta. Ela desafia nossa percepção da realidade, impulsionando-nos a ver além do óbvio, a questionar e a buscar compreensão mais profunda.

Além disso, a arte tem o poder de expandir nossa consciência coletiva. Ela transcende barreiras culturais e linguísticas, conectando pessoas de diferentes épocas e lugares através de experiências emocionais e estéticas comuns. Nesse sentido, a arte é um veículo para empatia e compreensão mútua, um meio para sentir e entender a vida de outra pessoa, outra cultura, outro tempo.

Ambas, arte e a consciência estão intrinsecamente ligadas na jornada humana. A arte nos permite não apenas expressar, mas também explorar e compreender a complexidade da nossa consciência. Ela é uma celebração do espírito humano em sua busca incessante por significado, beleza e amor. Ao nos engajarmos com a arte, engajamo-nos com as camadas mais profundas de nossa própria existência, descobrindo novos horizontes de compreensão e conectividade. A arte, portanto, é um convite para explorar o vasto e maravilhoso território da consciência humana, onde cada descoberta é um passo em direção a um entendimento mais profundo de nós mesmos e do mundo ao nosso redor.

    A religião, em suas variadas formas, é o anseio da humanidade pelo sagrado, um elo entre o finito e o infinito. Ela nos convida a contemplar mistérios além da razão, respondendo às questões mais profundas da existência. Com histórias e rituais, a religião molda nossas crenças mais íntimas, influenciando como vivemos, amamos e encaramos a morte. Ela nos dá senso de comunidade e pertencimento, lembrando-nos de que todos buscamos entender nosso lugar no universo.

    A religião serve como uma ponte que nos conecta ao etéreo e ao divino. Cada tradição, cada culto, cada mantra é uma busca humana pelo transcendente, uma tentativa de tocar o intangível, de compreender o incompreensível. Ela nos convida a mergulhar em um oceano de mistérios, onde as respostas às questões mais profundas da existência podem ser encontradas não apenas em textos sagrados, mas também no silêncio do coração.

    Religião é, em sua essência, uma dança entre o ser humano e o sagrado. Com suas histórias de deuses, profetas e milagres, ela tece um mundo onde o divino e o mortal se encontram. Essas histórias são mais do que meras narrativas; são reflexos da busca humana por significado e propósito, um eco da nossa luta para entender nosso lugar no grande esquema do universo.

    No entanto, a religião também se encontra na encruzilhada da realidade humana. Enquanto oferece conforto e esperança, também pode ser uma fonte de divisão e conflito. É um espectro que pode iluminar ou ofuscar, dependendo de como é interpretado e vivido. Em sua forma mais pura, a religião é um chamado à compaixão, ao amor e à união, mas, em suas distorções, pode se tornar um instrumento de intolerância e ódio.

Neste contexto, abordar a religião exige um equilíbrio elegante entre reconhecer sua beleza e misticismo e estar consciente de suas falhas e desafios. A verdadeira religiosidade talvez resida não em dogmas rígidos ou rituais elaborados, mas no simples ato de procurar o sagrado no ordinário, de encontrar o divino no dia a dia. É ver o sagrado no sorriso de uma criança, na generosidade de um estranho, na beleza de um pôr do sol. É a busca por uma conexão mais profunda com o mundo, com os outros e consigo mesmo.

A religião, portanto, é uma jornada tanto individual quanto coletiva, um caminho que cada um percorre de maneira única, mas que também nos une em nossa busca comum por compreensão e significado. Ela é um lembrete de nossa mortalidade, mas também de nossa capacidade de transcender o material e tocar o espiritual. Em sua essência mais profunda, a religião é um convite para viver com mais profundidade, amor e reverência pela vida e pelo mistério que a envolve. É um convite para olhar além do visível e explorar o reino do possível, um convite para viver não apenas na superfície da existência, mas nas profundezas ricas e multifacetadas da experiência humana.

Em sua essência mais verdadeira, é uma sinfonia do espírito humano, uma melodia que ressoa através das eras, conectando-nos com algo maior do que nós mesmos. Ela se manifesta não apenas em magníficas catedrais ou textos antigos, mas também nas pequenas reverências do cotidiano, nos momentos de silêncio reflexivo, nas práticas de gratidão e nas ações de bondade. É uma jornada íntima e pessoal, mas ao mesmo tempo uma experiência compartilhada que transcende fronteiras geográficas e temporais.

Na religião, encontramos uma rica diversidade de fios, cada um representando diferentes tradições, crenças e práticas. Essa diversidade é um reflexo da complexidade da experiência humana, uma prova da nossa incansável busca por respostas às grandes questões da vida. Cada tradição religiosa oferece uma perspectiva única, um caminho diferente para explorar os mistérios do ser e do cosmos. Juntas, formam um mosaico de entendimentos, cada um contribuindo com uma peça vital para o enigma do existir.

Contudo, a religião, em sua interação com o mundo contemporâneo, enfrenta o desafio de manter sua relevância e profundidade em uma era dominada pela ciência e pelo racionalismo. Este é o dilema do moderno devoto: como conciliar as verdades eternas da fé com as mudanças e descobertas constantes do mundo moderno? A resposta pode estar na capacidade da religião de evoluir, de reinterpretar suas antigas tradições à luz de novos conhecimentos e experiências. Em vez de se apegar a interpretações dogmáticas, a religião pode abraçar a mudança, encontrando novas formas de expressar suas verdades atemporais em um mundo em constante transformação.

Em sua forma mais elevada, a religião é um convite à transcendência, um chamado para elevar nossos pensamentos e ações acima do mundano e do trivial. É um convite para viver com um senso de propósito e significado, para buscar a conexão com o divino, seja qual for a forma que ele assuma em nossas vidas. A religião nos desafia a ser melhores, a amar mais profundamente, a agir com mais compaixão e a viver com mais reverência pelo sagrado que permeia toda a existência.

Portanto, a religião, em sua verdadeira essência, é um farol de esperança, um guia para a jornada da alma. Ela nos oferece um mapa para navegar pelas águas às vezes turbulentas da vida, fornecendo orientação, conforto e uma sensação de pertencimento. Ela nos lembra de que, apesar de nossas falhas e imperfeições, somos parte de algo maior, um vasto e misterioso universo que nos convida a explorar, a aprender e a crescer.

Ao final, a verdadeira religião é um testemunho da busca humana por algo além de nós mesmos, um reflexo do nosso desejo inato de conectar-nos com o sagrado, de encontrar beleza e significado em meio ao caos da existência. Ela não tem dono, nem reivindica superioridade. É tolerante e reconhece seus próprios limites. Transcende, mas paradoxalmente não é impositiva nem incompatível com o conhecimento. A verdadeira religião é um lembrete de que, em nossa essência, somos seres não apenas físicos, mas também espirituais, eternamente em busca de compreensão, de amor e de luz.

Esta forma de espiritualidade respeita a pluralidade de caminhos e reconhece que a verdade é muitas vezes um mosaico de perspectivas diferentes. Ela celebra a diversidade, sabendo que a variedade de crenças e práticas é um reflexo da complexidade da experiência humana. Em vez de buscar conversões ou adesões a um único credo, ela encoraja uma jornada pessoal de descoberta, onde cada indivíduo é livre para explorar e encontrar o que ressoa mais profundamente com sua própria alma.

Nesta visão, a religião é uma companheira no caminho da vida, oferecendo símbolos, rituais e ensinamentos que ajudam a iluminar o caminho, mas sem se impor como a única verdade. Ela se alinha com a sabedoria do coração, que intui que a verdade espiritual não pode ser confinada em dogmas ou doutrinas rígidas, mas deve ser vivida e experimentada de maneira autêntica e pessoal.

Além disso, essa compreensão de religião se harmoniza com o conhecimento científico e racional, não vendo a ciência como adversária, mas como outra forma de explorar os mistérios do universo. Reconhece que ciência e religião são duas linguagens diferentes tentando descrever o mesmo mundo, cada uma com suas próprias ferramentas e métodos.

No fim das contas, a religião, nesse sentido mais amplo e inclusivo, é uma celebração da jornada humana em todas as suas dimensões. Ela nos lembra que, além das necessidades físicas e intelectuais, há um anseio espiritual em cada um de nós, uma sede de algo que transcenda a matéria e toque o âmago do nosso ser. É um convite para viver uma vida de profundidade e propósito, buscando não apenas o conhecimento, mas também a sabedoria; não apenas a companhia, mas também a conexão; não apenas a sobrevivência, mas também o florescimento. Em sua expressão mais pura, a religião é uma dança com o divino, uma canção de amor e gratidão pelo milagre da existência, uma luz que brilha no coração da humanidade, guiando-nos em nossa eterna busca por compreensão, amor e luz.

A ciência é a chama da curiosidade humana, iluminando os cantos escuros do desconhecido. Ela nos permite decifrar o código da natureza, revelando os segredos do cosmos, da matéria e da vida. Com a ciência, expandimos nosso entendimento do mundo, desafiando percepções e crenças anteriores. É uma jornada de descoberta, onde cada resposta abre novas perguntas, num eterno balé de exploração e aprendizado.

Arte, religião e ciência, entrelaçadas, criam uma sinfonia de possibilidades e perspectivas. A arte inspira a explorar novos horizontes de beleza e significado. A religião nos conecta com o transcendente, trazendo força e esperança. A ciência nos dá o conhecimento para enfrentar os desafios da vida. Juntas, formam a tríade que define a experiência humana, dançando harmoniosamente entre luz e sombra.

Como médico, vejo o poder dessa tríade em curar, consolar e inspirar. A arte acalma corações, a religião oferece conforto em desespero e a ciência abre caminhos para curas. Cada paciente é um universo de histórias, crenças e esperanças, um lembrete de que somos tecidos na mesma tapeçaria da humanidade.

Este é o legado que desejo deixar: um convite para celebrar a vida em todas as suas formas, buscar conhecimento com humildade e coragem, e viver com um coração aberto e compassivo. Que cada palavra deste livro reflita minha jornada de tentar amar, aprender e servir, buscando ser um farol de esperança e inspiração, mesmo que nas minhas memorias eu tenha que aceitar que nem sempre fui bom, amei ou respeitei. Um lembrete de que, apesar de nossas diferenças, compartilhamos uma humanidade comum: finita, maravilhosa, imperfeita e incrivelmente única.

RESUMO

O "Décimo Quinto Ato" do livro é uma exploração multifacetada da inter-relação entre arte, religião e ciência, e como essas esferas moldam profundamente a experiência humana. Principais pontos abordados:

1. **Arte como Expressão Universal**: A arte é apresentada como uma linguagem universal que comunica emoções e experiências compartilhadas, transcendendo tempo e espaço. Ela é um espelho da vida, capturando alegria, tristeza, amor e dor, abrindo janelas para mundos além da imaginação.

2. **Religião como Elo entre o Finito e o Infinito**: A religião é vista como um meio profundo de conexão entre o finito e o infinito, fornecendo respostas aos mistérios que transcendem a compreensão racional. Ela influencia crenças, modos de vida, e nossas visões sobre amor e morte.

3. **Ciência como Chama da Curiosidade Humana**: A ciência é retratada como uma busca incessante por conhecimento e compreensão do mundo natural, expandindo nosso entendimento

do universo e levando-nos em uma jornada de descobertas contínuas.

4. **Complementaridade entre Arte, Religião e Ciência**: O texto reflete sobre como arte, religião e ciência se complementam e enriquecem mutuamente a experiência humana, oferecendo uma visão mais completa e integrada da vida e da existência.

Reflexões Propostas:

1. **Interconexão de Arte, Religião e Ciência**: Como essas três áreas se complementam e enriquecem a experiência humana?

2. **Expressão e Descoberta**: De que maneira a arte e a religião podem complementar a ciência na busca por compreensão e significado?

3. **Humanidade Comum**: Como a arte, a religião e a ciência refletem nossa humanidade compartilhada e nos ajudam a compreender nossa própria existência?

Bibliografia Sugerida:

1. "The Two Cultures" por C.P. Snow: Explora a divisão entre ciência e humanidades na cultura moderna.

2. "The Artful Universe" por John D. Barrow: Examina a relação entre arte e ciência.

3. "The God Delusion" por Richard Dawkins: Discute religião e espiritualidade sob uma perspectiva científica.

4. "The Marriage of Heaven and Hell" por William Blake: Uma obra que explora a interseção entre o divino e o humano, arte e religião.

5. "Cosmos" por Carl Sagan: Uma exploração da ciência e seu papel na compreensão do universo que também toca em temas de espiritualidade e humanismo.

Made in United States
Orlando, FL
25 May 2024